管理学概论

Introduction to Management

主　编　李　婷　陈立富
副主编　熊林平　马玉琴

上海交通大学出版社
SHANGHAI JIAO TONG UNIVERSITY PRESS

内容提要

本书是一本管理专业的本科教材,共四个模块十五章内容。全书介绍了管理的基本理论、原理、管理的技术方法及当代管理中所强调的计划、组织、领导、控制、创新五大职能的相关理论,并对提高人际关系能力的沟通理论和提高组织绩效的激励理论也做了详细介绍,保证了作为大学教材其理论体系的完整性。

图书在版编目(C I P)数据

管理学概论 / 李婷,陈立富主编. —上海:上海
交通大学出版社,2022.10
　　ISBN 978 - 7 - 313 - 24507 - 6

　　Ⅰ.①管⋯　Ⅱ.①李⋯ ②陈⋯　Ⅲ.①管理学-高等
学校-教材　Ⅳ.①C93

　　中国版本图书馆 CIP 数据核字(2022)第 120973 号

管理学概论
GUANLIXUE GAILUN

主　　编：李　婷　陈立富
出版发行：上海交通大学出版社　　　　　地　　址：上海市番禺路 951 号
邮政编码：200030　　　　　　　　　　　电　　话：021 - 64071208
印　　刷：上海天地海设计印刷有限公司　经　　销：全国新华书店
开　　本：787mm×1092mm　1/16　　　印　　张：18.25
字　　数：382 千字
版　　次：2022 年 10 月第 1 版　　　　　印　　次：2022 年 10 月第 1 次印刷
书　　号：ISBN 978 - 7 - 313 - 24507 - 6
定　　价：68.00 元

编 委 会

主　编：李　婷　陈立富
副主编：熊林平　马玉琴

编　委（按姓氏笔画排列）

马玉琴　许　苹　李　阳

李　婷　张　嵬　陈立富

段光锋　段增杰　倪杰文

熊林平

编写说明

《管理学概论》是卫生事业管理专业本科生的专业教材。本书是在前一版《管理学——理论与方法》的基础上做了修订编写。前一版于2010年5月出版，一直作为我校卫生事业管理专业本科生的专业教材，但随着管理理论和管理实践的不断发展与进步，内容需要更新。

本书在前一版的基础上，将原来的三个模块调整成四个模块共十五章。本次的重新修订调整了前一版中的一些逻辑问题，使条理更清晰；补充了管理学的一些理论成果和管理方法，同时在内容设置上，依然在考虑学生专业特点和第一任职岗位需求的基础上，进行了"去企业化"处理。本次修改主要从以下几个方面进行：

第一，导论部分调整较大，第一章《管理学与管理》，增加了"管理学的性质"，管理学研究方法中补充了现今常用的"试验研究"方法和"定性定量"方法；增加了"东西方管理思想"，完善了从管理实践到管理思想、管理理论的发展路径。第三章《管理理论的形成与发展》中，考虑到管理理论的着眼点是基于人性假设，因此我们将人性假设理论放于该章第一节，使逻辑更清晰；同时，在"现代管理理论及发展"内容部分，充实了学习型组织和流程再造等相关内容，使整个管理理论呈现了较为完整的发展概况。

第二，组织文化、原理与方法部分，从第一部分分化出来，单独作为一个篇章，以突出其重要性。

第三，管理职能部分，依旧延续前一版的框架，但各章的内容做了相应的调整和修改。

第四，管理拓展部分，去除了部分章节，增加了当前管理实践中的有关内容——时间管理，对即将踏入工作岗位的学生而言，合理利用时间，掌握时间管理的方法，提高管理效率，非常重要。

在本版教材中，我们去除了前一版各章的案例，主要考虑所附案例较为陈旧。管理是一门实践性很强的学科，21世纪出现了不同于工业经济时代的生产方式，现实社会每天都发生鲜活的管理事件，摒弃陈旧事例，用好鲜活素材，是我们对教师在管理课堂上的要求。

除了以上修改，本版本依旧维持了前一版的整体特点：一是理论体系完整。教材在编写时，既考虑了管理理论的共性，内容包括系统的理论体系和完整的方法体系，以管理基本职能为核心框架阐述最基本的和经典的管理理论和技术方法，同时也考虑到管理的个性问题，即不同管理环境、管理背景及管理制度下的管理个性差异。二是内容覆盖面广。本教材内容既包括管理学基本概念、基本原理和基本分析方法,同时把 20 世纪 90 年代最重要的管理学成果也纳入其中。

本教材在编写过程中,广泛借鉴了国内外本专业的研究成果,参考文献在书后按照第一作者拼音顺序列出。

本书既可作为管理专业本科生的教材,也可以作为卫生专业研究生选用教材,可供初、中级管理干部任职培训使用,同时也可以作为广大管理实践者和爱好者的参考书。

在本书稿编、审、定的过程中,编委会全体成员付出了辛勤的劳动,在此表示衷心感谢。由于编者的学术水平有限,加之时间仓促,书中难免存在缺点和错误,敬请读者批评指正。

目 录
CONTENTS

第四部分 管理拓展

第一部分　管理导论

第一章

管理学与管理

管理学是一门横跨社会科学、自然科学和技术科学的交叉学科,是一门系统研究管理活动基本规律和一般方法的科学。管理就是对一个组织所拥有的各种资源进行计划、组织、领导和控制,用最有效的方法实现组织目标的过程。本章阐述了管理学与管理的基本概念、性质,管理学常用的研究方法、管理的职能及管理的基本要素;介绍了管理者的相关理论等。

第一节　管理学概述

一、管理学概念

管理学是伴随着管理活动的发展而发展起来的,虽然管理实践活动和人类社会的历史一样悠久,但在科学管理出现之前,主要依靠经验管理进行管理实践活动。19 世纪末,社会经济发生巨大变化,生产规模不断扩大,迫切需要提高工厂的管理水平,用科学管理代替经验管理。自泰勒提出科学管理理论以来,更多的管理学家开始总结、研究管理活动的一些普遍规律,形成了众多的管理学派。

广义上的管理学泛指管理学科问世以来所经历的各个发展阶段和各个学派的主张总称。狭义的管理学是一门研究管理活动中各种现象和规律的科学。任何管理活动总是在一定背景中进行的,背景环境的变化会影响管理效能和管理方式的选择,因此,管理理论必然随着环境的变化而不断发展。

管理学是一门横跨社会科学、自然科学和技术科学的交叉学科,是在这些学科的基础上发展起来的一门独立的学科。

在社会科学方面,管理学主要涉及哲学(含系统哲学)、经济学、社会学、心理学和人类学等学科;在自然科学方面,管理学的基础主要是数学,其中包括统计学、运筹学、概率论、线性代数、矩阵论、随机过程理论、动态优化理论等学科;在技术科学方面,包括信息科学与信息技术(含计算机技术和网络通信技术等)、系统科学与系统工程、控制理论与控制技术等学科。

管理学的基本原理运用在不同的部门或行业就出现了各种管理门类,如国民经济管理、行政管理、企业管理、军队管理、卫生管理、教育管理和科技管理等。从这些管理门类中,我们可以抽象出一些相通的和具有共性的管理学内容,如战略管理、人力资源管理、财务管理、物资管理、信息管理、组织管理、决策科学、领导科学、管理控制、营销管理、生产管理、作业管理等。

二、管理学性质

(一)管理学是一门综合性交叉学科

管理学的研究内容、对象和方法体现了高度的综合性,涉及多门学科,而管理实践的复杂性也决定了管理学必须综合利用经济学、社会学、心理学、数学等学科的研究成果,利用运筹学、系统论、信息论、计算机科学的方法和成就对管理活动进行定性和定量的研究。

(二)管理学是一门实践性强的应用学科

管理学是一门应用学科,管理学之所以能够产生、存在和发展,是因为它反映了社会的实际需要,它通过对管理活动的基本规律和一般方法的总结和概括,形成管理理论,以此指导人类的管理实践活动,并在此过程中完成对管理理论的准确性检验,是促进社会和经济发展的一门行之有效的学科。

(三)管理学是一门具有鲜明时代特色的学科

管理学具有较强的实践性,它必然会呈现出鲜明的时代特色。从泰勒的《科学管理原理》出版以来的100多年的发展历史中,我们可以清晰看到,管理学始终随着时代进步不断积累和完善:从古典管理理论的经济人假设,到行为科学管理理论的社会人假设,到现代管理理论的复杂人假设,管理从强化制度管理到注重人的管理,管理学始终紧跟社会发展,建起了具有鲜明时代特色的学科体系。

三、管理学研究内容

管理学虽然是一门新兴学科,但已经形成了庞大的学科体系,管理学研究内容的深化是管理学成长和发展的根本特性,但管理学基础是对管理活动基本规律和一般方法的研究,主要为管理实践提供一般性指导。其研究内容主要包括:

(一)研究管理的历史发展

研究管理学有关理论产生和发展的过程,分析各个时期管理理论的状况和特征,对于继承和发展管理学研究成果,丰富现代管理学的内容和提高现代管理水平是有必要的。

(二)研究管理职能

管理的职能是探讨管理者在管理活动中做什么这一问题,管理学从管理过程出发,研究管理者在管理活动中有哪些职能,执行各项职能所涉及的要素是什么,以及在执行计划、组织、指挥、控制等职能活动时遇到哪些障碍并如何克服。

(三)研究管理技术与方法

任何一门学科都有它独特的技术方法,在发展过程中不但会自我创新分析方法,还会借鉴、吸纳其他学科的方法,成为自己方法体系中的一部分。管理学作为一门学科,为了实现管理的目标,必须研究和运用各种现代管理方法与技术,建立行之有效的管理方法体系,还应结合现代科学技术的成就,采用先进的管理技术指导实践。任何管理活动都需要依靠管理的技术、方法和手段来实现。

四、管理学研究方法

同其他任何一门学科一样,管理学也有其自身的研究方法。从某种意义上讲,管理学领域产生的各种管理学派,实际上也可以说是因为采用了不同研究方法的结果,管理学科的发展也就是研究方法的不断发展和进步。下面介绍几种常用的研究方法。

(一)实验研究方法

在管理活动中,实验方法已成为摸索经验、形成科学理论的重要方法。该方法需要在一定控制条件下使用,有目的地观察实验对象的行为特征,界定明确的概念和假设,能将自变量独立开来,进行因果推论,从而揭示管理规律。著名的霍桑实验就是运用该方法进行的管理学研究的典范之一。但是,管理中的一些高层、宏观的管理问题,由于性质复杂,影响因素众多,因而这些问题几乎不能进行重复实验。

(二)比较研究方法

比较的方法是科学研究中较常用的一种研究方法,它把不同或相类似的事物放在一起作比较,用以鉴别事物之间的异同,分辨出一般性和特殊性的东西,得出可为我借鉴的东西和不可为我借鉴的东西。

20世纪50年代末,跨国公司的发展与经济国际化的趋势催生了管理学科的新分支——比较管理学。该学科是在比较分析的基础上对管理现象进行研究,其研究范围往往是跨国度的,它主要分析不同体制、不同国家之间在政治、经济、文化上的差异对管理的影响,探索管理发展的模式和普遍适用于发达国家、发展中国家的管理规律。比较管理学作为一种研究方法已广泛应用于管理的研究之中。从西方"古典管理理论"的形成到现在,出现了许多不同的管理理论和流派,观点各不相同,这就需要应用比较法对这些纷繁的理论进行分析比较,以找出各学派的特色,区别其实质,真正做到兼收并蓄,丰富管理学的内容。从管理的实践来看,各国又有不同的实际情况,国外组织是如何管理的,我国相关组织在国外开展业务应如何进行管理,目前的管理措施是否适用,管理学理论是否具有普遍性,如何建立一套适合本国实际情况的有特色的管理理论等问题,也都需要应用比较研究方法进行探讨。

(三)系统研究方法

所谓系统,是指由相互作用、相互依赖的若干组成部分结合而成具有特定功能的有机整体。系统本身又是它所从属的一个更大系统的组成部分。管理过程是一个系统,管理的概念、理论和技术方法也是一个系统。

人们要进行有效的管理活动,就必须对影响管理过程中的各种因素及其相互之间的关系进行总体的、系统的分析研究,这样才能形成管理可行的基本理论和合理的管理活动。总体的、系统的研究和学习方法,就是用系统的观点来分析、研究和学习管理的原理和管理活动。

（四）定性、定量结合方法

管理现象不仅有质的规定性,也有量的规定性,定性分析和定量分析是相互结合、互为补充的。定性分析对明确管理理论基础等具有重要意义,定量分析对研究管理理论的运用、探索管理的发展方向等具有重要作用,两者不可偏废。

第二节　管理概述

一、管理的概念和要素

（一）管理的概念

了解管理的重要性和必要性,并不等于真正理解了管理的含义。不同的管理学家研究管理的出发点和侧重面不同,因而对管理定义的描述也产生很大的差异。很多管理者对管理有一些直观的认识,认为管理是系统筹划的过程、管理是指挥别人的艺术、管理是配置资源的技术。管理大师对管理有很多精辟的描述:

"科学管理之父"泰勒(Frederick W.Taylor)认为:管理就是确切地知道你要别人去干什么,并使他用最好的方法去干。他强调以最小的劳动,取得最大的产值。[1]

"过程管理之父"法约尔(Henri Fayol)提出"管理就是由计划、组织、指挥、协调及控制等职能为要素构成的活动过程"。[2] 他强调了管理的基本职能。

决策理论学派代表人物西蒙(Herbert A.Simon)提出:"管理就是决策(decision-makings),决策贯穿于整个管理过程。"[3]他认为决策不是一瞬间的行动,而是一个漫长而复杂的过程,包括搜索、分析情报,拟定备选方案,筛选方案等。

美国管理学家孔茨(Harold Koonts)和韦里克(Heinz Weihrich)在《管理学》(第十版)中对管理的定义就是:"设计和保持一种良好环境,使人在群体里高效率地完成既定目标。"[4]他们强调了管理的目的和内容。

对上述各类定义,我们可以概括为三个方面的内容:首先,管理是计划、组织、指挥、协调和控制等职能活动;其次,管理是通过协调人力、物力和财力等资源实现组织目标的活动,即

---

① F. W. 泰罗:《科学管理原理》,胡隆昶、冼子恩、曹丽顺译,北京:中国社会科学出版社,1984,第157页。
② H. 法约尔:《工业管理与一般管理》,周安华等译,北京:中国社会科学出版社,1982,第10页。
③ 赫伯特·西蒙:《管理决策新科学》,李桂流、汤俊澄等译,北京:中国社会科学出版社,1982,第37页。
④ 哈罗德·孔茨,海因茨·韦里克:《管理学(第10版)》,张晓君等译,北京:经济科学出版社,1998,第7页。

围绕着组织目标的实现,合理使用组织的各类资源的活动;最后,管理是使组织成员更加高效率地达到组织目标的过程。

根据以上三个方面的内容,本教材将管理定义为:管理就是管理者在一定的环境中对组织所拥有的各种资源进行计划、组织、领导和控制,用最有效的方法高效率地实现组织目标的过程。

这一定义中,有以下几点说明。

第一,"组织所拥有的各种资源"主要包括人力资源、财力资源、物力资源、时间资源、信息资源、技术资源。资源是管理中的基本问题,资源是有限的,组织拥有的自然资源是有限的,甚至是不可再生的;组织的人文社会资源是有限的,如人类的知识文化积累是有限的;组织创造的财富相对于人们的需求而言也是有限的。资源的有限性对组织目标的确定有很大的影响,也要求组织应该充分有效地配置这些有限的资源。

第二,"计划、组织、领导和控制"就是管理的职能,传统的管理职能可以细分为计划、组织、指挥、协调和控制五大职能。随着管理理论的发展,很多学者把计划、组织、领导、控制和创新作为管理的新的五大职能。管理就是对各种资源的配置和利用的过程。

第三,"用最有效的方法"意味着管理者在管理活动中要遵循其客观规律,在此基础上运用科学的方法、技术和手段,同时运用管理艺术,激发组织成员的积极性和创造性。创新是灵魂,不断创新管理体制与机制,达到提高组织效益的目的。

第四,"实现组织目标"就是指管理活动具有目的性。目标不同,相应的管理活动也会不同。在实际管理活动中,组织成员中的个人目标如果与组织目标之间存在偏差,就很难有效地实现管理目标。管理者有一个很重要的任务就是协调组织成员的个人目标,使其与组织目标一致,完成组织目标,同时实现组织成员的目标。

(二)管理活动的要素

管理是一项有组织的社会活动,是指在一定环境中或在一定条件下,组织为了达到一定目的,运用一定的职能和手段,对管理客体进行有意识、有组织地协调活动。管理活动由五个基本要素组成。

1. 管理主体

管理主体是指从事管理活动的人员。组织中的管理主体由两类人构成:一类是根据组织既定目标将目标任务分解为各类管理活动、工作任务,并督促完成既定目标的人。这类人员通常是组织的核心人物,或者说是组织的高层管理人员。另一类是从事各方面具体管理活动的人,这类人员通常是组织中的骨干人物,即组织的中层和基层管理人员。没有他们,组织既定的目标难以实现。后者在成为管理主体的同时,又是前者管理活动的作用对象,即受前者领导和控制,从而执行前者分解的组织目标和任务。因此,后者既是管理活动的发出者,又是管理活动的收受者,既是管理的主体又是管理的客体。

2. 管理客体

管理客体是指管理活动所作用的对象,即管理的收受者。从这个角度来看,组织内的管理客体是一个很大的范畴,可以分成三类。

(1) 组织中的一般成员。组织中的一般成员均是管理的客体,他们执行组织分配的工作任务,遵守一定的运行规则进行工作,以求获得良好的工作成绩。

(2) 组织中的其他资源。组织中的其他资源包括财务资源、物质资源、信息资源、时间资源和关系资源等。这些资源均是管理的客体,在管理的作用下经过特定的技术转换成为组织的产出物。

(3) 与组织的扩张和发展相关的外部资源和其他组织。这些也就成了本组织的客体,只是这类客体不一定很确定,经常会发生变动。

这三类客体中最重要的是作为管理客体中的人,尽管他们被管理,但他们与其他管理客体结合时又有一定的空间,在其工作范围和工作时间中发挥主观能动性。从这个角度上看,在这个特定范围中,每个人又都是自己工作岗位和领域中的管理主体。

3. 管理目标

管理目标即管理活动的努力方向和所要达到的目的。凡是管理活动都必然有目标,尽管各种管理活动的主体、客体不同,内容、范围不同,甚至具体的目标也有很大差别,但都不会没有目标,否则就不能成为管理活动。

管理目标具有层次性,低层的管理目标是指一项具体的管理活动或管理工作的目标。这一层次的目标对于具体的管理活动或管理工作来说是非常重要、不可缺少的。因为管理活动若没有这一具体的欲达成的目标,这个活动本身就没有存在的必要了。另外,低层管理目标又是组织高层管理目标规定下的产物,管理的终极目标就是组织的最高层的战略目标。具体的管理活动或管理工作的目标若与组织高层目标相脱离,管理就不可能实现组织的最终目标。

4. 管理职能和手段

管理职能和管理手段是指为了达到管理目标,管理者和管理对象之间用什么方式对管理活动进行计划、组织、领导和控制的问题,它是管理者和管理对象之间发生联系的纽带,是管理活动的主要体现。计划、组织、领导和控制都有其具体内容,使管理行为具体化。

5. 管理环境

任何一个组织都是在一定的环境中生存和发展,组织中的管理活动离不开管理环境,管理方式的选择、管理效能的高低与管理环境有着密切的联系。人们通常把管理环境分为外部环境和内部环境。组织的外部环境包括国际因素、科技环境、社会文化环境、经济环境、法律环境、政治环境和自然地理环境等,服务性的组织还要考虑组织的任务环境,如服务的客户群、竞争者、供应商和服务等外部环境。内部环境是由组织文化、组织结构、技术和相应的硬件设施组成,组织文化逐渐成为组织内部管理环境最重要的要素。

二、管理的性质

（一）管理的二重性

管理的根本属性在于管理具有二重性,是指管理的自然属性和社会属性。马克思在《资本论》中对管理的属性做过精辟的论述,马克思认为,管理既有同生产力、社会化大生产相联系的自然属性,又有同生产关系、社会制度相联系的社会属性。

具体地说,管理的自然属性就是由生产力的发展引起和决定的,反映生产力属性的管理,是共同劳动、分工协作需要的管理,体现了不同社会制度下管理的共同属性,是一种客观存在,不以人的意志为转移,不以社会制度和意识形态的不同而改变。社会属性是受一定生产关系影响和制约的,反映生产关系的管理,是维护和调整生产资料占有阶级的经济利益需要的管理,规定着管理的阶级实质和目的,具有阶级社会各自特殊的共同属性。因此,管理既要适应生产力运动的规律,也要适应生产关系运动的规律。

认识和掌握管理的二重性原理有着重要的理论意义和实践指导意义。

（1）掌握管理的二重性原理,能全面而深刻地理解管理产生的客观必然性、性质、基本职能,以及管理在组织社会化生产和实现社会化生产目的等方面的重要作用。它有利于提高人们管理的自觉性和管理者自身素质,管理者既要掌握生产力合理组织的能力和技巧,又要掌握、维护和完善生产关系的知识和本领。

（2）掌握管理的二重性原理,能够更好地区分资本主义管理和社会主义管理之间的共性与个性。根据二重性原理,我们要认识到管理既有自然属性（共性）,也有社会属性（个性）,两者不可偏废,既不能忽视不同社会制度下的管理上存在着自然属性上的共性特点,也不能否认两者在社会属性上存在的个性差异。

（3）有利于学习和借鉴资本主义发达国家先进的管理技术。根据二重性原理,我们能够正确分析判断资本主义发达国家的管理哪些是值得学习和借鉴的,哪些是应当批判和抛弃的,避免要么全盘否定资本主义国家的管理,要么盲目崇拜而全盘照抄。

（4）创建适合中国国情的管理理论。依据管理的二重性原理,我们在学习国外先进管理经验时应采取"以我为主、博采众长、融合提炼、自成一家"的态度,有利于创建适合中国国情的管理理论,更好地为我国的现代化建设服务。

（二）管理的科学性与艺术性

1.管理的科学性

管理的科学性表现在以下几个方面。

第一,管理理论来源于管理实践,并指导管理实践。管理的理论源于大量的管理实践,并经过长期管理思想提炼,升华为管理理论。泰勒的"科学管理原理"就是来源于时间动作研究,并在大量的劳动实践中总结出来的。同时,管理理论又有效地指导了管理实践。随着管理实践的深入,也在不断地验证管理理论和丰富理论本身,管理理论也不断向前发展。

第二,管理形成了系统的理论体系。管理具有系统化的理论知识,管理科学是把管理的规律揭示出来,形成原则、程序和方法,利用系统的管理基本原理,研究和探索人们如何有组织地、有效地实现既定目标,从中揭示管理活动的各种规律。管理科学在总结和概括反映客观规律理论的同时,也指导着管理实践。

第三,管理有完整的方法体系。管理有一套分析问题、解决问题的科学方法论。管理的理论只有转化为具体的管理技术和技能才能发挥作用。在现代管理学中,人们借助于现代科学技术和手段,运用计算机、数理统计、运筹学等技术和方法,将这些管理技术转换成各种管理软件和具体的操作技能,可以有效地提高管理绩效。当今的信息技术使管理水平和能力得到巨大提升。

第四,管理知识可以通过书本学习和传授。科学知识具有学习、传递的特征,描述管理如何实现组织绩效的知识和客观事实愈来愈多、愈来愈丰富,这些知识可以通过教学、各种教学多媒体进行传递和转移,使管理者掌握其基本原理和方法,指导管理实践。

2. 管理的艺术性

管理也是一门艺术,管理的艺术性是指能够熟练地运用管理相关知识并且通过巧妙的技艺(技巧、才能)来达到某种效果,而有效的管理活动正反映了此特点。早在20世纪20年代初,哈佛大学校长洛奥尔就认为:管理是最古老的艺术、最崭新的职业。管理的艺术性表现在以下几个方面。

第一,在管理实践中,任何管理理论都不能为所有的管理者提供解决一切问题的标准答案,许多技能不可能在教科书中学到,管理需要不断实践。在管理实践中,管理是技巧的运用,没有在任何条件下都能应用的万能准则,管理者经常需要根据直觉、创造力和经验进行管理实践。

第二,管理的主要对象是人,而人是有思想感情的,也是复杂多变的,如何激励组织成员实现组织目标,是艺术性很强的事情,仅仅掌握科学的管理理论和方法是不够的,管理者只有运用管理基本理论和基本方法,根据实际情况的变化,运用自身的才智和丰富的实践经验,才能取得良好的管理效果。

第三,管理学作为一门科学是不断地发展的。当前还不够完善,管理活动中存在着许多未知的、变化的、模糊的因素,需要靠人的经验、感觉、魄力、权威等来处理,无法被度量甚至无法被言传,这也往往被人们称为"艺术"。随着科学技术的发展和管理科学的发展,那些未知的、模糊的领域会越来越少,但人们对管理艺术水平的要求却越来越高。

3. 管理是科学与艺术的统一

在管理的科学性上,人们常犯的错误是盲目照搬管理理论,将书本上的管理原理当作教条,认为管理只靠实践,不相信管理专家。在管理的艺术性上,人们常犯的错误是:管理靠的是人格魅力、灵感与创新,认为管理本身是没有规律可循的,更没有办法通过学习(尤其是书本学习)掌握管理的技巧;认为管理艺术是少数人天生具有的,大多数人只能处于被管理、被领导的地位。有的人过分强调管理的艺术性从而否认管理的科学性,在管理实践中缺乏科学的管理制度,而常常以管理者的心情、好恶作为决策的依据。

管理的艺术性,即强调管理的实践性,没有实践则无所谓艺术。最富有创造性的"艺术"总是以对科学的认识为基础的,因此,科学和艺术并不相互排斥,而是相互补充。机械地搬用管理原理,难以从实际出发有效地达到管理的目标。但是,管理人员如不掌握管理科学,只凭直觉或经验进行管理也将成为无源之水。管理的科学性、艺术性反映了理论知识和灵活运用相结合的必要性。因此,要成为成功的管理者,不能把管理学当作一般的知识性学科进行学习,也不能简单地当作完成职业任务的操作技能来学习,必须把学习与实践有机地结合起来,即把管理科学性的一面与艺术性的一面有机结合起来,把自己修炼成为一个出色的管理者。

三、管理的职能

管理工作中应该具有几项职能?继法约尔提出的五项职能之后,许多学者对管理职能进行了深入研究,提出了不同的分类方法。国外学者的分类方法如表1-1所示。

表1-1 国外学者对管理职能的划分

年份	学者	管理职能										
		计划	组织	指挥	协调	控制	激励	人事	调集资源	沟通	决策	创新
1916	法约尔	+	+	+	+	+						
1934	戴维斯	+	+			+						
1937	古利克	+	+	+	+	+		+	+	+		
1947	布 朗	+	+	+		+						
1947	布雷克	+				+	+	+				
1949	厄威克	+	+			+						
1951	纽 曼	+	+	+		+						
1955	孔 茨	+	+	+		+		+	+			
1964	艾 伦	+	+				+					
1964	米	+				+	+				+	
1966	希克期	+	+			+	+			+		+
1970	海 曼	+				+	+	+	+			
1972	特 里	+	+			+	+					

注:"+"表示该学者认同该项职能。

从表中可以看出,不同时期的学者对于计划、组织、控制三项职能高度认同。一般认为管理的经典职能是计划、组织、指挥、协调和控制五项职能。随着管理理论的发展,人们对管理职能的认识也有所发展,许多新的管理理论和管理实践已一再证明:计划、组织、领导、控制和创新是管理活动基本职能。

（一）计划

计划（planning）是管理的首要职能,是指制定组织目标,并确定为达到这些目标所采取的行动方案的过程。计划就是为未来的组织活动确定目标,并为实现这一目标预先决定做什么,为什么做,以及如何去做的一个工作过程。组织中有不同层次的管理者,包括高层管理者、中层管理者和基层管理者,都必须从事计划活动。虽然组织中的高层管理者负责制订总体目标和战略,但所有层次的管理者都必须为其工作的部门制订计划及制订符合并支持组织总体战略的目标。另外,他们必须制订一个支配和协调所负责资源的计划,从而能够实现工作组的目标,最终实现组织目标。

（二）组织

组织（organizing）是指对组织的各类资源进行分类组合、设计和建立组织结构,确定职权关系,协调各项活动的过程。计划的执行要靠其他人的合作,组织工作就是根据工作的要求与人员的特点设计岗位,通过授权和分工,将适当的人员安排在适当的岗位上,用制度规定各个成员的职责和上下左右的相互关系,形成一个有机的组织结构,使整个组织协调地运转。组织目标决定着组织结构的具体形式和特点。例如,政府、企业、学校、医院、军队、教会、政党等社会组织由于各自的目标不同,其组织结构形式也各不相同。反过来,组织工作的状况又在很大程度上决定着这些组织各自的工作效率和活力。组织职能是管理活动的根本职能,是其他一切管理活动的条件和依托。

（三）领导

领导（leading）是指对组织成员引导和施加影响,使组织成员积极、主动、热情地为组织目标而工作的过程。计划与组织工作做好了,不一定能保证组织目标的实现,因为组织目标的实现要依靠组织全体成员的努力。配备在组织机构各种岗位上的人员,由于个人目标、需求、偏好、性格、素质、价值观以及工作职责和掌握信息量等方面存在很大差异,在相互合作中必然会产生各种矛盾和冲突,因此就需要有权威的领导者进行领导,指导人们的行为,通过沟通增加人们之间的相互理解,统一组织成员的思想和行动,激励每个成员自觉地为实现共同目标而努力。领导职能是一门非常奥妙的管理艺术,它贯穿在整个领导活动过程中。

（四）控制

控制（controlling）是指对组织活动及其成效进行衡量和矫正,以确保组织目标及计划得以实现的过程。人们在执行计划的过程中,由于受到各种因素的干扰,常常使实践活动偏离原来的计划。为了保证目标以及为此而制订的计划得以实现,管理中就要有控制职能。控制的实质就是使实践活动符合于计划。计划就是控制的标准,管理者必须及时取得计划执行情况的信息,并将有关信息与计划进行比较,发现实践活动中存在的问题,分析原因,及时采取有效的纠正措施。从纵向上看,各个管理层次都要充分重视控制职能,愈是基层的管理者,控制的时效性要求愈强,控制的定量化程度也愈高;愈是高层的管理者,控制的时效性要求愈强,控制的综合性愈强。从横向上看,各项管理活动、各个管理对象都要进行控制。管理中可能有不信任的控制,但不应该存在没有控制的信任。

(五)创新

很多研究者没有把创新(innovating)列为一项管理职能。但是,由于科学技术迅猛发展,社会经济活动空前活跃,市场需求瞬息万变,社会关系也日益复杂,而每位管理者每天都会遇到新情况、新问题,如果因循守旧、墨守成规,就无法应付新形势的挑战,也就无法完成肩负的任务。不创新,组织难以发展,甚至到了不创新就无法维持和生存的地步。许多事业成功的管理者的诀窍就在于创新。要做成任何一项事业,大到国家的改革,小到办实业、办学校、办医院,甚至办一份报纸,推销一种产品,都要敢于走创新之路,开辟新的天地。

各项管理职能都有自己的表现形式。例如,计划职能通过目标的制定和行动的确定表现出来;组织职能通过组织结构设计和人员配备表现出来;领导职能通过领导者和被领导者的关系表现出来;控制职能通过对计划执行情况的信息反馈和纠正措施表现出来。创新职能与上述各种管理职能不同,它本身并没有某种特有的表现形式,总是在其他管理职能的所有活动中来表现自身的存在与价值。

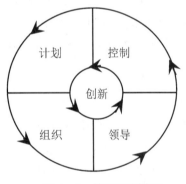

图 1-1 管理职能循环

为了做好组织的各项工作,管理者首先要根据组织内外部环境条件确立组织目标并制订相应的行动方案。目标明确之后,就要组织力量去完成,为了落实计划,管理者要进行组织工作。由于目标的完成有赖于组织成员的共同努力,为了充分调动组织成员的积极性,在目标确定、计划落实下去以后,管理者还要加强领导工作。在设立目标、形成计划、建立组织、培训和激励组织成员以后,各种偏差仍有可能出现。为纠正偏差,确保各项工作的顺利进行,管理者还必须对每个活动过程进行控制。管理就是这样一个不断循环的过程,各项管理职能的相互关系如图1-1所示。

第三节　管理者相关理论

一、管理者的概念和分类

(一)管理者的概念

管理的基本载体是组织,任何组织都是由两个或两个以上的人组成的集合体。根据在组织中的地位和作用的不同,组织成员可以被分为操作者和管理者两类。操作者是在组织中直接从事具体业务,且不承担对他人工作监督职责的人,如建筑工地的工人、软件公司的程序编程员、饭店里的服务员、医院里的医生和护士等,他们的任务就是做好组织分派的具体的操作性的工作。

从广义上讲,管理者泛指所有执行管理职能,并对组织目标实现做出贡献的人。这个概念既包括执行传统意义上的管理职能,对他人工作负有责任的人,也包括承担特殊任务,而不对他人工作负有责任的人,或者介于这两者之间的人,只要他利用职位和知识,以个人的方式对组织做出实质性的贡献,就是一位管理者,而不管他对他人是否具有管理监督的权力,或者是否具有下属(如高级成本会计师、高级工程师、高级经济师等)。

狭义的管理者是指以管人为核心的组织与协调工作的人,即通过管理他人,进而筹划组织资源与活动的各种工作。例如,医院中院长和各部门领导、各科室主任即为狭义的管理者。狭义的管理者强调的是行使管理职能,指挥和协调组织中的成员进行工作的人,他必须拥有下属和权力,强调工作性质与内容上的高层次,如决策、指挥,从而与一般性的事务处理相区别。

我们所称的管理者是广义上的管理者,是履行管理职能,对实现组织目标具有贡献和负有责任的人。而对狭义的管理者,我们往往称之为领导者。管理者是指组织管理活动的发出者和执行者,是组织的核心,其工作绩效的好坏直接关系着组织的兴衰成败。

(二)管理者的分类

1. 按层次分类

管理者是指从事管理活动的人,即在组织中担负计划、组织、领导、控制四项职能以实现组织目标的人。管理者按其在组织中所处层次的不同,可分为高层管理者(top managers)、中层管理者(middle managers)和基层管理者(first-line managers)(见图1-2)。

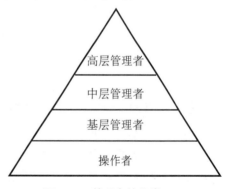

图 1 - 2　管理者的分类

(1)高层管理者是组织中处于最高领导层的人,是对整个组织的管理负有全面责任的管理者。其主要职责是制定组织总目标、总战略,掌握组织的大政方针,对组织绩效负责。高层管理者的决策是否科学,职权利用是否得当等直接关系到组织的存亡兴衰,因此也称为决策层,如学校的正副校长、企业的董事会成员、医院的正副院长等。

(2)中层管理者是组织中处于中层机构的负责人,处于高层管理者和基层管理者之间的管理人员。其主要职责是贯彻执行高层管理人员所制定的重大决策,监督和协调基层管理人员的工作,或对某一方面的工作进行具体的规划和参谋。中层管理者在组织中起着承上启下的作用,对上下级之间的信息沟通、政令通行等负有重要的责任,也称为执行层,如:企业各职能部门领导,学校的部、院、系领导,医院医务部(处)主任等。中层管理者一般可分为三类:行政管理人员、技术性管理人员、支持性管理人员。

(3)基层管理者是组织中处于最低层次的管理者,是最直接的一线管理者,主要职责是给下属作业人员分派具体工作任务,直接指挥和监督现场作业活动,保证各项任务的有效完成,也称为作业层。如企业车间主任、学校教研室主任、医院科室主任等。

不同层次的管理者,在行使管理职能时的侧重点有很大差别,高层管理者往往关心组织的长远目标、战略计划和重大的方针政策,偏重于计划、组织和控制等职能;基层管理者更加注重具体工作的落实和执行,更侧重于对组织成员的激励和面对面的领导;中层管理者则介于两者之间。根据相关研究,不同管理者在管理职能中的时间分配如图1-3所示。

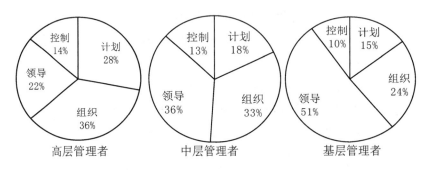

图1-3 不同层次管理者的在管理职能中的时间分配

2. 按领域分类

按管理者的工作领域划分,管理者可以分为综合管理者和职能管理者。

(1)综合管理者,即负责整个组织或组织中某个部门的全部管理活动的管理人员。他们是一个组织或部门的主管,对整个组织或部门目标实现负有全部责任;他们有权指挥和支配组织或部门的全部资源与职能活动,并能从目标完成过程中获得相应的利益。

(2)职能管理者,也称为专业管理人员,是指在组织内只负责某种职能的管理人员。这类管理者只对组织中某一职能或某一专业领域的工作目标负责,只在本职能或专业领域内行使职权和指导工作,即仅仅负责管理组织中某一类活动的管理者。

二、管理者的角色

(一)管理者的角色

管理者的角色(manager roles)是对管理者在组织体系内从事各种活动时的立场、行为表现等一种特征归纳。著名管理学家亨利·明茨伯格(Henry Mintzberg)在20世纪60年代末期经过长期研究发现,管理者扮演着三个方面十种高度相关的角色(见表1-2)。

表1-2 亨利·明茨伯格的管理角色理论

角 色		描 述	特 征 活 动
人际关系方面	挂名首脑	象征性的首脑,必须履行许多法律性或社会性的例行义务	迎接来访者,签署法律文件
	领导者	负责激励和动员属下、负责人员配备、培训和交往的职责	实际上从事所有的有下级参与的活动
	联络者	维护自行发展起来的外部接触和联系网络,向人们提供恩惠和信息	发感谢信,从事外部委员会工作,从事有其他有关外部人员参加的活动
信息传播方面	监听者	寻求和获取各种特定的信息,以便透彻地了解组织与环境;作为组织内部和外部信息的神经中枢	阅读期刊和报告,保持私人接触
	传播者	将从外部人员和下级那里获得的信息传递给组织的其他成员——有些是关于事实的信息,有些是解释和综合组织中有影响的人物的各种价值观点	举行信息交流会,用打电话等方式传达信息
	发言人	向外界发布有关组织的计划、政策、行动、结果等信息;作为组织所在的产业方面的专家	举行董事会议,向媒体发布信息
决策制定方面	企业家	寻求组织和环境中的机会,制订改进方案,以发起变革,监督某些方案的策划	制定决策,检查会议决议执行情况,开发新项目
	混乱驾驭者	当组织面临重大的、意外的动乱时,负责采取补救行动	制定战略,检查陷入混乱和危机时期
决策制定方面	资源分配者	负责分配组织的各种资源——事实上是批准所有重要的组织决策	计划、询问、授权,从事涉及预算的各种活动和安排下级的工作
	谈判者	在主要的谈判中作为组织的代表	参与工会进行合同谈判

1. 人际角色

第一类管理者角色是人际角色。管理者在处理与组织成员和其他利益相关者的关系时,就在扮演人际角色,体现在以下几个方面。

首先,一个组织的高层管理者必须行使一些具有礼仪性质的职责。例如,管理者有时必须出现在某庆祝活动或仪式上,参加社会活动或宴请重要客户等。这时,管理者行使着挂名首脑的角色。其次,管理者对所在组织的成败负重要责任,因而他们必须在组织内扮演领导者角色。就这种角色而言,管理者和组织成员一起工作并通过组织成员的努力来确保组织目标的实现。最后,管理者必须扮演组织联络者的角色。无论是在与组织内的个人和工作小组一起工作,还是在与外部利益相关者建立良好关系时,管理者都起着联络者的作用。因此,管理者必须对重要的组织问题有敏锐的洞察力,从而能够在组织内外建立良好的关系和网络。

2. 信息角色

第二类管理者角色是信息角色。在信息角色中,管理者负责确保组织成员具有足够的信息,从而能够顺利完成工作。由管理责任的性质决定,管理者既是所在组织的信息传递中心,也是组织内信息传递的渠道。

管理者必须扮演的一种信息角色是监督者角色。作为监督者,管理者持续关注组织内外环境的变化以获取对组织有用的信息。管理者通过接触下属来搜集信息,并从个人关系网中获取对方主动提供的信息。根据这种信息,管理者可以识别组织潜在的机会和威胁。在作为传播者的角色时,管理者把他们作为信息监督者所获取的大量信息分配出去。把重要信息传递给工作小组成员,管理者有时也向组织成员隐藏特定的信息,更重要的是管理者必须保证组织成员具有必要的信息,以便切实有效完成工作。管理者扮演的最后一种信息角色是发言人角色。管理者必须把信息传递给单位或组织以外的个人,例如,营利性组织必须向董事和股东说明组织的财务状况与战略方向;必须向消费者保证组织在切实履行社会义务;在组织遵守法律方面,必须让政府官员感到满意等。

3. 决策角色

第三类管理者角色是决策角色。在决策角色中,管理者处理信息并得出结论。如果信息不用于组织的决策,这种信息就丧失其应有的价值。管理者负责做出组织的决策,让组织成员按照既定的路线行事,并分配资源以保证组织计划的实施。

管理者扮演的一种决策角色是企业家角色。在前述的监督者角色中,管理者密切关注组织内外环境变化和事态的发展,以便发现机会。作为企业家,管理者对发现的机会进行投资以利用这种机会,如开发新产品、提供新服务或发明新工艺等。管理者扮演的第二种决策角色是混乱驾驭者角色。一个组织不论其管理得多么好,在运行的过程中,总会遇到或多或少的冲突或问题。管理者必须善于处理冲突或解决问题,如解决应急事件、同不合作的供应商进行谈判或者对组织成员之间的争端进行调解等。第三种决策角色是资源分配者角色,管理者决定如何配置组织资源。组织资源除了人力资源、财力资源或设备等物质资源,其他类型的重要资源也被分配给项目。例如,对管理者的时间来说,当管理者选择把时间花在这个项目而不是那个项目上时,实际上是在分配时间资源。除时间以外,信息也是一种重要资源,在信息获取上管理者是否为他人提供便利,通常决定着项目的成败。管理者所扮演的最后一种决策角色是谈判者角色。对所有层次管理工作的研究表明,管理者把大量的时间花费在谈判上。管理者的谈判对象包括组织内部成员、服务对象、供应商和其他工作小组。管理者要进行必要的谈判工作,以确保组织朝着组织目标迈进。

(二)管理角色的变化

不论是何种类型的组织,也不论处于组织的哪个管理层次上,管理者都扮演着相似的角色,但是,管理角色的侧重点是随着所处管理层次的不同以及组织规模的不同而变化的。

1. 管理层次对角色的影响

组织中每个管理者的能力是有限的,在组织内进行分工,划分管理的层次和管理的范围是十分必要的。一方面,通过划分组织内的管理层次,高一级管理者可以授权给下一级管理者而减轻自身压力,从而保证工作的有效性;另一方面,下级在分享权力的过程中,不仅增强了执行任务的信心,而且提高了工作的主动性。

所有的管理者在组织运行过程中都扮演了十种不同的角色,但由于不同的管理者所处的管理层次不同,所担当的工作任务不同,因此其角色的侧重点也不同。图1-4给出了不同层次管理者的角色分配情况。

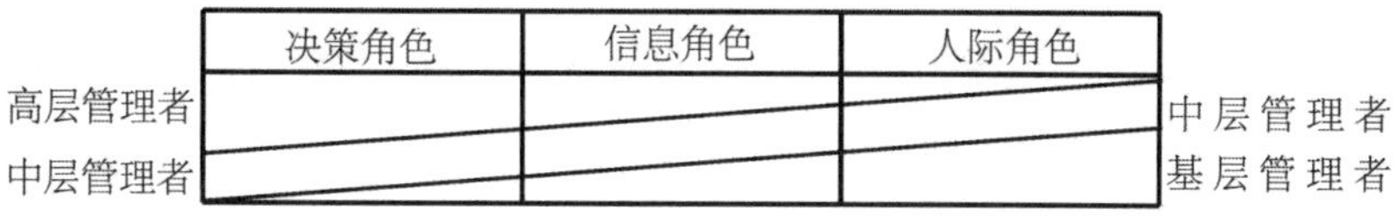

图1-4 不同层次管理者的角色分配

高层管理者是一个组织总体战略的决策者,负责全面的管理工作,主要关注组织的生存、发展和总体绩效,也称为战略管理者。高层管理者的主要角色是决策者。中层管理者位于高层管理者和基层管理者之间,有时被称为战术管理者,负责将战略管理者制定的总目标和计划转化为更具体的目标和活动。中层管理者在三个角色方面的分配是比较均衡的,这也体现了其承上启下的作用。基层管理者,或称为作业管理者,是监督组织运作的低层管理者,他们实施中层管理者制订的具体计划,直接涉及组织内非管理人员及具体的执行工作,因此对他们而言,人际角色是最重要的角色。

2. 组织规模对角色的影响

组织的员工数、业务涉及的地域范围等指标都可以成为衡量组织规模大小的标准。当然,组织对社会的影响度并不与它的规模成正比,小组织也可以对社会产生巨大的影响。

管理者在不同规模组织中从事着基本相同的工作,但侧重点有所不同,具体做法和花费的时间也有显著不同(见表1-3)。小组织管理者最重要的角色是发言人,他们要花大量的时间处理外部事务,如接待消费者、与金融机构接洽以获取信贷资金、寻找组织的发展机会、规划组织变革等。大组织有比较稳定的发展方向、服务内容和服务群体,如大型服务性组织有较稳定的客户群体、供货单位、技术装备和资金来源等,因此大组织的管理者更关心组织内部的事务处理,如何在组织内部合理、有效地配置资源。资源配置者是大组织管理者最重要的角色。

表 1-3　小组织和大组织中管理者角色的重要性

小组织管理者角色	大组织管理者角色	角色的重要性
发言人	资源分配者	高
企业家	联络者	
挂名首脑	监听者	↓
领导者	混乱驾驭者	
传播者	企业家	低

小组织管理者的工作综合了大组织里上至高层管理者、下至基层管理者的工作,不仅如此,小组织的管理者从事的往往是非结构化和非正规性的工作。小组织管理者虽然不太可能用非常细致的计划来协调管理过程,组织结构设计得也不复杂,管理控制则更多地依靠直接巡视,不像大组织那样依靠复杂的计算机化的监视系统,因此与大组织的管理者相比,小组织中的管理者更可能是一个多面手。

三、管理者的技能

(一) 管理者的技能

美国学者罗伯特·卡茨(Robert L. Katz)认为,无论是什么组织的管理者,也不论是哪个层次的管理者,都应当具备技术性技能、人际性技能和概念性技能三种基本技能。

1. 技术技能

技术技能(technical skill)是指对某一专业领域内有关程序、技术、知识、方法、技巧等的理解程度和熟练程度,以及运用上述技能完成组织任务的能力,主要是如何"处事"。它包括三个方面内容:

(1)管理者要掌握专业领域内的相关技术,能熟练应用专业技术指导下属开展各项业务工作。

(2)管理者要掌握本部门的工作方法和工作程序,精通业务流程。

(3)管理者要熟悉本部门的各项规章制度,能正确理解有关政策,能运用制度和政策指导管理活动。

以上各种技术技能,可以通过教育和培训获得,但更需要在工作实践中不断学习和总结而获得。大多数职业教育以及在岗培训课程主要与技术性技能的培养有关。例如,医师、工程师、技师、会计师等都掌握着相应领域的技术技能,对于管理者,还应掌握诸如决策技术、计划技术、组织设计技术、评价技术等管理技术。

2. 人际技能

人际技能(interpersonal skill)是指处理人际关系的技能,即理解他人并与他人共事的能力,主要是怎样"待人"。它包括以下几个方面内容。

(1)协调和沟通技能。管理者每天都要与组织内的上下级、同级进行接触,有时还要与组织外部的人发生联系。因此,管理者必须善于运用人事技能处理好与各方面人员的关系,与他们建立起相互信任和真诚的合作关系。

(2)识人用人的技能。管理是通过他人的努力来实现组织的目标,因此管理者必须善于识别人才,用人所长,避人所短。要做到这点,管理者必须掌握识别人才和用人的技能。

(3)评价激励技能。一般来说,组织成员的工作积极性和创造性不会自发产生,而是需要管理者予以激发。因此,管理者应该掌握评价和激励方法,以便客观公正地评价他人并给予激励。

人际性技能还可以分为处理部门内部关系的能力和处理跨部门关系的能力。对于中低层管理职位,前者至关重要;而随着管理职位的上升,后者变得越来越重要。

3. 概念技能

概念技能(conceptual skill)是指管理者观察、理解和处理全局性复杂关系的抽象能力。概念技能包括以下三个方面。

(1)预测技能。当组织内外环境发生变化时,管理者要能够及时地预测这些变化对组织未来发展的影响。

(2)判定技能。当意想不到的事情发生时,管理者应具有迅速判定问题实质、果断采取对策的能力。

(3)概括技能。管理者应具有在纷繁复杂的信息中抽象出对组织有重要影响的关键信息的能力。

概念技能的核心是一种观察力和思维力。概念技能要求管理者以整体视角看待组织的能力,即把组织视作一个整体来把握的能力,也就是洞察组织环境的能力。概念技能对于组织的战略决策和发展具有极为重要的意义,是组织中高层管理者必须具备的一项重要技能。

（二）管理者的技能与管理层次关系

不同层次的管理者对于管理技能的要求程度是不同的。各层次管理者对管理技能的需要比例如图 1-5 所示。

一般而言,管理者所处的管理层次越低,对技术技能的要求越高;所处的管理层次越高,对技术技能的要求越低。基层管理者是直接执行具体任务的管理人员,是具体技术的应用者,没有较高的技术技能,难以有效地开展工作,基层管理者往往就是某一领域的技术专家。高层管理人员没有必要使自己成为某一技术领域的专家,因为他们可以借助于有关专业人

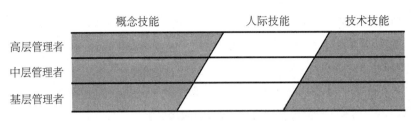

图1-5 不同管理层次对管理技能的要求

员来解决技术性问题,但他们需要了解或初步掌握与其专业领域相关的基本技术知识,否则将很难与其所主管的组织内的专业技术人员进行有效的沟通和交流,从而无法对其管辖业务范围内的各项工作进行指导。管理最主要的任务是管理人,这就要求管理人员必须具有识别人、任用人、团结人、组织人和激励人以实现组织目标的能力。因此,对于各个层次的管理人员来说,人际技能都很重要。概念技能对于高层管理者来讲非常重要,因为高层管理者需要考虑组织和外部环境的互动、考虑组织的整体战略和目标、考虑组织各个部分的相互关系等关键问题。基层管理者主要是执行和完成上级管理者制定的目标,对概念技能的要求较低,但基层管理者也要不断提高自身的概念技能,为自身发展打好坚实的基础。

(三)管理者的能力结构

1. 创新能力

创新能力基于一个人的创新意识,是优秀管理者最重要的能力。创新能力表现为管理者在从事的管理领域中善于敏锐地观察旧事物的缺陷,准确地捕捉新事物的萌芽,提出大胆新颖的推测和设想(创意),继而进行周密的论证,拿出可行的方案来付诸实施。富有创新能力的管理者通常有广泛的兴趣和爱好,对环境有敏锐的洞察力,具有系统思维和辩证思维的特点,富有独立意识,具有自信心和直面困境等主要特征。

2. 转化能力

转化能力是指优秀管理者将创意转化为可操作的具体工作方案的能力,转化能力可以表现为管理者在转化过程中善于运用以下一些技巧。

(1)综合:把各种可行的途径、方法综合起来并使之系统化,将其规范成一种可帮助创意实施的综合性方案。

(2)移植:能够将管理中其他领域的一些方法,或者非管理领域的一些方法移植到管理实践中。

(3)改造:用现有的方法、途径进行改造,从而找到一个合适的创意,使之向实施方案转化。

(4)重组:将现有的实践方法、步骤、技巧根据管理的创意要求进行重新组合,从而形成实现创意的新方法和新途径,帮助创意顺利实施。

(5)创新:转化的过程实际上也是一个创新的过程,因此转化能力在转化的过程中也表现为创新,即在转化过程中的创新。

3. 应 变 能 力

应变能力是管理者能力结构中非常重要的一部分。现代组织在一个变化多端的复杂环境中运作,管理则在这样一个内外环境中运行。环境的变化导致管理中有许多非程序性的问题,解决非程序性问题就要应变,要求管理者在变化中产生应对的创意和策略。

4. 组 织 协 调 能 力

组织协调能力首先表现在管理者能否在组织成员中培养一种团队精神,即齐心协力不计名利报酬、积极主动争取成功的精神。团队精神在管理的过程中有其特殊的效用,管理不是一个人的事,成功需要一群人的配合与投入,因而团队精神至关重要。

组织协调能力其次表现为能否有效地根据管理的要求,组织分配不同资源并让其在各自的位置上正常运作。这是管理者应有的能力,因为管理者如果不了解各阶段的资源配置要求,就无法组织合适的资源投入创新过程,因而创新的成功也就非常渺茫。

组织协调能力还表现在能否强化个体与整体的协调与反馈。分散性的个体必须与整体协调一致,才能形成整体的能力,从而保证管理目标的实现。管理过程通常是群体运行的过程,因此将组织成员的个人目标与组织目标协调起来,就显得非常重要。

【复习与思考】

1. 管理学的研究对象是什么,研究方法有哪些?
2. 管理有哪些职能,你是否同意将创新作为管理职能之一?
3. 什么是管理的二重性,它对我国的管理实践有何意义?
4. 管理者有哪些角色,需要哪些技能?
5. 如何理解管理的概念。

第二章

管理思想的发展

自有人类社会起就有管理实践,东西方人民创造了辉煌的劳动成果,在管理实践中形成了丰富的管理思想,并在此基础上形成了管理理论。本章简述东西方管理实践、东西方管理思想产生的背景以及东西方管理思想的差异。

第一节　东西方管理实践

一、东西方管理实践活动

大约在二三百万年前,地球上出现了人类,从此开始了人类的历史。据人类学家的考察和研究,人类最早以群居方式生活是在渔猎生活的图腾(totem)时期。当时,为了生存,他们共同穴居野外,茹毛饮血,共同劳动并享用其劳动所得的食物。在与自然的长期斗争中,人们之间产生了语言,并在共同的生活、劳动中产生了人与人之间简单的分工和协作关系,这就是管理实践活动产生的历史根源,也是最早的管理活动。正如马克思在《资本论》中所述:"一切规模较大的直接社会劳动或共同劳动,都或多或少地需要指挥,以协调个人的活动,并执行生产总体的运动——不同于这一总体的独立器官的活动——所产生的各种一般职能。一个单独的提琴手是自己指挥自己,一个乐队就需要一个乐队指挥。"[①]当人们为了某一个共同的目标一起劳动时,就需要有人来组织指挥,使大家朝着同一个目标有效地工作,这样就产生了管理的需要。

（一）中国古代管理实践

作为世界文明古国之一,中国古代的管理实践活动具有光辉的历史。它充分显示了中国人民伟大的聪明才智与卓越的管理才能。

1. 都江堰工程

公元前约300—公元前250年,李冰父子建造的都江堰水利枢纽工程,是目前世界上唯一还在利用的无坝引水工程,从其结构与功能看,反映了我国古代伟大的系统管理的思想。

---

① 马克思:《资本论》(第一卷),北京:人民出版社,2004,第208页。

2. 长城

公元前 221 年,秦始皇灭六国诸侯,统一了天下。为巩固统一帝国的安定,秦始皇下令大修长城。秦朝将修建于早些时候的一些断续的防御工事连接起来并增筑扩修,随后形成"蜿蜒一万余里"的长城。长城的修建充分显示了我国劳动人民伟大的管理实践。

3. 丁渭修皇城

宋真宗时期,皇宫遭遇大火被烧毁,真宗令丁渭修复皇城,当时面临三难:取土难、运输难、清理难。丁渭提出:在皇宫前挖沟渠,利用挖沟的土烧砖,再引汴河水入渠,大船可通过该水路运输建材,最后,就地处理碎烂砖瓦,将废墟渣土填入沟中,解决三难问题。"丁渭挖河,一举三得"的故事,也是我国古代管理实践的又一伟大事例,它不仅堪称我国古代建筑工程的历史事例,而且是我国古代系统管理活动的典型代表。

（二）西方古代管理实践

世界上其他一些文明古国也有悠久的管理实践史。①追溯到公元前 2600 多年,古埃及人建造的世界七大奇迹之一的金字塔,就是一个很好的例证,它充分显示了古埃及人合理分工、精心计划和设计的管理实践活动。②古罗马在公元前 2 世纪发展成一个世界帝国,并统治了欧洲和北非广阔领域几个世纪。③中世纪的威尼斯兵工厂,在 15 世纪就采用了流水作业的生产与管理活动。

二、管理实践、管理思想和管理理论

管理是建立在人类共同劳动基础上的一种社会活动,正如两个人抬木头时,就必须有一个人喊"一二三、扛上肩,一二三、齐步走"。由此可见,管理的存在有两个必要条件:一是必须是两个或两个以上的人的集体活动;二是有一致认可的、自觉的目标。只要有两个或两个以上的人为了进行他们中任何一个人都不可能单独完成的工作时,就需要一个管理过程。所以,管理起源于人类的共同劳动,凡是有许多人共同劳动的地方,就需要管理。可见,自从有了人类社会就有了管理实践。

随着管理实践的发展,人们对管理活动逐步产生认识,这种认识亦即人们所掌握的有关管理的知识,就是管理思想。人们对管理知识的掌握、积累、总结和上升,要经历长期的历史过程。在长期管理实践中,中国出现了许多影响深远的管理思想,对世界,特别是对东方的文化产生过巨大影响,如孔子、管子、荀子、墨子、老子、庄子、孙子等一大批思想家、政治家、军事家。西方国家,尤其是许多工业发达国家,经历了奴隶社会、封建社会、资本主义社会的全过程,积累了较为丰富的管理思想。如早期古埃及、古巴比伦和古希腊的管理思想,资本主义早期的亚当·斯密的分工管理思想,罗伯特·欧文的空想社会主义管理思想和查尔斯·巴贝奇的工业管理思想等。

自 18 世纪 60 年代工业革命之后,西方几个主要发达国家特别是英国,便相继从手工业时期过渡到机器大工业时期,随着工厂制度的建立和工厂规模的扩大,管理日趋复杂,人们对工厂管理知识的积累也逐渐丰富。将管理思想系统化并上升到理论形态,便成为管理理论。作为一种系统的、反映管理规律性的知识即科学管理理论,则直到 19 世纪末才开始形成。所以,在管理实践的基础上产生管理思想,将管理思想总结归纳便上升成为管理理论,管理理论又返回到实践,接受实践检验并指导管理实践,如此循环往复,螺旋式上升,管理理论不断发展。

第二节　中国传统管理思想

一、中国传统管理思想产生的背景

提到管理思想,人们首先会想到国外管理先驱者的名字,而对中国管理思想知之甚少,甚至认为西方是管理思想的发源地。其实,各个国家和民族对管理学的发展各有贡献和价值。

管理理论和实践是与不同社会的文化背景相联系的。中国儒家思想是中国传统文化的主流,在中国数千年的发展过程中起到了重要作用。任何管理思想都根植于社会文化土壤,我们将从以下两个方面阐述管理思想产生的背景。

(一)地理背景

自然地理环境是生产劳动也是管理活动的一个前提条件,在一定程度上影响着管理思想的性质和特征。中国是一个大陆国家,以农业为主,一代代劳动人民为了好的收成必须通过对自然环境的观察来掌握自然规律。寒来暑往,暑往寒来,日中则昃,月盈则食,就是受四时相继、日月运行的启发。这种对自然规律的认识也成了儒家和道家学说的主要根源。虽然两家的理论各不相同,但对于"事物发展到一个极端必然走向反面"的认识却达到了高度的认同。又因为人们重视经验,喜欢从经验中寻找先例,古代管理者喜欢诉诸古老权威为自己的学说寻找根据,诉诸的权威越古老,学说越可信。孔子要用周朝的礼乐制度来管理国家,墨子主张背周道而用夏政,对于他们来讲,管理国家不在于创新,而在于复古,在中国传统管理中较西方更重视经验管理,这一点与农业社会不无关系。

(二)社会制度

在农业社会,由于经济的原因,一个家庭往往几代人生活在一起,这就形成了古代中国最基本的社会制度——家族制。儒家学说论证了这种制度的合理,基于家族制的社会制度,就决定了古代管理的思想与西方截然不同。管理理论的落脚点是基于人性的假设,在西方早期管理思想中,人性假设的基点是经济人,而在东方管理思想中,人性假设更强调伦理人,要求人人履行伦理关系中的道德责任,因此它相比于西方的法制更注重德治。西方的《君主论》和东方的《贞观政要》都是研究封建帝王的专著,但前者强调君术,后者强调君德,这源于中西方对政治和道德的关系认识不同。

二、中国主要管理思想

中国传统的管理思想,是我们的历史文化遗产和宝贵财富,内容丰富、博大精深。立足和植根于中国的管理工作者,应当深入地研究它们,继承和发扬其精髓,探索适合我国国情的管理经验。中国古代管理思想对世界的贡献可归纳为以下几个方面。

(1)民本思想。民本思想强调管理活动要"以民为本",重视人的因素,提倡"德治"和"仁政"。在民本思想的指导下,孔子竭力主张"行仁德之政","因民之所利而利之","使天下民归心"。《论语·为政》强调"为政以德,譬如北辰,居其所而众星共之",此处"为政"即指管理。《管子·霸言》指出,"以人为本,本理则固,本乱则国危"。这里的"本"是指基础和核心。值得注意的是,中国传统文化中的"民本",不同于西方国家的人本主义,人本主义者主张"个体本位",主张社会生活中个体利益的满足,而"民本"的实质是主张"群体本位",重视团体利益。这种观点正是当代组织文化的重要内涵。

(2)中庸。中庸是孔子和儒家管理思想的基础,中庸的本意是对事不偏不倚、折中和调和。中庸思想体现了孔子认识事物的三分法,即"过""中"与"不及"。孔子主张要把握住"过"和"不及"两个极端,而用中庸去引导人们。中庸思想启发大家去认识在管理工作中存在着一个"度"的问题,例如用财有度,用人有度,赏罚有度,批评有度,处理人际关系有度等,这一思想说对管理活动是颇有启发和现实意义的。

(3)人和。孔子和儒家主张"礼之用,和为贵"。《论语·子路》云:"君子和而不同,小人同而不和。"孔子所说的"和"是指社会成员之间的协调与和睦,而不是无原则地苟同与同流合污。在现代管理中,人和可以被理解为组织成员之间通过彼此理解和沟通,建立良好的人际关系,同心协力完成组织目标。从广义的观点看,人和还包括组织与外部环境之间、部门之间的相互协调和平衡。不过在强调人和的同时,我们应认识到"人和"与"竞争"是人际关系的两极,是社会相互作用的两种基本形态,是矛盾的统一体。在市场经济条件下,"和"与"争"都是不可缺少的,正确的做法是妥善处理二者的关系,避免你死我活的激烈竞争,提倡双赢或多赢的良好气氛,实现"和争互补""和争相济"。

(4)义利观。《论语·里仁》强调,"君子喻于义,小人喻于利"。作为管理者,他们的价值取向应是先义后利、先人后己。而对被管理者的价值取向应是先利,亦所谓"先富之,后教之"。从现代的观点看,"利"和"义"也是矛盾的统一体,彼此相互渗透、相互转化,企业经营和激励中的义利观也是辩证的统一。对人的管理既要重视物质利益,又要重视精神因素。古代义利观更符合现代人的心理,能更有效地、持久地激励组织成员为实现组织目标而努力奋斗。

(5)教育观。管理者要十分注意选才和育才。古人提倡"为政在人","学而优则仕",即学习要达到一定的"度",才能成为人才,才有可能为事业做出贡献。为了培养人才,古人主张"有教勿类""诲人不倦"。在教育方法上,古人倡导"因材施教"。这些著名的论述,至今仍不失其重要的现实指导意义。

但也应当看到,古代的管理思想,由于历史的原因,有其一定的局限性。

(1)中国漫长的封建社会,阻碍了生产力的发展,使管理特别是经营管理缺乏大规模社会生产的实践,因而缺乏像西方泰勒制那样的比较完善的科学管理理论。

(2)在我国古代的管理思想中,虽然儒家思想占有统治地位,但诸子百家在管理方面各有主张,有些观点例如儒家与法家、墨家甚至是相互矛盾和对立的,因而还不能说已经形成了公认的完整的管理思想体系。

(3)由于社会历史的局限性,古代的管理思想具有两面性,如儒家的"重农轻商""求稳定,不求开拓创新"等观点带有一定的保守成分,应予以否定。

总之,运用历史唯物主义的态度,正确评价和运用中国传统管理文化和管理思想,对未来创造中国特色的现代管理模式有着重要的现实意义。

第三节　西方传统管理思想

一、西方管理思想产生的背景

(一)地理背景

不论是产生了工业革命的英国还是希腊都是海洋国家,靠商业维持繁荣,商人有较多机会见到不同民族的人,为了卖出货物,他们喜欢创新,鼓励一切制造货物的创新工艺。他们崇尚标新立异,追求猎奇,喜欢求变,在变中追求个性发展。

(二)社会制度

西方社会制度不以家族的共同利益为基础,商人住在城邦中,形成了以城市共同利益为基础的城邦制。在城邦中,"没有任何理由认为某个人应该比别人重要,或高于别人"[①]为了维护城邦利益,需要建立起大家都认可的基本公正的制度来管理城邦。

二、西方早期管理思想

(一)封建社会

在西欧封建社会建立和发展的过程中,其社会组织结构始终是围绕着集权——分权这一核心来形成的。拥有最高权力的国王,把除自己留用外的土地封给大诸侯,条件是要为国

---

① 冯友兰:《中国哲学简史》,北京:北京大学出版社,2013,第26页。

王提供军事和财税等方面的需求服务。各大诸侯又以同样的方式从自己的封臣那里获得各种服务。这种逐级分封的制度形成了一种连续的等级制,形成公、侯、伯、子、男等爵位和骑士采邑,骑士、采邑又有他的从属门户,构成了由上至下的"金字塔"式结构。

随着西欧封建社会专业手工业者数量的增加,生产品种增多,行会油然而生。由于行会的产生,便产生了专业化分工、产品质量管理、统一规章制度等可贵的经验。随着手工业生产水平的提高、产品的增加,仅在本地区内销售已不切实际,这样就促使了对外贸易的发展,当时西欧就已开辟了多条海上商路,形成了多个贸易中心。贸易和商业的发展,各种核算制度和银行业务也发展了起来,产生了现代簿记学、银行、信用、期票等的雏形。所以说,行会和贸易是这一时期的又一显著特点。具有代表性的是威尼斯的工商管理。威尼斯位于亚得里亚北海岸,到 10 世纪末,已成为一个富庶的商业国家。当时威尼斯的金币"松卡特"几乎成为欧洲的通用货币,使得威尼斯商人远近闻名。威尼斯的工业管理是以造船厂为代表,在15 世纪早期,造船厂出现了流水线作业,并开始用复式簿记,实行了成本控制和会计控制。

(二)资本主义早期

产业革命前后到 19 世纪,是西方管理思想发展中的一个重要时期。由于资本主义社会的初步形成和产业革命的顺利进行,对管理提出了新的要求。这一时期虽然没有形成完整的管理理论,但许多著名的经济学家、思想家、工程学者对管理思想进行了积极的探索。

1. 亚当·斯密的分工管理思想

亚当·斯密(Adam Smith,1723—1790)是英国古典政治经济学体系的创立者。他在1776 年问世的《国民财富的性质和原因的研究》(又称《国富论》)中,系统地阐述了资产阶级政治经济学原理,书中有许多地方涉及了经济管理问题。其管理思想主要是关于劳动组织的分工理论和"经济人"的观点。亚当·斯密认为:国民财富的增加,取决于两个条件,一是增加生产者人数,二是提高劳动生产率,而后者更为重要。他认为应该依靠分工提高生产率,其原因有三:第一,分工可以使劳动者专门从事一种单纯的操作,从而提高他的熟练程度和技能;第二,分工可以减少劳动在工作中不必要的转换从而节省工作时间;第三,分工使劳动简单,劳动对象单一,从而精力集中,又能促进工具的改革和发展。亚当·斯密已经充分地认识了劳动分工和合理组织能够使生产形成专业化、标准化和简化趋势。他对分工理论的系统论述,对以后管理思想的发展产生了深远的影响。亚当·斯密在提出劳动分工提高经济效率的基础上,还提出了"生产合理化"这一重要的管理概念。同时,他还指出,价值高的机器在用旧之前所做的工作应能赚回本金,并至少能提供正常利润。这实际上提出了投资效果的问题,是斯密对工业管理思想的一大贡献。

亚当·斯密在研究经济现象时的基本论点是所谓"经济人"的观点,即经济现象是具有利己主义者的活动所产生的。他认为,人们在经济活动中,追求的完全是私人利益。但每个人的私人利益又受其他人的利益限制。这就迫使每个人必须顾及其他人的利益,由此产生了相互的共同利益,进而产生了社会利益。这种"经济人"的观点,正是资本主义生产关系的反映。同样对以后资本主义管理思想的发展,产生了深远的影响。

2. 罗伯特·欧文的人事管理思想

罗伯特·欧文(Robert Owen,1771—1858)是 19 世纪初英国卓越的空想社会主义者。从 1800 年开始,他在苏格兰新纳拉克经营一家纺织厂,并在这个工厂里实行了前所未有的实验,推行了许多改革办法。他改善了工厂的工作条件,把长达十几个小时的劳动日缩短为十个半小时;严禁未满九岁的儿童参加劳动;提高工资,免费供应膳食;建设工人住宅区,改善工作和生活条件;开设工厂商店,按成本出售职工必需品;设立幼儿园和模范学校;创办互助储金会和医院,发放抚恤金等等。这些改革的目标是探索既能改善工作生活条件,又有利于工厂所有者的方法。其结果确实改善了工人的生活,也使工厂获得了优厚的利润。欧文这一系列改革的指导思想体现了他对人的因素的重视。他认为,人是环境的产物,对人的关心至少应同对无生命的机器关心一样多。

欧文的管理理论与实践突出了人的地位和作用,实际上是人际关系和行为科学理论的思想基础,对以后的管理产生了相当大的影响,有人称他为"人事管理之父"。

3. 查尔斯·巴贝奇的工业管理思想

查尔斯·巴贝奇(Charles Babbage,1792—1871)是英国伟大的数学家、科学家和作家。他曾在进行工业生产的现状及所面临的问题研究中走遍英国和欧洲其他国家,提出工厂的管理者要用科学方法进行工业管理。他推行劳动分工,从事动作与时间的研究,利用会计制度成本分析等方法加强工厂管理。1832 年,他以自己的亲身经历和科学研究的结果,发表了《机器与制造业的经济学》一书。

巴贝奇指出,分工可以提高劳动生产率,这是因为分工节省了学习所需的时间。如果生产中包含的不同工序越多,所需的学习时间就越长。假如一个工人只做其中一道工序,学习时间就缩短了,因为劳动分工使所需学习的内容减少。学习时间缩短,学习所耗费的材料也就相应地减少。由于分工节省了由一道工序转变到另一道工序所耗费的时间,而且还可以保证工人有足够的体力来完成繁重的工作;分工节省了改变工具所耗费的时间,能够使工人较快地熟练工作,大大提高效率。由于分工,劳动时较容易集中在比较单纯的作业上,出现问题也容易发现,有利于改进工具和机器,也容易设计出更加精密适用的工具和机器。巴贝奇虽然是数学家,却没有忽视人的作用。他认为工人与工厂主之间能够存在利益的共同点。由此他竭力提倡一种工资加利润分成的报酬制度。工人可以按照他对生产率所做出的贡献,分得工厂利润的一部分,主张工人的收入应该由三个部分组成,即按工作性质所确定的固定工资,按对生产率所做出的贡献分得的利润以及为增进生产率提出建议而应得的奖金。按生产率高低来确定报酬的制度,这是巴贝奇的一个重大贡献。

三、东西方管理思想的差异

（一）人性假设的不同

任何一种管理思想都是以人性假设为出发点和着眼点的。纵观西方现代管理理论，无一不是以某种人性假设为前提的，如经济人、社会人、复杂人等。虽然这些人性假设的提法不同，但它们的基点却都是把人的本质看成单个人所具有的抽象物，是通过满足这些抽象个体的需要来实现目标的，出发点和着眼点都是与个体物质利益和自我实现有关。管理过程就是用一定的手段和模式获取最大效益，所以，人们把西方管理称为"刚性管理"。

以儒家文化为背景的中国传统思想对人的看法不是基于经济人或社会人，而是基于伦理人。伦理是改造人性的基本法则，东方管理思想具有浓厚的伦理色彩，强调关系本位或义务本位。人作为个体，只能在一定伦理关系中确立自我，在儒家思想中，很少讲具体的人际关系，而是讲人伦关系。人伦关系的结构不同，权利和义务也不同，人要履行伦理关系中所规范的道德责任和义务。

（二）管理方式的不同

在管理活动中，为了实现管理目标，管理主体都要通过一定的组织形式和控制手段约束被管理者以协调工作，基于不同的管理思想，就产生了不同的管理方式。西方国家在管理中强调治身：一是依靠规章制度的约束，强调法制；二是依靠经济手段，从利益分配的角度来达到控制和协调群体的目的。东方管理思想中体现的管理方式是治心，建立和强化制度规范需要和心的约束相结合，得人心者得天下，这种征服人心的管理方式，要求管理者先正己心，再正人心，通过以心换心，达到齐心协力完成目标任务的境界。采用富有人情味的管理手段来达成一个命运共同体，人情是儒家文化的特征，不仅是表层的社会现象，而且具有重要的管理职能，人情本身是一种管理手段和方法，对管理效应有着直接的影响。

（三）管理行为的不同

不同民族各有其不同的思维方式。西方人以商业维持国家的繁荣，崇尚标新立异，为了畅销货物，不论在外形还是使用功能上都力求工艺创新，这也决定了他们的行为特征是惯于变化，不怕新奇，追求个体独立，在变革中追求个性的发展，实现自我价值。东方人以农业为主，农的生活方式是顺乎自然，对自然规律的长期把握让他们重视传统和经验；同时儒家文化强调伦理，这也是中国文化的精神基础，这些决定了他们的行为特征是求和谐、顾整体、盼安定。

【复习与思考】

1. 中国古代管理思想的主要内容是什么，如何理解它对现代管理的作用？
2. 东西方管理思想形成的背景有何不同？
3. 东西方管理思想的主要差异体现在哪里？

第三章

管理理论的形成与发展

本章详细阐述管理理论的发展过程,介绍了管理中不同人性假设及古典管理理论中的科学管理理论、过程管理理论以及行政组织理论等;介绍基于"霍桑实验"的人际关系学说和行为科学理论的形成。本章还对现代管理的主要学派进行简要介绍,并探讨现代管理理论的新发展。

第一节　管理中的人性假设

在组织中,人力资源是所有资源中最重要的资源,人具有管理的发出者和管理的接收者的双重身份,管理与人有着极为密切的关系。在管理中对人性的不同认识,形成了不同的管理出发点、管理方式和手段。

一、受雇人

资本主义赋予每个人人身自由,对工人来说,这种自由便是出卖自己的劳动力。资本家花钱在劳动力市场上雇用劳动者(购买劳动力),是看中劳动者在与生产资料结合的劳动中创造出大于其本身价格的价值,以供资本家享用。因此,在资本主义初期的企业里,工人不过是一个受雇用的人,是一个会说话的工具。为了尽可能多地榨取剩余价值,资本家们采用残酷的手段来管束工人,增加劳动强度,延长劳动时间,尽量少给工资,实施严厉的惩罚手段。

在当时的管理者眼里,这些受雇工人全是些好吃懒做、好逸恶劳的人,是没有一点责任心的恶习人,如果这些人受雇后而不加以严格管理,不给予处罚,就会不听使唤,就会偷懒,甚至还会闹事。因此,当时的企业制定的许多管理条文和管理措施,今天看来都是十分不人道和不可思议的。这样一种对受雇人的看法和对其管理的方式,被后来的管理学家总结为"X理论"人性假设。在这样一种对企业工人的看法(忽视了工人的一切需求和对利益的追求)下,工人工作的一切积极性和创造性都被抹杀,管理者与被管理者的人际关系十分紧张,工人把其工作仅视为谋生的手段,不满与反抗时常在企业中爆发。

二、经济人

随着现代化大生产的发展,泰勒的科学管理学说在 19 世纪末和 20 世纪初风行管理界。企业界开始接受科学管理学说关于工人是"经济人"的假设,意识到工人生产积极性对生产效率的重要影响。经济人假设的提出是对人性认识的深化,带动了管理方面的一场革新。

泰勒认为,企业家的目的是最大限度地获取利润,而工人的目的是最大限度地获取工资收入。假如在能够判定工人工作效率比往常提高多少的前提下,给予工人一定量的工资激励,就会引导工人努力工作,服从指挥,接受管理。结果是工人得到实惠即工资增加,而企业主们则增加了收入,也方便了管理。显然,这一基本管理方式比传统的"受雇人"的管理方式要先进且更符合人的特性。

事实上,在劳动仍被作为谋生的手段时,在收入水平不高而且人们对丰富的物质产品世界充满欲望时,人的行为背后确由经济动机在支配。因此,"经济人"假设利用人的这一经济动机来引导和管理人们的行为,是一大创新。它开创了对人的管理从其内在动机出发而不是一味压迫、强制的方式。

三、社会人

20 世纪 30 年代的"霍桑实验"纠正了视组织成员"不过是一个经济动物"的偏见,证实了工资、作业条件、生产效率之间没有直接的相关关系。企业的员工不单纯是一个经济人,而是一个"社会人",并由此推出了一系列针对社会人的管理方式方法,引发了对人管理的新革命。

按照"社会人"的假设,组织成员不是孤立存在的,而是作为组织一员的"社会人",是社会的存在。"社会人"不仅要求在社会上寻求较高的收入,以便改善经济条件、谋求较高的生活水准,而且他们还需要满足友谊、安定和归属感的需要。这种"社会人",是作为组织成员而行动,是以社会需要为动机的。马斯洛的"需要层次理论"实际上就是在"社会人"的假设上发展起来的。

由于人是"社会人",有社会需求,因此如果组织能够满足其成员的这种需求,使他们获得在组织工作方面的最大满足感,那么他们的情绪就会高涨,积极性的生产效率也就越高。"社会人"假设及其管理方案的提出是组织对人的价值的重新评估,从经济人到社会人,对人的看法更接近人的本来面目。与此相应的管理方法已不再把人单纯地看作一个被动地接受管理者、一个经济动物,而是从人的社会需要出发对人的行为加以引导,这种引导更多地从协作的目的出发,比科学管理的经济人方案进了一大步。然而这种方案的功利性目标依然很强,方案的出发点依然是管理主体的企业家或管理者。换句话说,方案本身只是为企业主、管理者们设计的,被管理者的角色依然是既定的。

四、管理人

即使是企业中的一个操作工,他在管理过程中也有双重身份:一方面,他接受来自其他各方的指令、监督与控制,保持其行为与其他方面的一致性,因而是一个被管理者;另一方面,他在面对自己的工作领域,在操作机器和工具进行生产或服务时是一个主动的实施者,是面临各种突发问题的果断处理者,从这个意义上看他也是一个管理者。

西蒙教授认为,任何作业在开始之前都要先进行决策。决策合理与否在很大程度上决定作业的成果,决策绝不是组织中高层管理人员的专利。事实上,不仅最高管理阶层要进行决策,组织中所有阶层包括作业人员都进行决策,它贯穿在整个组织中。组织成员的阶层不同,实质上只是各自决策的领域不同而已。既然所有组织成员都在做决策,他们就应该是管理的出发者,是"管理人"。

"管理人"的假设为管理思路、理论和方法打开了新的天地。当每个人都能够在自己行事的范围内自主工作、创造成就时,这本身就是一种巨大的激励。为此,传统的集权已经束缚了下级在工作中创造性的发挥,而人真正的价值在于他的创造力。基于"管理人"假设的管理思路和管理方式则要求适当地分权,让每个人在授权范围内独立自主和创造性地工作与决策,发挥每个人的最大潜能。

"管理人"假设的提出及派生的管理思路、理论和方法在管理中的运用,是对人的管理、人的价值的一种更为全面的认识。首先,它确认了组织成员都是决策者的观点,认为组织的成功有赖于全体成员一致的决策和努力。其次,通过适当分权让每个人都能自主开展工作,发挥其聪明才智和创造力。最后,人的成就感是人自我发展的动力,组织不应该仅仅是使用人的场所,还应该是发展、培养和造就人的学校。

五、自我实现的人

"自我实现的人"的假设是对人价值的一种最新看法,与"管理人"的假设稍有差别。这一假设很大程度上依赖于心理学家马斯洛的需要层次理论。自我实现的人是其他需要都基本得到满足而只追求自我实现需要的人。

既然现代组织中的成员可以被假定为追求自我实现要求的人,那么组织就必须设计全新的组织体系,创设全新的机制,给予良好的环境,允许组织成员在组织中获得成就,发挥自己的潜力,实现自己的价值。

对自我实现的人的管理不能采取严格的命令约束,管理者可以通过适当分权,给组织成员一个施展能力的平台。

第二节　古典管理理论

古典管理理论是以"经济人"假设为基础的管理理论,其出发点是经济利益是驱动组织成员提高劳动效率的主要动力。在研究方法上,古典管理理论侧重于从静态的观点分析管理过程的一般规律。其代表性的理论有泰勒的科学管理理论、法约尔的管理过程理论和韦伯的行政组织体系理论等。

一、科学管理理论

(一)弗雷德里克·温斯洛·泰勒的科学管理

弗雷德里克·温斯洛·泰勒(Frederick Winslow Taylor,1856—1915)生于美国宾夕法尼亚州的一个律师家庭。22 岁进入米德钢铁公司,先后当过技工、工长、总机械师、总绘图师,27 岁任总工程师。1898 年,42 岁的泰勒进入伯利恒钢铁公司从事管理研究。1901 年,他主要从事写作与演讲,宣传他的企业管理理论。1906 年,他当选为美国机械工程师协会主席,1915 年逝世,人们在他的墓碑上刻着"科学管理之父弗雷德里克·温斯洛·泰勒"。泰勒一生的著作和文章很多,在管理方面的主要著作和论文有 1895 年发表的《计件工资制》、1903 年的《车间管理》和 1911 年的《科学管理的原理》。泰勒的科学管理理论主要反映在这些通过实践和实验总结出来的著作中。

泰勒在伯利恒钢铁公司工作期间,深切感到工人劳动效率不高,他认为原因在于:①工人消极怠工,普遍存在磨洋工和偷懒现象。②工人缺少培训,没有正确的操作方法和合适的工具,影响生产率的提高。基于上述观点,泰勒从 1898 年起,着手进行了一系列著名的科学实验,从实验中形成了科学管理理论(the theory of scientific management),并提出科学管理制度。

1. 科学实验

(1)搬铁块实验。伯利恒钢厂有 5 座高炉,生产的生铁块由 75 名装卸工负责将其装运到货车车厢,搬运距离为 30 米。由于工作效率不高,平均每人每天只能搬运 12.5 吨。泰勒通过观察分析,挑选一名叫施米特的工人进行实验。由于改进了操作方法和作息时间,实验获得了成功,使班组每人每天的劳动定额都提高到 47.5 吨,比原来提高了 3 倍,工人的工资也由每天 1.15 美元提高到 1.85 美元。

(2)铁锹实验。泰勒对伯利恒钢厂堆料厂工人的铁锹进行了系统研究,并重新进行了设计,使每种铁锹的载荷都能达到 21 磅左右,同时训练工人使用新的操作方法,结果使堆料场的劳动力从 400~600 人减少到 140 人,平均每人每天的工作量从 16 吨提高到 59 吨,每吨操作成本从 7.2 美分降至 3.3 美分,每个工人的工资也由每天 1.15 美元增至 1.88 美元。

（3）金属切削实验。泰勒从米德瓦尔工厂工作开始，先后对金属切削进行了长达 26 年之久的各种试验，实验次数共计 3 万次以上，耗费 80 万磅钢材，资金为 15 万美元。实验结果发现能大大提高金属切削加工产量的高速钢，并取得了各种车床适当转速和进刀量的完整资料。

泰勒在实验的基础上，于 1911 年出版了著名的《科学管理原理》一书，宣扬他的一套工厂管理的科学方法，即通常所称的"泰勒制"。

2. 科学管理原理的主要观点

（1）科学管理的根本目的是谋求最高工作效率。泰勒在《科学管理原理》一开始就指出："管理的主要目的应该是使雇主实现最大的富裕，也联系着使每个雇员实现最大限度的富裕。"[①]他进一步说，最高的工作效率是雇主和雇员达到共同富裕的基础，它能使较高的工资与较低的劳动成本统一起来，从而使雇主得到较多的利润，使雇员得到较高的工资。这样，就能提高他们扩大再生产的兴趣，促进生产的发展。所以，提高劳动生产率是泰勒创立科学管理理论的出发点和基础。

（2）达到最高工作效率的重要手段是科学的管理方法。19 世纪末，企业主沉溺于利用低工资、延长劳动时间、增加劳动强度、采用女工和童工等手段剥削工人，追求利润最大化。这种管理方法只凭管理者的经验和感觉，而不对工作进行科学分析，没有一定的计划和程序。泰勒认为，管理是一门科学，为了提高工作效率必须制定明确的规定、条例和标准，必须用科学化、制度化的管理代替旧的经验管理。

（3）实施科学管理要求精神上的彻底变革。泰勒认为，管理人员和工人双方实行重大"精神变革"，通过这种变革，可以使管理者和工人双方都把注意力从盈利的分配上转移到增加盈利数量上来。当他们用友好合作和互相帮助代替对抗与斗争时，就能够创造出比过去更多的利润，从而使工人的工资增加，使企业主的利润提高。这样，双方就没有必要再为盈利的分配而争吵了。

根据以上观点，泰勒提出了如下管理制度。

（1）为工人提供科学的操作方法，以便合理利用工时，提高工作效率。一方面是操作方法标准化，即动作研究；另一方面是劳动工时的合理运用，即时间研究。他主张：通过分析研究工人的操作，选用最合适的劳动工具，集中先进合理操作动作，省去多余的不合理的操作动作，最终制定出各种工作的标准操作方法；通过对工人工时消耗的研究，规定完成合理操作的标准时间，制定出劳动的时间定额。

（2）在工资制度上实行差别计件制。按照作业标准和时间定额，规定不同的工资率。按照工人在工作中的实际表现，而不是根据工作类别来支付工资。对于按照标准做法在规定时间内完成工作任务的工人，以较高的工资率计发工资，而未完成者，则以较低的工资率

---

① 弗雷德里克·泰勒：《科学管理原理（珍藏版）》，马凤才译，北京：机械工业出版社，2013，第 3 页。

（正常工资的80%）计发。

（3）对工人进行科学的选择和培训。泰勒主张运用科学的手段挑选工人，按标准操作方法对工人进行培训，以改变过去凭个人经验及靠师傅带徒弟的办法培养工人的落后做法，使他们掌握并合理运用操作方法和工具，体力得到增强，工作能力有所提高，成为"第一流的工人"。

（4）制定科学的工艺规程，并用文件形式固定下来以利推广。泰勒用了十多年的时间进行金属切削试验，制定出了切削用量规范，使工人选用机床转数和走刀量都有了科学标准。

（5）管理工作和劳动工作分离。把管理工作称为计划职能，把工人的劳动称为执行职能，计划职能和执行职能要明确分工。泰勒认为，计划职能人员负责研究计划、调查、控制以及指导，逐步形成管理人员专业化，即实行"职能工长制"，将管理工作进一步细化，所有的管理者只承担一种职能。而作为执行职能的工人只负责具体作业，管理者和劳动者分工合作，各负其责。

（二）同时期其他学者的研究

美国管理学者吉尔布雷斯夫妇、甘特、福特等也在管理理论和实践方面做出了许多贡献，形成对泰勒制的进一步补充、发展和完善，使科学管理理论更具有推广和应用价值。

1. 吉尔布雷斯夫妇

弗兰克·吉尔布雷斯（Frank Gilbreth，1869—1924）曾经是一位建筑承包商，1912年，当他在一次专业会议上聆听了泰勒的演讲后，放弃了他的承包商生涯转而致力于研究科学管理，同其心理学家的妻子莉莲·吉尔布雷斯（Lillian Gilbreth，1879—1972）一起，研究了工作安排和消除手和身体动作的浪费问题。吉尔布雷斯夫妇还在设计和采用适当的工具、设备使工作绩效最优化方面进行了大量试验。弗兰克·吉尔布雷斯最著名的实验，要数关于省略砌砖动作的研究。

吉尔布雷斯夫妇是首先采用动作摄影来研究手和身体动作的研究者之一。他们发明了一种能记录1/2000秒时间的瞬时计，把它放置于研究现场进行拍摄，然后分析工人在每个动作上花费的时间，从而能够辨认出被肉眼忽略的无用动作。通过仔细地分析砌砖时的工作过程，吉尔布雷斯将砌外墙砖的动作从18个减少到一半甚至4个，将砌内墙砖的动作从18个减少到2个。他研究出了一种堆放砖的新方法，利用专门设计的脚手架减少弯腰动作，甚至重新调配了灰浆的浓度，从而减少了砌砖工为使砖放平每次都要用泥刀敲击砖的动作。

吉尔布雷斯夫妇对管理思想的贡献主要是五个方面，即动作研究、疲劳研究、建立制度管理、分析了工人自身素质对工作成绩产生的影响、研究了管理人员的培训和提升问题。

2. 甘特

甘特（Henry Gantt，1861—1919）曾是泰勒的亲密合作者，科学管理运动的先驱之一。1902年至1919年，他作为一个独立开业的咨询师进行工作，并在哥伦比亚大学、哈佛大学、耶鲁大学等著名高校任教。甘特的贡献主要有以下几个方面。

(1)发明了"甘特图"。1903年,甘特设计了一种"日平衡图"(也被称为"生产计划进度图"),该图在对某项具体工作进行任务分解的基础上,用线条表示计划图表。该图表简单明了地反映出了各项任务的计划、进展以及完成情况。图3-1是一个图书出版的甘特图,时间以月为单位,主要活动从上到下列在图的左边。空白的线框表示活动的实际进度。从甘特图中可以清晰地看出,除打印校样以外,其他各项活动都是按计划完成,而打印校样比计划进度落后。给出这些信息,项目的管理者就可以采取纠正行动,保证出版工作按照计划完成。

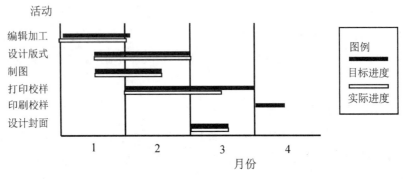

图3-1 图书出版甘特图

(2)提出了一种"工资任务加奖金"的工资制度。泰勒是把工资直接与完成定额的情况结合起来,当没有完成工作定额时,工人的工资就会下降。而甘特的工资制度没有那么"残酷",他首先规定一个基本的日工资,即使工人由于技术的原因没有完成工作任务,也能得到基本工资,超过任务部分则以奖金的形式发放。

(3)强调管理民主和重视人的领导方式。甘特提出了工厂管理中的机会均等的建议,强调在科学管理的基础上体现雇主与雇员利益的一致性,号召人们重视管理中人的因素。在他看来,金钱刺激只是一个因素,而在人们的行为中,能够激发行为动机的因素很多,许多动机是金钱刺激解决不了的。

3.亨利·福特

美国的亨利·福特(Henry Ford,1863—1947)在泰勒单工序动作研究的基础上,为了提高企业的竞争能力,对如何提高整个生产过程的生产效率进行了研究。他充分考虑了大量生产的优点,规定了各个工序的标准时间,使整个生产过程在时间上协调起来,创造了第一条流水生产线——汽车流水线,从而提高了整个企业的生产效率,并使成本明显降低。福特为了利于企业向大批量生产发展,进行了多方面的标准化工作,包括产品系列化、零件规格化、工厂专业化、机器及工具专用化和作业专门化。

（三）科学管理理论的评价

1. 科学管理理论的主要贡献

（1）提倡在生产管理的实践中，运用科学的方法代替传统的经验管理方法，提高劳动生产率。

（2）促进劳资双方的互相合作，提高生产效率，增加双方收入，降低劳资双方的敌对情绪，实现人们的心理平衡。

（3）谋求提高生产效率，降低成本。

（4）建立了管理的知识体系，使科学管理的知识、方法和制度构成了一个整体，并促使全社会去认识、理解和使用它。这也是对人类文化史的一大贡献。

2. 科学管理理论的不足

（1）重视工作，忽视人性；重视物质，忽视精神。

（2）重视规章制度，忽视相互的沟通与创新。

（3）重视局部的生产效益，忽视整体的经营管理。

二、过程管理理论

（一）亨利·法约尔的过程管理

亨利·法约尔（Henri Fayol，1841—1925）出身于法国的一个小资产者家庭。他 15 岁在一所公立中等学校读书，17 岁考入国立矿业学校，19 岁毕业并获得了矿业工程师资格。毕业后，他进入法国一家矿业公司，并被任命为采矿工程师，25 岁被任命为矿井主管，31 岁被任命为矿井总管，47 岁被任命为该公司总经理。此时正是该公司濒于破产的时刻，他采用了一套科学的管理方法使公司渡过难关，取得成功，直到他 77 岁卸任时，公司财力已达到法国不可动摇的地位。退休后，他不仅在原公司继续担任董事，而且还致力于普及自己所创建的管理理论。1925 年出版的代表著作《一般管理与工业管理》，就是他 30 多年在管理事业上取得惊人成就的总结。也有人称法约尔过程管理理论为一般管理理论，他的主要观点和内容如下。

1. 企业经营职能

法约尔认为，要经营好一个企业，不仅要改善生产现场的管理，而且应当注意改善有关企业经营的六个方面的职能。

（1）技术职能，即设计制造。

（2）经营职能，即进行采购、销售和交换。

（3）财务职能，即确定资金来源和使用计划。

（4）安全职能，即保证组织成员劳动安全及设备使用安全。

（5）会计职能，即编制财产目录，进行成本统计。

（6）管理职能，包括计划、组织、指挥、协调、控制。

2. 管理职能

法约尔首先把管理活动划分为计划、组织、指挥、协调与控制五大职能,并对这五大管理职能进行了详细的分析和研究。

(1)计划。计划就是探索未来和制订行动方案。计划是管理的首要职能,可以表述为目标和经营规划的制定。

(2)组织。组织就是建立企业的物质和社会的双重结构。组织可看成物力和人力的组织问题,可表述为完成已确定的目标对各种资源进行的有效配置和组合。

(3)指挥。指挥就是使其人员发挥作用。指挥是为了使组织行动起来,可表述为使组织能充分发挥作用的、有效的领导艺术。

(4)协调。协调就是连接、联合、调和所有的活动和力量。协调即工作和谐配合,以便使工作顺利进行。

(5)控制。控制就是注意一切是否按已制定的规章和下达的命令进行。控制是指核定情况的进行是不是与既定的计划指示以及确定的原则相符合,以便加以纠正和避免重犯。

法约尔认为,管理的这五大职能,并不是企业经理或领导者个人的责任,而是一种分配于领导者与整个组织成员的职能。根据这种观点,法约尔给管理做出了这样的定义:"所谓管理,就是计划、组织、指挥、协调和控制。"[1]法约尔对管理职能的研究不仅为日后管理过程学派的形成,同时也为管理学体系的形成打下了重要的基础。

3. 管理的一般原则

法约尔提出了管理人员解决问题时应遵循的 14 条原则。

(1)分工。劳动专业化是各个机构和组织前进与发展的必要手段。法约尔指出,劳动分工是合理使用个人力量和集体力量的最好办法。劳动分工不只是适用于技术性的工作,而且也适用于管理工作。分工的结果是职能的专业化和技术的分散化。专业化分工要适度,并非愈细愈好。

(2)权力与责任。权力与责任始终是相互联系的概念。作为一个管理者,他既要有履行职责所应该具有的权力,同时又要对其管理的事情负管理上的责任。只有权力与责任相互统一,才能使管理工作得到正常的运转。法约尔认为,权力就是"下达命令的权力和强迫别人服从的力量"[2]。权力可分为管理人员的职务权力和个人权力。职务权力是由职位产生的,个人权力是由担任职务者的个性、经验、道德品质以及使下属努力工作的其他个人特性而产生的权力或威望。

(3)纪律。纪律是一种行为准则,这种行为准则存在于群体生活的所有地方。法约尔认为,纪律的实质是遵守公司各方达成的协议,要维护纪律就应该做到:①对协议进行详细说明,使协议明确而公正。②领导者要称职,任何一个组织的纪律状况都取决于领导者的道

---

[1] 亨利·法约尔:《工业管理与一般管理(珍藏版)》,迟力耕、张璇译,北京:机械工业出版社,2013,第6页。

[2] 同上书,第23页。

德状况。③在纪律遭到破坏时,要采取惩罚措施,制裁要公正。

（4）统一指挥。在组织管理中,无论对于哪一件工作,一个下属人员只应接受来自一个上级的命令。法约尔认为,统一指挥是组织管理中的一条普遍的、永久的,而且也是必要的原则。如果违背这个原则,权力就会受到损害,纪律就会遭到破坏,组织工作秩序的稳定就将受到威胁。

（5）统一领导。统一领导主要是指领导者和计划的问题。法约尔指出,为达到同一目的而进行的各种活动,应由一位领导者根据一项计划开展,这是统一行动、协调配合、集中力量的重要条件。因为,只有这样才能做到责任明确、计划明确,才能保证组织目标的顺利实现。

（6）个人利益服从整体利益。利益原则是人类社会的基本原则。法约尔认为,整体利益大于个人利益,一个组织谋求实现总目标比实现个人目标更为重要,协调这两个方面利益的关键是领导阶层要有坚定性,并做出良好的榜样,协调要公正,并进行经常检查。

（7）公平合理的报酬制度。根据法约尔的报酬原则,报酬应从"经济人"的角度出发,充分体现合理的精神,尽量使雇主和雇员都能够接受,都能够满意。

（8）集权。集权就是降低下级的作用。集权的程度应视管理人员的个性、道德品质、下级人员的可靠性以及企业的规模、条件等情况而定。

（9）等级链。等级链即从最上级到最下级各层权力连成的"等级链"结构。它是一条权力线,为了保证组织的命令统一,各种沟通都要按照组织的等级和层次逐级进行,但这样则可能产生信息的延误。为了解决这一问题,法约尔提出了跳板原则（又称法约尔桥）,如图 3-2 所示。

图中的字母分别表示组织的各个等级与层次。假如从 F 部门向 P 部门发出和传递信息,必须攀登从 F 到 A 的阶梯,然后再由 A 下降至 P,信息传递不仅速度慢,而且容易失真。法约尔设想,可以在不同的等级之间（例如图中的 F、P 之间）连接一条线,即所谓的法约尔桥,允许部门之间进行相应的信息交流和沟通。这种横向沟通的形式,不仅维护了统一组织的原则,减少了许多"文件旅行",而且大大地提高了组织的工作效率。

图 3-2　法约尔跳板

（10）秩序。人和物必须各尽其能。管理人员要了解每个工作岗位的性质和内容,使每个工作岗位都有称职的组织成员,每个组织成员都有适合的岗位,同时还要有条不紊地安排物资、设备的合适位置。

（11）平等。平等即以亲切、友好、公正的态度严格执行规章制度。如果组织成员受到平等的对待,就会以忠诚和献身的精神去完成他们的任务。

（12）保持人员稳定。人员的稳定是组织稳定的基础,从而也是组织正常运转的基本条件。高层管理人员应当提供有规划的人事计划,并有合适的人选接替职位空缺,要采取措施,鼓励组织成员特别是管理人员长期为组织服务。

(13)主动性。给人以发挥主动性的机会是一种强大的推动力量。法约尔说,想出一个计划并能够保证它的实现,是一个聪明人最快乐的事,也是人类活动最有力的刺激物之一。因此,必须大力鼓励组织成员思考问题和培养创新的精神,同时也应使组织成员的主动性受到等级链和纪律的限制。

(14)合作精神。团结对于任何一种组织的正常运转都是十分必要的。组织成员的融洽、团结可以产生巨大的力量。他指出:"分裂敌人的力量是聪明的,但分裂自己的队伍是对企业的犯罪。"[①]他认为,导致企业内部不团结的因素很多,可能是因为管理能力的不足,可能是因为对事务的了解不全面,也可能是因为自私自利,为了个人利益而牺牲了整体利益。但是,不论是什么原因导致的不团结,都是不能容忍的,都是要受到谴责的,因为它对企业的正常运作和发展带来了直接危害。

(二)过程管理理论的评价

1. 主要贡献

(1)指出了管理是任何组织的一个独特因素,是协调组织资源、努力达到组织目标的过程。它如同法律、医学一样,有一定的原则可遵循,而这些原则是可以用科学方法来发现的。

(2)分析了管理过程,明确了各项职能。在泰勒把计划职能与执行职能分离开来的基础上,法约尔把管理划分为计划、组织、指挥、协调和控制五项职能。虽然它们之间的相互关系还缺乏逻辑的明确性,但却为后来管理理论的研究和提高打下了基础,指出了一种研究方向。

(3)提出了实现管理职能必须遵循的14条原则。实现各项职能绝不是随意进行的,而应该按照科学的原则和指导路线进行。

(4)提出了管理的重要组织形式。传统的组织形式来源于当时军队的直线式组织结构。泰勒尝试建立职能制的组织结构,但未能得到广泛采用。法约尔则在军队的直线组织结构形式的基础上,提出了直线——参谋组织结构的基本概念,促进了组织形式的发展。

2. 主要局限性

(1)把人看成"经济人"。工人是"生产工具""活的机器",是一种"机械因素"。这些观点反映了资本主义生产关系状况。

(2)在组织结构上,基本倾向于独裁式的管理,强调上下级系统不得被破坏,劳动者只能听命于管理人员的训练、安排。

(3)把组织看成一个封闭系统,很少考虑外部环境的影响,没有把外部环境同组织的生存发展、变化联系起来进行研究。过程管理理论认为,组织功能的改善和职能的提高,依靠组织内部的合理化就可以实现。

---

① 亨利·法约尔:《工业管理与一般管理(珍藏版)》,迟力耕、张璇译,北京:机械工业出版社,2013,第43页。

三、官僚行政组织理论

（一）马克斯·韦伯的组织理论

马克斯·韦伯(Max Weber,1864—1920)生于德国,曾担任过教授、政府顾问、编辑,对社会学、宗教学、经济学与政治学都有相当的造诣。韦伯主要从行政管理的角度对管理的组织进行了深入研究,其思想和理论集中体现在1920年出版的代表作《社会组织和经济组织理论》中。

韦伯主张建立一种高度结构化的、正式的、非人格化的理想的行政组织体系,也就是"官僚体制"(bureaucracy organizations,或译为科层制)。所谓"官僚体制"是指建立于法理型控制基础上的一种现代社会所特有的、具有专业化功能以及固定规章制度、设科分层的组织管理形式。它是通过理性地设计,以协调众多个体活动,从而有效地完成大规模管理工作,以实现组织目标的合理等级组织,人们称之为官僚行政组织理论(the theory of bureaucracy)。这一理论对工业化以来各种不同类型的组织产生了广泛而深远的影响,成为现代大型组织广泛采用的一种组织管理方式。

韦伯的行政组织理论的核心内容包括以下两个方面。

1. 权力的基础

权力是统治社会和管理某个组织的基础,韦伯认为被社会接受的合法权力有三种类型。

(1) 传统型权力。这种权力建立在对于习惯和古老传统的神圣不可侵犯性要求的基础上。如帝王制、君主制等世袭权力,以及部分传袭的宗教领袖权力等。

(2) 个人魅力型权力。建立在对某个英雄式人物或某个具有神赋天授品质的个人崇拜基础之上的权力。如开国的帝王权力、企业创始人的权威等。

(3) 法理型权力。一种由法律确定的职位和地位的权力。

韦伯认为,人们对传统权力的服从是因为领袖人物占据着传统支持的权力地位,同时领袖人物也受着传统的制约。但是,人们对传统权力的服从并不仅仅是以秩序为依据,还包括在习惯义务领域内的个人忠诚。传统型权力完全依靠对于领袖人物的信仰,带有感情色彩并且是非理性的,不是依据规章制度,而是依据神秘的启示。个人魅力型权力往往产生于动乱之际,而崩溃于社会稳定之时。所以,该权力形式也不宜作为行政组织体系的基础。韦伯认为,只有法定权力才能作为行政组织体系的基础,其最根本的特征在于它提供了相对公平和公正的权力。

2. 行政组织的特征

韦伯所提出的行政组织理论具有以下特征。

(1) 劳动分工。在分工的基础上,规定每个岗位的权力和责任,把这些权力和责任作为明确规范而制度化。

(2) 权威等级。按照不同职位权力的大小,确定其在组织中的地位,形成有序的等级系统,以制度形式巩固下来。

（3）正式的甄选。以文字形式规定职位特性以及该职位对承担责任的个人应具有的素质和能力等要求。组织中所有人员的选拔和提升都要依据技术能力。组织成员的技术能力是通过考试或者根据培训和经验来评估的。

（4）正式的规则和法规。管理人员在实施管理时,要受制于规则和程序,以保证组织成员产生可靠的和可以预见的行为。

（5）服从制度规定。一是每个管理人员只负责特定的工作;二是拥有执行职能所必要的权力;三是权力要受到严格的限制,要服从有关章程和制度的规定。组织的所有成员原则上都要服从制度规定,而不是服从于某个人。

（6）管理者与所有者分离。管理者是职业化的专家,管理人员只是根据管理制度赋予的权力暂时处于拥有权力的地位,而不是所有者。管理者的职务就是他的职业,他有固定的报酬,有按才晋升的机会,他忠于职守而不是忠于某个人。

（二）理想的行政组织理论的评价

韦伯认为,高度集中的、正式的、非人格化理想的行政组织体系是实现组织目标、提高组织绩效的有效形式,适用于一切组织。韦伯的这一理论也是对泰勒、法约尔理论的一种重要补充,是古典管理理论的重要组成部分。

韦伯理想的行政组织体系是古典组织结构较为极端的表现形式,它有许多可取之处,但也可能导致下列三个后果:第一,由于过分强调组织形式的作用,完全忽视了组织成员间的关系和感情,因而使人与人之间的关系趋向淡薄。第二,过分重视成文的法律制度,忽视了管理活动应根据环境的变化而灵活地进行。用死板的规章制度处理一切生动的事务,各项决策都受规章制度束缚,必然限制成员的主动性和创造性,并且容易造成上下级之间的敌对情绪,从而难以高效地达到组织的目标。第三,长期实行这种只注重形式的官僚组织,不仅使成员的行为刻板、谨小慎微,组织缺乏弹性、僵化,而且往往会使组织成员颠倒组织目标与法规制度的关系,把尊重规章制度变成目的,而认不清组织的真正目标。

第三节　行为科学理论

一、人际关系学说

（一）霍桑实验

在 20 世纪初,尽管泰勒的科学管理运动对提高劳动生产率起了很大的作用,由于忽视了人的因素,再加上福特的传送带系统使工人的劳动变得紧张而又单调,工人罢工、怠工现象严重。为了探求其原因,由美国国家研究委员会赞助并组织的一个包括多方面专家的研究小组进行研究。该项研究是在西方电气公司（Western Electric）设在伊利诺伊州西塞罗的霍桑工厂中实施的，所以被称为"霍桑实验"（Hawthorne studies）。

最初的研究是由西方电气公司的工业工程师们设计的，目的是检查不同的照明水平对工人生产率的影响，但得出的结论是：照明强度与生产率没有直接关系。但他们不能解释他们所目睹的工人的行为。1927年，西方电气公司的工程师们邀请哈佛大学乔治·埃尔顿·梅奥（George Elton Mayo，1880—1949）教授作为顾问加入研究，于是实验又重新开始，一直持续到1932年。新的实验包含大量的实验方案，其中有工作的重新设计、改变工作周和工作日的长度、在工作中间引入休息时间，以及个人工资计划和群体工资计划的比较等。

1. 霍桑实验过程

霍桑实验分为四个阶段。

第一阶段：工场照明实验（1924—1927）。他们将工人分为两组：一组为"实验组"，先后改变工场照明度，让工人在不同的照明强度下工作；另一组为"控制组"，工人在照明度不变的条件下工作。实验结果如下。

（1）工厂照明只是影响工人生产效率的一项微不足道的因素。

（2）由于牵涉因素太多，难以控制，且其中任何一个因素足以影响实验结果，故照明对产量的影响无法准确测量。

第二阶段：继电器装配室实验（1927.9—1928.4）。该实验目的是观察各种工作条件的变动对小组生产率的影响，以便能够更有效地控制影响工作效率的因素。通过材料供应、工作方法、工作时间、劳动条件、工资等因素对工作效率影响的实验，发现无论每个因素如何变化，产量都是增加的。其他因素对生产率也没有特别影响，而似乎是由于监督指导方法的改变，使工人的工作态度有所变化，因而产量增加。

第三阶段：大规模的访问与调查（1929—1931）。两年内，他们在上述实验的基础上，进一步开展了全公司范围的普查与访问，调查了两万人次，发现所得结论与上述实验结论相同，即"任何一位员工的工作绩效，都受到其他人的影响"，于是研究进入第四阶段。

第四阶段：接线板接线工作室实验（1931—1932）。以集体计件工资制刺激，企图形成"快手"对"慢手"的压力来提高效率。公司给工人规定的产量标准是焊接7312个接点，但他们只完成6000～6600个。实验发现，工人们既不会超定额，也不会因完不成定额成为"慢手"，当他们达到他们自认为是"过得去"的产量时，就会自动松懈下来。试验小组成员通过对工人访谈发现，出现这种结果的根本原因有三个：一是怕老板把工作标准再度提高；二是怕由于生产效率提高使一部分工人失业；三是为了保护速度慢的同伴，使他们不受惩罚。

2. 霍桑实验的结论

（1）组织中的成员不是"经济人"，而是"社会人"。在决定产量方面，金钱因素比群体标准、群体情绪和安全感的作用要小。

（2）组织中存在着非正式组织。非正式组织对个人的行为有巨大影响，非正式组织工作标准影响了单个工人的产量。

（3）提高满足度能激发成员的劳动积极性。人的行为和情绪是密切相关的,良好的情绪能显著提高劳动生产率。新型的管理者应提高组织成员的满足度,激发工人的劳动积极性。

3. 霍桑实验的意义

霍桑实验是管理史上具有划时代意义的事件,它推翻了从泰勒以来人们把组织成员看成"经济人"的假设,提出了"社会人"的假设。为管理学开辟了一个新领域,即开始重视人、研究人的行为。霍桑实验使人际关系的研究逐步闻名于世,使其成为行为科学的先驱,管理学从此进入了行为科学的新时代。

学者们公认霍桑研究对管理思想的演变方向有显著的影响。虽然一些人对实验的程度、现象的分析以及结论的导出提出了批评,但是从历史的观点来看,霍桑研究在学术上是否严谨,以及其结论是否得到证明并不是很重要的,重要的是,它激起了对人的因素的兴趣。霍桑研究对改变当时那种认为人与机器没有差别的流行观点起了很大作用。

(二)人际关系学说主要观点

人际关系学说(human relations theory)是由美国哈佛大学心理学教授梅奥在总结霍桑实验成果的基础上提出的。该实验仔细地分析了社会与心理因素对职工行为和生产效率的影响,第一次把工业生产中的人际关系问题提到了首要地位。1933 年,梅奥在《工业文明中的人性问题》一书中,提出了著名的"人际关系学说",其基本观点如下。

1. 工人是"社会人",而不是"经济人"

从亚当·斯密到科学管理学派,都把人看作仅仅为了追求经济利益而进行活动的"经济人",认为金钱是刺激人们工作积极性的唯一动力。梅奥则认为,人不是孤立存在的,而是属于某一工作集体并受这一集体影响的。"社会人"不是单纯地追求物质报酬,还追求人与人之间的友情、归属感和安全感等社会和心理欲望的满足。所谓"社会人"是指作为集体中的一员而行动,以这种人类的社会需要为动机的有关人性的假设。梅奥等人曾经用这样的话来描绘人:"人是独特的社会动物,只有把自己完全投入到集体之中,才能实现彻底的'自由'。"[①]

2. 工人的士气或情绪是决定生产效率的一个重要因素

科学管理理论认为,生产效率决定于作业方法和作业条件。但是,霍桑实验结果表明,作业方法和作业条件并不是决定生产效率的唯一因素,还有一个重要的因素是工人的工作士气或情绪。所谓"士气"是指工人的工作积极性、主动性、协作精神等结合成一体的精神状态,而影响工人士气或情绪的是他们的需要是否得到了满足。这个需要不是指物质方面的需要,而是指人际关系方面的需要,即满足工人在安全、归属感、友谊方面的需要。梅奥认

---

① 周三多、陈传明、刘子馨:《管理学:原理与方法(第7版)》,上海:复旦大学出版社,2018,第51页。

为,这种需要的满足度越高,工人的士气就越高,从而生产效率也就越高。一个管理人员应该深刻认识到这一点,不但要考虑组织成员的物质需要,还应该考虑成员的精神需要。

3. 组织中存在着非正式组织

由人组成的组织可分为"正式组织"(formal organization)和"非正式组织"(informal organization)。正式组织是指为了实现组织目标而担当着明确职能的机构,这种组织对于个人有强制性。人际关系论者认为:人是社会动物,在组织的共同工作当中,人们必然相互发生关系,产生共同的感情,自然形成一种行为准则或惯例,要求个人服从,这就形成了一种非正式组织。非正式组织形成的原因很多,有地理位置关系、兴趣爱好关系、亲戚朋友关系、工作关系,等等。这种非正式组织对于工人的行为影响很大,它是影响生产效率的重要因素。

正式组织与非正式组织具有本质上的不同。正式组织以效率和成本为主要标准,要求组织成员为了提高效率,降低成本而确保形式上的协作。非正式组织则以感情为主要标准,要求其成员遵守人群关系中形成的非正式组织不成文的行为准则。

4. 应采用新型的领导方法

新型的领导方法主要是指要组织好集体工作,采取措施提高士气,促进协作,使组织中的每个成员都能真诚合作。例如:建立邀请组织成员参加组织各种决策的制度,以改善人与人之间的关系,提高士气;建立面谈制度,给成员以表达感情、不满和争论的机会,以消除不良的人际关系;实行上下级意见交流,上级交代任务必须详加说明,并允许下级向上级提意见,尊重下级的意见和建议;美化工作环境,建设宿舍等福利设施,组织娱乐、体育活动等。

(三)人际关系学说的评价

1. 人际关系学说的主要贡献

(1)对人性做出了不同的假设,提出人是"社会人"的观点。

(2)首次提出了非正式组织的概念。强调群体,尤其是非正式群体对职工的影响,这一理论对企业管理思想和组织工作有重大指导意义。

(3)为行为科学的发展奠定了基础。人际关系学说是行为科学管理理论最重要的奠基理论之一。

2. 人际关系学说的不足

(1)偏重于非正式组织的研究,夸大非正式组织的作用。

(2)人际关系学说过于强调非合理性的感情逻辑。

(3)人际关系学说对"经济人"假设过分否定。

(4)人际关系学说过于强调"士气"对生产效率的影响。

人际关系论尽管受到不少的批评,但它毕竟是第一次以长期的科学实验取得的成果为基础形成的科学理论,为管理理论的研究开辟了一个新的方向,它把心理学、社会学的理论应用于管理,为开创新的管理理论奠定了基础。

二、行为科学理论

(一)行为科学的形成

人际关系思想在经历了 20 世纪三四十年代的迅速发展后,已经形成了一个庞大而复杂的学科群,吸引着来自心理学、社会学、人类学、管理学、人机工程等众多领域的研究者。在 1949 年美国芝加哥召开的一次学术会议上,来自各个不同领域的与会者一致认为,围绕行为研究所取得的现有成果已足以证明该研究具有了独立学科的地位,于是正式将之定名为"行为科学"。但鉴于广义的行为科学是一个研究包括人的行为以至动物的行为在内的涵盖范围广泛的学科体系,20 世纪 60 年代后,有些专门研究行为科学在组织中应用的学者提出了"组织行为学"这一名称。

(二)行为科学研究的内容

1. 有关组织成员个体行为的研究

这是最微观层面的研究,涉及的内容主要包括人的需要、动机和激励,以及组织中人的特性问题,分为两大类:一类是以美国心理学家马斯洛(Abraham F. Maslow,1908—1970)的"需要层次理论"、弗雷德里克·赫茨伯格(Frederick Herzberg,1923—2000)的"双因素理论"、斯金纳(Burrhus F. Skinner,1904—1990)的"强化理论"和弗洛姆(Victor H. Vroom)的"期望理论"为代表的人的需求、动机理论,在后续章节会详细讨论;另一类是以美国教授麦格雷戈(Douglas McGregor,1906—1964)的"X 理论"与"Y 理论"以及阿吉里斯(Chris Argyris,1923—2013)的"不成熟—成熟理论"为代表的"人性理论"。

X 理论的人性假设前提:①员工天生不喜欢工作,只要可能他们就会逃避工作。②由于员工不喜欢工作,因此必须采取强制措施或惩罚方法,迫使他们实现组织目标。③员工尽量回避责任,只要有可能他们就会逃避责任,安于现状。④大多数员工没有雄心,喜欢安逸。

Y 理论的假设前提:①员工视工作如同休息、娱乐一般,是一种自然的天职。②如果员工对某项工作做出承诺,他们会进行自我指导和自我控制,以努力完成任务。③一般而言,每个人不仅能承担责任,而且在一定条件下会主动寻求承担责任。④员工具备做出正确决策的能力。

2. 有关组织成员群体行为的研究

这一层面的研究突出地强调了组织成员不是相互孤立的个人,而是各式各样正式和非正式组织的成员,彼此之间存在着一定程度的相互接触、相互影响和相互作用。将组织成员置于群体的背景中进行研究,结果发现,人在群体中的行为,与其作为独立的个人时的行为相比较,会表现出许多独特或差异之处。关于群体压力、群体中成员互动过程的动力的研究,以及群体中沟通问题、竞争和冲突问题的研究,构成了群体行为研究的主要内容。这方面主要以美籍德国人勒温(Kurt Lewin,1890—1947)所提出的"团体动力学"理论、美国的布雷德福(Leland P. Bradford, 1905—1987)提出的"敏感性训练"以及莫雷诺(Jacob

Moreno，1889—1974)的"社会关系计量学"为代表的小团体内聚力、心理测试等理论为代表。

3. 有关组织行为的研究

这是针对组织最高层行为开展的研究,主要包括"以人为中心"的领导理论,体现"人本"原则的工作设计与组织设计理论,以及组织发展和组织变革理论等,包括以美国学者坦嫩鲍姆(R. Tannenbaum)和施密特(W. H. Schemidt)的"领导方式连续统一体理论",以及布莱克(R. Blake)和穆顿(J. Mouton)的"管理方格理论"为代表的领导方式及行为理论。

（三）对行为科学理论的评价

行为科学理论把人的因素放在首位,主张用科学方法研究人的行为。其特点为:①尊重人格,了解人性;②考虑共同利益,相互依存;③进行主动性的激励,发挥人的潜能;④提倡民主管理,主张人人参与;⑤重视相互关系,加强领导的影响;⑥强调情感沟通,以求相互理解。

但是,我们应当看到行为科学理论只从抽象的人性论、动机论和实用主义出发,在观察和研究人的行为时难免带有片面性。如:过分强调非正式组织的影响,颠倒了组织内部活动的主次关系;片面强调情感的巨大作用,忽视了组织生存的根本宗旨;过分否定经济、物理、生理等因素的影响,脱离了人群的不同需求等。为此,在行为科学的后期发展中,有一种把它与古典理论结合发展的趋势。

第四节　现代管理理论及发展

现代管理理论一般是指第二次世界大战后产生的理论。第二次世界大战之后,系统论、控制论、信息论逐渐形成,并应用于管理,使管理思想、管理手段走向了现代化。20 世纪 50 年代之后,随着社会生产力和现代科学技术的迅速发展,世界各国特别是发达国家对管理理论、方法、手段的研究也日臻深入,形成了各具特色、流派纷呈的现代管理学派。

一、现代管理理论的特点

（一）引入新理论

广泛地运用了现代自然科学和技术科学的最新成果发展现代管理理论、管理方法和管理手段。现代系统论、控制论、信息论的理论和观点已被作为重要的指导思想运用于管理理论与方法的研究中;在数学领域内,由于概率论、运筹学和模糊数学的发展,大大促进了现代管理学管理模型和定量分析方法的研究与运用,特别是计算机科学的发展,对现代管理方法和手段的改进,起到了巨大的推动作用,加速了信息的采集、加工和运用。许多组织已经开始从建立电子数据处理系统（electronic data processing，EDP）向管理信息系统（management information system，MIS）和决策支持系统（decision-making support system，DSS)发展。现代科学技术在管理学科中的普遍运用，其实质是泰勒提出的科学管理的进一步发展和延伸。

（二）更加重视人的因素

行为科学的产生和发展使管理者更加重视对组织中人的行为进行分析和研究，从研究个体行为发展到研究群体行为乃至整个组织文化。同时，管理者也开始重视社会文化对人的心理与行为的影响，以人为本的现代管理思想已经成为管理者的共识。

（三）系统理论和权变理论的发展与运用

现代管理注意运用系统的、动态的、开放的观点去研究组织与管理，即把组织看成一个开放的社会技术系统。组织是以管理为核心的若干子系统的组合，它们相互影响、相互制约，推动组织的发展和改革。组织处在特定的环境之中，并且不断地与外界进行物质、能源和信息的交换。组织的发展只有与外部环境的发展与变化协调一致，才会有巨大的生命力。

二、现代管理理论丛林

1980 年，美国管理学家哈罗德·孔茨（Harold Koontz）在他的《再论管理理论的丛林》一书中，把现代管理的各种学派形象地描述为像"丛林"一样，相互依存，枝叶繁茂。到目前为止，至少已发展为十几种学派，包括孔茨没有列入"丛林"的一些新的理论及学说。为了有重点地加以学习，我们就几个有代表性的学派加以介绍。

（一）管理过程学派

该学派是在法约尔管理思想的基础上发展起来的，管理过程学派（process management theory）的创始人是法约尔，其代表人物有美国的哈罗德·孔茨等。

1. 管理过程学派的内容

管理过程学派是将管理理论同管理人员所执行的管理职能，也就是管理人员所从事的工作联系起来。他们认为，无论组织的性质多么不同（如经济组织、政府组织和军事组织等）、组织所处的环境多么不同，管理人员所从事的管理职能却是相同的，管理活动的过程就是管理的职能逐步展开和实现的过程。因此，管理过程学派把管理的职能作为研究的对象，他们先把管理的工作划分为若干职能，然后对这些职能进行研究，阐明每项职能的性质、特点和重要性，论述实现这些职能的原则和方法。管理过程学派认为，应用这种方法就可以把管理工作的主要方面加以理论概括，并有助于建立起系统的管理理论，用以指导管理的实践。

2. 管理过程学派的贡献

相对于其他学派而言，管理过程学派是最为系统的学派。他们首先从确定管理人员的管理职能入手，并将此作为理论的核心结构。该学派对后世影响很大，许多管理学原理方面的教科书都是按照管理的职能编写的。管理过程学派确定的管理职能和管理原则，为训练管理人员提供了基础。管理过程学派认为,管理存在着一些普遍运用的原则,这些原则是可以运用科学方法来发现的。管理的原则如同灯塔一样,能使人们在管理活动中辨明方向。

3. 管理过程学派的不足

管理过程学派所归纳的职能并不包括所有的管理行为,通用性有限,对静态的、稳定的组织环境较为合适。在管理者日常管理中,一定是先有了目标和组织,然后才进行管理,而不是先有一套典型的职能,再运用到不同的组织中去。

(二)系统管理学派

西方的系统管理学派(system management theory)盛行于20世纪60年代。一般系统论认为,系统是由相互联系、相互作用的若干要素结合而成的、具有特定功能的有机整体。它不断地同外界进行物质和能量的交换,维持一种稳定的状态。一般系统理论建立以后,有些西方学者把它应用于工商企业的管理中,形成了系统管理学派。这一学派的主要代表人物是约翰逊、卡斯特和罗森茨韦克。1963年由他们三人共同编写的《系统理论和管理》一书,从系统概念出发,建立了组织管理新模式,成为系统管理的代表作。

1. 系统管理学派的内容

系统观点认为整体是主要的,而其各个部分是次要的;系统中许多部分的结合是它们相互联系的条件;系统中的各个部分组成一个不可分割的整体;各个部分围绕着实现整个系统的目标而发挥作用;系统中各个部分的性质和职能由它们在整体中的地位所决定,其行为受到整体的制约;一切都应以整体作为前提条件,然后演变出各个部分之间的相互关系;整体通过新陈代谢而使自己不断地更新,整体保持不变和统一,而其组成部分则不断改变。

2. 系统管理学派的贡献

将系统理论全面应用于组织管理实践的是开放组织系统理论,该理论特别强调开放性、整体性和层次性观念。其创始人卡斯特认为,组织是相对开放的系统,边界是可渗透的,可以有选择地输入和吸收,不仅要适应环境,还要影响环境。更重要的是,组织应有意识地去改造环境。

3. 系统管理学派的不足

西方学者认为,系统管理学派难以满足各方面对它的期望。对那些希望获得具体行动指南的组织管理者来说,它太抽象,不够成熟,难以付诸实施;对那些希望从事分析和研究的学者而言,它又太复杂,可变因素太多,不便进行研究。

(三)决策理论学派

决策理论学派(decision-making theory)是在第二次世界大战之后发展起来的一门新兴的管理学派。决策理论学派的主要代表人物是曾获1978年度诺贝尔经济学奖金的赫伯特·西蒙,主要著作有《管理行为》《组织》和《管理决策的新科学》等。

1. 决策理论学派的内容

(1)决策贯穿管理的全过程,决策是管理的核心。西蒙指出,组织中管理人员的重要职能就是做决策。他认为,任何作业开始之前都要先做决策,制订计划就是决策,组织、领导和控制也都离不开决策。

(2)系统阐述了决策原理。西蒙对决策的程序、准则、程序化决策和非程序化决策的异同及其决策技术等做了分析。西蒙提出决策过程包括搜集情况、拟定计划、选定计划和评价计划四个阶段。这四个阶段中的每一个阶段本身就是一个复杂的决策过程。

(3)在决策标准上,用"令人满意"的准则代替"最优化"准则。以往的管理学家往往把人看成以"绝对的理性"为指导,按最优化准则行动的理性人。西蒙认为,事实上这是做不到的,应该用"管理人"假设代替"理性人"假设,"管理人"不考虑一切可能的复杂情况,只考虑与问题有关的情况,采用"令人满意"的决策准则,从而可以做出令人满意的决策。

(4)一个组织的决策,根据其活动是否反复出现,可分为程序化决策和非程序决策。经常性活动的决策应程序化以降低决策过程的成本,只有非经常性的活动,才需要进行非程序化的决策。

2.决策理论学派的贡献

(1)从管理职能的角度来说,决策理论提出了一条新的管理职能。针对管理过程理论提出的管理职能,西蒙认为决策也是管理的职能,决策贯穿于组织活动的全部过程,进而提出了"管理的核心是决策"的命题,而传统的管理学派是把决策职能纳入计划职能当中的。

(2)首次强调了管理行为执行前分析的必要性和重要性。在决策理论之前的管理理论,管理学家的研究重点集中在对管理行为本身的研究上,而忽略对管理行为的分析,西蒙把管理行为分为"决策制定过程"和"决策执行过程",并把对管理的研究的重点集中在对"决策制定过程"的分析上。

3.决策理论学派的不足

(1)管理是一种复杂的社会现象,仅靠决策也无法给管理者有效的指导,实用性不大。

(2)决策学派没有把管理决策和人们的其他决策行为区别开来,其根本原因是没有认识到管理的本质。决策并非只存在管理行为中,人们的日常活动中也普遍存在决策,组织中非管理人员的活动也需要决策,但这些决策行为都不是管理行为。

(四)管理科学学派

管理科学学派(management science theory),也称计量管理学派、数量学派。它是泰勒的科学管理的继续与发展,埃尔伍德·斯潘塞·伯法是西方管理科学学派的代表人物之一,曾先后任教于美国加利福尼亚大学管理研究院、哈佛大学工商管理学院,代表作是1975年出版的《现代生产管理》。

1.管理科学学派的内容

(1)组织是由"经济人"组成的一个追求经济利益的系统,同时又是由物质技术和决策网络组成的系统。

(2)它们的目的就是将科学原理、方法和工具应用于管理的各种活动之中。应用范围着重在管理的计划和控制这两项职能。解决问题的步骤是:提出问题→建立数学模型→得出解决方案→对方案进行验证→建立对解决方案的控制→把解决的方案付诸实施。

(3)关于管理科学应用的科学方法,主要有线性规划、决策树、计划评审法和关键线路法、模拟、对策论、概念论、排队论等各类数学模型。目前在管理中应用比较广泛有效的数学模型有决策理论模型、盈亏平衡模型、库存模型、资源配置模型(线性规划)、网络模型、排队论、投入产出模型等。

(4)管理科学应用的先进工具,主要是指计算机。管理科学学派借助于数学模型和计算机技术研究管理问题,重点研究的是操作方法和作业方面的管理问题。

2. 管理科学学派的优点

(1)使复杂的、大型的问题有可能分解为较小的部分,更便于诊断、处理。

(2)制作与分析模式必须重视细节并遵循逻辑程序,这样就把决策置于系统研究的基础上,增强决策的科学性。

(3)有助于管理人员评估不同的可能选择,以明确各种方案包含的风险与机会,做出正确的选择。

3. 管理科学学派的局限性

(1)管理科学学派的适用范围有限,并不是所有管理问题都能够进行定量分析。

(2)实际解决问题过程中存在许多困难。管理人员与管理科学专家之间容易产生隔阂。实际的管理人员可能对复杂、精密的数学方法缺乏理解,无法做出正确评价,而另一方面,管理科学专家一般又不了解组织经营的实际工作情况,因而提供的方案不能切中要害。这样,双方就难以有效进行合作。

(五)权变理论学派

进入 20 世纪 70 年代以来,组织所处的环境很不确定,而经典的管理理论在解决组织面临瞬息万变的外部环境时又显得无能为力。人们不再相信管理会有一种最好的行事方式,而是必须适时地处理管理问题,于是形成一种管理取决于所处环境状况的理论,即权变理论(contingency theory)。其代表人物是美国学者卢桑斯(F. Luthans),他在 1976 年出版的《管理导论:一种权变学》一书中系统地概括了权变管理理论。

1. 权变理论的内容

(1)权变理论就是要把环境对管理的作用具体化,并使管理理论与管理实践紧密地联系起来。

(2)环境是自变量,而管理的观念和技术是因变量。这就是说,如果存在某种环境条件,为了更快达到目标,就要采用与这种环境相适应的管理原理、方法和技术。

(3)权变管理理论的核心内容是环境变量与管理变量之间的函数关系,也就是权变关系。环境可分为外部环境和内部环境。外部环境又可以分为两种:一种是由社会、技术、经济、政治、法律等组成;另一种是由供应者、顾客、竞争者、雇员、股东等组成。内部环境基本上是正式组织系统,它的各个变量与外部环境各变量之间是相互关联的。

2. 权变理论学派的贡献

权变理论为人们分析和处理各种管理问题提供了一种十分有用的方法,管理理论中权变的观点无疑是应当肯定的。同时,权变学派首先提出管理的动态性,人们开始意识到管理的职能并不是一成不变的。以往人们对管理行为的认识大多从静态的角度来认识,权变学派使人们对管理的动态性有了新的认识。

3. 权变理论学派的不足

既否定管理的一般原理、原则对管理实践的指导作用,又无法提出统一的概念和标准,每个管理学者都根据自己的标准来确定自己的理想模式,未能形成普遍的管理职能。权变理论使实际从事管理的人员感到缺乏解决管理问题的能力,初学者也无所适从。

三、现代管理理论的新发展

随着现代管理理论的继续发展,一些新的管理理论开始出现,这与知识经济的发展趋势相适应。新的管理理论不仅是各管理学派理论观点的综合,还包括中外管理方式、方法的综合。也有人把20世纪90年代后产生的新的管理理论称为第五代管理理论,具有代表性的就是学习型组织和流程再造。

(一)学习型组织

1. 学习型组织的含义

1990年,美国麻省理工学院斯隆管理学院的彼得·圣吉(Peter Senge)教授出版了《第五项修炼——学习型组织的艺术与实务》,引起管理理论界的轰动。从此,建立学习型组织,进行五项修炼成为管理理论和实践的热点。

关于学习型组织的含义,有着多种不同的说法和意见。较为全面的一种解释是:所谓学习型组织,是指通过培养弥漫于整个组织的学习气氛、充分发挥组织成员的创造性思维能力而建立起来的一种有机的、高度柔性的、扁平的、符合人性的、能持续发展的组织。这种组织由一些学习团队形成社群,它有崇高而正确的核心价值、信心和使命,具有强韧的生命力与实现共同目标的动力,不断创新,持续蜕变。

2. 学习型组织的五项修炼

五项修炼包括自我超越、改善心智模式、建立共同愿景、团队学习和系统思考。

(1)自我超越。自我超越(personal mastery)是指自我极度实现,达到自我高峰。树立目标成为自我超越的第一步。目标与实现可能有差距,如何利用这种差距激励自我就成为自我超越的一个重要因素。惰性与畏惧是自我超越的大敌,而利用人的"创造性张力",即改造现实与变革现实的雄心与行动,是自我超越修炼能否成功的关键。创造性张力来源于实现规划的动能,应当说更多的是精神方面的动能,所以也叫作精神创造性张力。发挥创造性张力的积极因素的关键就是以积极向上的心态去对待现实包括失败。

（2）改善心智模式。心智模式（mental models）是指植根于每个人或组织之中的思想方式和行为模式，它影响人或组织如何了解这个世界，以及如何采取行动的许多假设，甚或是图像、印象。改善心智模式就是发掘人们内心世界的图像，使这些图像浮上表面并严加审视、即时修正，使其能反映事物的真相。

不同的人，对相同的问题有不同的看法，因为他们的心智模式不同。即使同一个人，对相同的问题，在不同时期也会看法不同，因为他改变了心智模式。心智模式之间之所以不同，在于其思维和逻辑推理是隐藏在人们内心世界的先入为主的假设，心智模式中假设的错误并不是很直观的。因此，管理者必须通过学习组织制度来帮助自己改善心智模式。

（3）建立共同愿景。共同愿景（shared vision）是一个期望的景象和意象，是一种召唤及驱使人向前的使命，建立一个组织成员的共同愿景，以这个共同愿景感召全体组织成员，使之为这一愿景而奋斗。个人愿景的力量来源于个人对愿景的深度关切和认同，而共同愿景的力量来源于组织成员对这个愿景的共同关切和认同。它是组织成员所共同持有的意象，使组织成员内心有一种归属感、任务感和事业的使命感。

如何建立共同愿景？组织是由个人集合而成的，个人的愿景可以激发个人的勇气，组织的规划也只能是通过个人规划和共同规划得尽量一致来激发群体的激情。所以建立共同规划的组织，必须持续不断地鼓励组织成员发展个人规划，而且建立的共同规划应与大部分成员的个人愿望方向一致。

（4）团队学习。团队学习（team learning）要求组织学习的基本单位是团体而非个人。组织成员的合力如何通过有效的整体合作，取长补短来融会成强劲的组织力量？团队学习是发展团体成员整体合作与实现共同目标能力的过程，是通过开放型的交流来发现问题、互相学习、取长补短达到共同目的的过程。有人说集体比个人更有洞察力、更为聪明。团队的智商远大于个人的智商。这就是提倡团队学习的原因。开放的交流是深度汇谈，深度汇谈是创造性地研究复杂的议题，彼此聆听，互相交流，其目的是揭露思维的不一致性。人人将深藏的经验与想法完全谈出来，汇集成集体的智慧。在深度汇谈中，人会变成自己思维的视察者，同时修炼出集体思维，修正自己与集体思维的不一致性。组织用深度汇谈来研究复杂的问题，而用讨论来决定问题，其目的就是集中大家有益的想法与看法，从中找出更为合理的方案。

彼得·圣吉认为，形成"整体配合"是开展团队学习的精髓。也就是说，开展团队学习后，由于团队成员理解彼此的感觉和想法，因此能凭借完善的协调和一体的感觉，发挥出综合效率。有些学者认为，在这五项修炼中，改善心智模式、开展团队学习和锻炼系统思考能力是为了提高应变能力；超越自我和建立共同愿景目标是提高向心力和创造力。

（5）系统思考。系统思考（systems thinking）就是整体与动态思考。如果将研究对象看成系统，系统的特点即整体性、集合性、相关性和适应性，如果是人造系统，还有一个目的性。系统思考有两个关键点：一是系统的观点与动态的观点。今天的世界是复杂的，为了更好地了解世界,人们总是在不断地分析与综合。二是相互联系的观点。任何一个系统都是一个动态的系统,各个元素之间又存在动态的互动关系,存在着反馈与滞后现象。如果把世界或企业看成一个有机的系统,那么系统动力学的一般原理就通用于这个系统。系统思考理论还强调,认识系统主要在于认识系统的结构,不应被表象所迷惑,即应处理问题的动态复杂性,而非问题的细节复杂性。只要找到问题的关键所在,许多极困难的问题就会迎刃而解。

总之,五项修炼是一个组织的学习过程,进行五项修炼的组织被称为学习型组织。但能否真正成为学习型组织,不仅看组织是否进行了五项修炼,还要看五项修炼是否能互相搭配,从而解决实际学习中所面临的问题,组织是否通过学习而增强了应对世界变化和自我发展的能力。五项修炼将以"愿景、价值观和心智模式"为理念的新思想替代了过去以"管理、组织和控制"为理念的管理思想。它的目的是创造出一种具有共同崇高理想和美好愿景,并为之奋斗的组织群体,同时创造出开放、平等、和睦、奉献的健康的组织环境,合理完美的心智模式,以及洞察一切变化和反应灵敏的组织机制。在这个开放、平等的环境中,没有交流的障碍,每个人的思维能力都能通过自我的反思和相互的探询得以加强,并能迅速对外界环境的变化做出反应,组织成员不仅能在适应变化过程中得以学习,而且能在学习中创造出更美好的世界。

(二)流程再造

1993年迈克尔·哈默(Michael Hammer)和詹姆斯·钱皮(James Champy)在其著作《企业再造:企业革命的宣言》一书中,首次提出了业务流程再造的概念,引起了管理学界和企业界的高度重视。

1. 业务流程再造的概念

迈克尔·哈默和詹姆斯·钱皮将其定义为:对组织业务流程进行根本性的再思考和彻底性的再设计,以取得组织在成本、质量、服务和速度等衡量组织绩效的关键指标上的显著性的进展。

该定义包含了四个关键词:"流程""根本性""彻底性""显著性"。"流程"的改革建立在信息技术的高度发展上,信息技术的发展使效率不一定产生于分工,而是产生于整合。我们很难将现代组织面临的很多管理问题确定为一个专业性的问题,因而交给一个分工性的职能部门已经不合适,随着信息技术的发展,对综合问题进行整合处理是流程改革可以进行的基础。"根本性"就是要突破原有的思维方式,打破固有的管理规范,以回归零点的新观念和思考方式。"彻底性"就是要在"根本性"思考的前提下,摆脱现有系统的束缚,对流程进行设计,从而获得管理思想的重大突破和管理方式的革命性变化。"显著性"是指通过对流程的根本思考,找到限制组织整体绩效提高的各个环节和因素。通过彻底性地重新设计来降低成本,节约时间,增强组织竞争力,从而使得组织的管理方式与手段、组织的整体运作效果实现质的飞跃,体现高效益和高回报。

流程再造的核心是面向顾客满意度的业务流程,而核心思想是要打破组织按职能设置部门的管理方式,代之以业务流程为中心,重新设计组织的管理过程,从整体上确认组织的业务工作流程,追求全局最优,而不是个别最优。流程再造的目的是增强组织的竞争力,从生产流程上保证组织能以最小的成本、高质量的产品和优质的服务赢得客户。

2. 业务流程再造的动因

进入20世纪80年代以来,尤其是到了20世纪90年代,组织生存与发展的空间环境发生了巨大的变化,这些巨大的变化可以用"3C"来描述,即顾客(customer)、竞争(competition)、变化(change)。

(1)顾客。自从20世纪80年代以来,企业与顾客之间的关系已经发生了重大的变化。过去,在企业与顾客的关系中,企业通常起决定性作用,即企业提供标准的产品或服务来满足顾客的需求。而今顾客开始起决定性作用,即顾客运用其对商品或服务的选择权,决定了某个厂商的兴衰。顾客的这种选择权源于以下几个方面:一是消费品缺乏的情况不复存在;二是顾客对自己的权利有了日益清楚的认识;三是现代的顾客可以通过很多途径获得更多的信息。

顾客对产品和服务有不同的需要,个体顾客已经取代了整体顾客的概念,大规模的市场已经被分解成细小的市场,企业已经由面向市场转到面向顾客。

(2)竞争。市场经济的竞争手段无非是价格手段和非价格手段两大类。20世纪80年代以后,市场上的竞争手段发生了变化,钱皮和哈默认为有四个特点。

第一,由于市场更加开放,某个企业如果不能与世界最好的企业合作站在领导世界新潮流的企业行列中,便会很快从市场上消失。

第二,市场上不断涌现出新的企业,这些新企业由于观念新、产品新、管理方式方法新,往往具有很强的竞争力。

第三,战略联盟组织的产生使竞争对手成为战略合作伙伴。

第四,在未来的世界市场上,企业与企业之间的竞争,可能成为国家与国家的利益与实力的竞争,政府将可能进入企业的竞争行列中。

(3)变化。随着企业本身的变化、企业发展环境的变化、顾客的变化与竞争的变化,企业只有以变化适应变化,才能站在现代优秀企业的前列,才能不断发展壮大。

计算机技术和通信技术的发展,信息传送和处理发生了根本的变化,数据库处理、无纸化办公、全球互联网、电子商务等把人们的工作和生活推向了崭新的时代,信息社会的到来,不仅使周围的环境发生了质的变化,而且也要求组织结构必须有质的改变,这就向以往的组织结构形式提出了挑战。

3. 业务流程再造的程序

流程再造可以是组织所有工作流程的再造,也可以是组织局部工作流程的再造。它彻底根除原有流程中的重大缺陷,是一种全新的技术创新。在具体实施过程中,可以按以下程序进行再造。

（1）业务流程诊断。业务流程诊断可以从下面三个问题着手。

一是对原有流程进行全面的功能和效率分析，发现其存在的问题。影响组织运行效率的主要因素往往是产品质量不合格、制造或管理成本太高、流程周期太长，以及基本的流程结构不适应组织经营战略的要求等，这些问题都存在于具体的流程之中。组织必须针对具体问题分析原因。

二是找出问题出在某个流程内部还是出在流程之间的关系上。组织在查出流程中的问题之后，还要查清问题形成的原因，即问题是由流程本身内部的混乱造成的，还是由于流程之间的关系不协调造成的。由于资源共享和工作任务的关系，组织的各种流程实际上都存在相互制约、相互影响的关系，所以组织应该特别重视流程之间的相互作用和匹配。

三是看管理流程与业务流程是否协调一致。组织中的业务流程可视为组织经营的"硬件"，而管理流程则是"软件"。组织在流程诊断时，需要考虑两者的相互影响、相互制约关系，两者是否具有动态适应性。一般而言，管理流程常常渗透在作业流程当中，规范各种人流、物流、资金流和信息流的运转数量及速度，尤其是组织高层领导的决策方式、控制手段以及评价标准等，会对经营流程产生重大影响。因此，组织在重整经营流程时，必须相应地改造管理流程。

（2）业务流程改造策略。业务流程改造的基本原则是：执行流程时，参与的人越少越好；对流程服务对象，越简便越好。根据这一原则的要求，可以采取下面一些改造策略。

一是将几道工序合并，归一人完成。组织可以凭借信息技术的支持，把被分割成许多工序或工作的流程按其自然形态组装回去。如传统的医院的门诊挂号、预约、划价与收费，分别由不同人员完成，在信息技术的支持下，现在这些流程可由一人来完成。

二是完成几道工序的人员组合成小组或团队共同工作，构造新流程。这样可以减少交接手续，共享信息，从而大幅度地提高效率。以团队方式开展流程中的工作，将是多数组织改造流程的重要策略。

三是将连续式和（或）平行式流程改为同步工程。所谓同步工程，是指多道工序在互动的情况下同时进行。所谓连续式流程是指流程中的某一工序只有在前道工序完成的情况下才能进行，即所有工序都按先后顺序进行。所谓平行式流程，就是将流程中的所有工序分开，同时独立地进行，最后将各工序的半成品或部件进行汇总和组装。连续式流程的特点是慢，每个工序必须按先后顺序进行，即流程周期长；平行式流程的特点是相互间协调性差，经常出现返工现象，也造成流程周期长。传统的产品开发流程都是连续式和（或）平行式流程。同步工程的最大特点是各工序之间随时都可以交流，可以互动。

（3）业务流程设计。流程设计应充分考虑原有流程中总结的经验，集思广益，充分考虑设定的目标，以及流程设计所必须达到的输出要求。管理者应将高目标和一些想法、建议通过工作流程加以实现，同时还应考虑到本组织的实际情况，如人力资源方面、生产技术水平等相关因素,并设计出相应的保证体系,以免在实施过程中,又走回原流程的老路。

制定与流程改进方案相配套的组织结构、人力资源配置和业务规范等方面的改进规划,形成系统的组织再造方案。业务流程的实施,是以相应组织结构、人力资源配置方式、业务规范、沟通渠道甚至组织文化作为保证的。所以说,只有以流程改进为核心形成系统的再造方案,才能达到预期的目的。

(4)业务流程实施。流程设计完成之后,一方面是将流程加以实施,另一方面是通过实践进一步完善这个流程。流程图可以帮助人们尽快认识新的流程,同时也可以帮助人们找出新流程中的不足之处。

实施再造方案,必然会触及原有的利益格局。因此,管理者必须精心组织,谨慎推进,既要态度坚定,克服阻力,又要积极宣传,形成共识,以保证再造的顺利进行。

组织再造方案的实施并不意味着流程再造的终结。在社会发展日益加快的时代,组织总是不断面临新的挑战,这就需要对组织再造方案不断地进行改进,以适应新形势的需要。

(三)影响管理发展的因素

1. 全球化

当前,最引人注目的影响组织和管理变革的因素就是全球化。今天,每个人都与信息、资本、产品或服务的流动交织在一起,彼此之间的相互依赖程度不断提高。从全球化的角度分析问题已经成为每个组织和管理者的必然选择。全球化推动了创新的迅速发展,提高了人们对质量的关心程度,要求组织做出快速的反应,提高生产效率,提供高水平的顾客服务。

全球竞争也触发了对新管理方法的需求,促使人们更加强调组织成员授权和全员参与。20世纪80年代,日本企业成功的参与性管理实践,使一种被称作Z理论的管理观念应运而生。实际上,Z理论是日本与北美的管理实践相互融合之后的产物。日本传统的管理实践强调集体责任感、非正式控制、一致性决策,而北美传统的管理实践则鼓励个人责任、正式的控制机制和个人决策。Z理论则把上述两种模式组合起来,保留了对个人责任的强调,但却同时鼓励一致性决策和非正式控制方法。

目前,管理者不得不理解跨文化模式,并与来自许多不同国家的团队成员一起工作。组织成员的多样性逐渐成为所有组织必须面对的一种实际情况,即使是那些尚未从事全球活动的组织也不例外。

2. 环境变化

当今环境变化越来越迅速,组织能不能随着环境变化及时调整自己,是生死存亡的关键,一些僵化的组织因为不能敏捷感知环境变化而导致衰落。快速变化的新时代给管理带来了很多挑战。

3. 信息技术

目前电子技术已逐渐取代了机械技术,主要原因是组织成员由生产物质产品逐渐向管理信息转化。在这种环境中,成功要靠所有组织成员的智力能力。同时,信息技术也为新的工作方法如虚拟团队和远程办公等提供了便利，从而对传统的监督与控制方法构成了新的挑战。此外，技术常常导致信息和权力在整个组织范围内更大程度上的共享。

【复习与思考】

1. 泰勒的科学管理理论的主要内容是什么，该理论有什么贡献，有何局限性？
2. 法约尔的过程管理理论的主要内容有哪些，该理论的贡献和局限性是什么，你认为法约尔的管理14条原则对我们今天的管理有何指导意义？
3. 梅奥人际关系理论的主要内容是什么，该理论的贡献有哪些，其局限性是什么？
4. 行为科学研究的主要内容是什么，它与早期管理理论有什么不同？
5. 现代管理理论的主要学派有哪些，主要内容是什么？
6. 现代管理理论新的发展方向有哪些？

【阅读拓展】

霍桑实验

在 20 世纪 20 年代,美国芝加哥西方电气公司所属的霍桑工厂,是一家制造电话机的专用工厂,有 4 万名员工。工厂设备完善,福利优厚,有良好的娱乐设施、医疗制度和养老金制度,公司经常注意提高工人的工资和福利待遇,还实行年金制度,工人持有公司股票。公司的劳资关系总的来说比较融洽,20 多年没有发生过罢工和其他斗争。但是这并不表明它的管理尽善尽美,工人中仍存在许多不满情绪,生产效率也不如预期的那么理想。当时泰勒的科学管理理论在管理学界占统治地位,认为提供理想的工作条件,再加上刺激性的工资制度,必定能调动工人的积极性,提高工作效率。霍桑实验就是一项以这种科学管理的理论逻辑为基础而开始的实验。

霍桑实验最早是由美国国家科学委员会提出和赞助的。实验从 1924 年持续到 1932 年,将近 8 年的时间,大致分为前后两期。前期从 1924 年 12 月至 1927 年 4 月,由美国国家科学委员会组织专家小组主持。后期从 1927 年冬到 1932 年 5 月,由美国哈佛大学管理学、心理学教授梅奥主持。

一、霍桑工厂前期实验:照明实验

1924 年 11 月,美国国家科学委员会组织的研究小组来到霍桑工厂,对其工作条件与生产效率之间的关系进行全面的考察和多种实验,其中一项主要实验叫照明实验。当时关于工效的研究盛行以疲劳和单调感为中心的劳动医学研究。研究者认为,造成工效不高的原因是疲劳,而导致疲劳的因素之一是照明问题,如给予适当的照明就会减少疲劳,提高工效。这就是"适当强度的照明能使生产效率上升"的假说,研究小组对此进行了实验性的研究。实验是在被挑选来的两组绕线工人中进行的,一组为实验组,一组为对照组,任务都是绕线圈。在实验过程中,研究者先是不断增加实验组工作时的照明度,从 24 烛光、46 烛光到 76 烛光逐渐递增,对照组的照明度则始终保持不变。结果表明,实验组的工效正如设想的那样随照明条件的改善而提高,可是令人困惑的是,对照组的照明条件未做任何改变,工效也有同等程度的提高。于是研究小组采取相反措施,逐渐降低实验组的照明度,从 10 烛光到 3 烛光,工效未见下降,直到降至 0.06 烛光几乎看不清操作时产量才开始有所降低。这说明照明强度与生产效率之间并不存在线性的因果关系。研究人员对此感到茫然。"适当强度的照明能使生产率上升"的假设无法得到证实,从这个意义上说,为期两年半的实验以失败告终了。

二、霍桑工厂后期实验

西方电气公司检查部部长潘诺克推测,工效提高可能是由于工人被实验激发起的工作热情所致。1927 年冬,他在参加哈佛大学心理学教授乔治·埃尔顿·梅奥主持的人事经理报告会时,把实验情况和自己的想法告诉了梅奥,并邀请他参加实验。梅奥出生在澳大利亚的阿得雷德,20 岁时在澳大利亚阿福雷德大学取得逻辑学和哲学硕士学位,应聘至昆士兰大学讲授逻辑学、伦理学和哲学,后赴苏格兰爱丁堡研究精神病理学,对精神上的不正常现象进行分析,从而成为澳大利亚心理疗法的创始人。1922 年,在洛克菲勒基金会的资助下,梅奥移居美国,在宾夕法尼亚大学沃顿管理学院任教。1926 年,他进入哈佛大学工商管理学院专事工业研究,以后一直在哈佛大学工作直到退休。潘诺克听了梅奥的报告后很受启发,觉得从心理研究的角度入手可能给他们的实验带来新的契机,于是邀请梅奥教授参加并主持霍桑实验。梅奥接受了邀请,他组织哈佛大学的一批学者同电气公司有关人事和劳资关系的管理人员组成研究小组,主要成员有梅奥、罗特斯伯格、霍曼斯、潘诺克、狄克逊等,还有一些人类学家和生理学家也参与了实验。新的研究小组在梅奥领导下,对影响工效的因素提出了新的假设:①改进物质条件和工作方法可使产量提高。②工间休息和缩短工时可解除疲乏。③工间休息可减少工作的单调性。④实行个人计件工资制可促使产量提高。⑤改善人际关系可以改进工人的工作态度,使产量得到提高。针对这些假设,研究小组开展了一系列的实验,以验证其正确性。

(一)福利实验

福利实验是在继电器装配小组中进行的,从 1927 年年底到 1929 年 6 月,持续了两年半的时间。为了有效地控制影响职工工效的因素,研究者挑选了 6 名熟练的装配女工在单独的房间内从事装配工作。实验分为 13 期,共 114 周,在每个实验期,研究人员都要改变被试的物质工作条件,以观察对产量的影响。如第三期将过去的集体奖励改为个人奖励,第四到第六期提供工间休息,第七期免费提供茶点,第八至第十一期又加上提前下班。随着物质条件的改善,女工们人均产量由一开始的 2000 个逐渐提高到 2500 个、2600 个、2800 个,到第十一期时达到 2900 个,这些都在意料之中。令人注意的是第十二期,研究人员废止了前面若干期所提供的全部优惠条件,发现产量不但没有下降,反而比以前更提高了,达 3000 个以上。产量的上升与工作条件变化不相应的事实说明了什么呢? 实验记录为解释这一原因提供了有用的线索。实验记录表明:①研究人员在挑选被试时,最初只选了两个关系好的女工,然后再由她们挑选其余 4 人,这样一开始就意味着这 6 个人在工作中能友好相处,形成一个团结协作的小群体。②按照公司的规定,车间工作时禁止谈论与工作无关的话题,而在实验小组,研究人员为了不妨碍工人之间的协作,就放任她们交谈,这就给她们带来了更为融洽的群体气氛。③实验之初,研究人员将这些女工召到公司检查部部长办公室,向她们解释这次实验的内容,并告知将按这次实验结果制定新的工厂管理制度,要求她们为改善工厂劳务管理做贡献。这些过去被当作"机器附属物"的女工对被邀请到部长办公室谈话并受到部长、学者们的礼遇和信任感到受宠若惊,无疑大大提高了她们协助实验的自尊心。此后,研究人员不断征求女工们对工作条件的意见,认真接受她们的建议,使她们对自己的工作有充分的发言权,并认识到这种发言权的价值,因此产生了工作责任感。④实验小组没有工头监督工作,仅由 6 名女工中的一位担任工作记录、作业准备和配件补充工作,和普通车间工头虎视眈眈的监督相比,这种极其宽松的管理无疑增强了女工们的责任感和自主意识。⑤实验小组中有一位意大利血统的青年女工,性格活泼,工作积极,人缘好,认为参加这项实验是一个出人头地的好机会,自然而然成了女工们的领袖,带头引导其他女工努力工作。总之,实验小组的工作充满了愉快的气氛,女工们对于工作的自豪感、认识自我价值的满足感、由之而来的责任感以及勤劳意识和合作精神都得到了提高。研究人员由此而得出的结论是,在调动人的工作积极性方面,融洽的人际关系比良好的物质工作条件更重要。研究人员还认识到,由于认识到心理因素和社会因素的作用而开始"以人为中心"的思考,并以此指导这次实验,是这次实验能取得预期效果的根本原因。

(二)访谈实验

梅奥等人在继电器装配小组的福利实验中有了重大发现后,就把注意力从特别设计的实验室移到了普通车间,研究的重点也从物质条件移到了人事关系方面,开始了全面的职工访谈实验。研究人员精心设计了访问提纲,要求调查人员严格按提纲进行调查,耐心听取工人对厂方的意见和不满,并做详细记录,对工人的不满意见不准反驳和训斥。调查从一开始就受到工人的欢迎,认为这是有史以来的第一次。但一段时间以后,调查人员发现,不少人害怕讲真话受到报复,故对一些较敏感的问题,如对工头和公司主管人员的看法等等避而不谈或避重就轻。于是研究人员就改变调查方式,让职工自己选择适当的话题,谈他们愿意谈的一切,无论他们提出什么意见,调查人员都随声附和,表示自己对这些意见感兴趣。这次大规模的调查,从 1928 年 9 月开始到 1931 年才结束,历时 3 年。研究人员不仅掌握了有关工人态度的大量资料,了解到工人的工作绩效与其在组织中的身份、地位以及与同事的关系有密切的联系,而且还收到了一个意想不到的效果:访谈工作结束后,工厂尚未采取任何改善管理的措施,产量却出现了大幅度的提高。研究人员分析认为,这是由于工人们把长期压抑在心里的不满情绪用语言表达出来了,以前的那些夸张的歪曲的感情消失了,心情舒畅了,工作态度随之有了改变,工作效率也就提高了。

(三)群体实验

在继电器装配小组的实验中,研究人员感到被试小组中存在某种无形的群体,它似乎对每个成员都具有制约作用,由于对这种无形群体的作用还不十分明确,于是在最后阶段的实验中就把它作为重点来研究,这就是电话交换机布线小组实验。实验从 1931 年 11 月开始,到 1932 年 5 月结束。为了系统地观察在群体中人们之间的相互影响,研究人员将实验小组安排在一个专门的车间里工作。实验小组由 14 名男工组成,其中 9 名为绕线工,3 名为焊接工,2 名为检验员。实验小组实行个人计件工资制。研究人员原来设想,采用这种奖励办法会使工人更加努力工作,以便得到更多的报酬,但结果出乎意料,工人们的产量始终只保持中等偏上的水平。根据"时间—动作"分析理论,公司向这些工人提出的标准工作定额是每天完成7312个焊接点,但他们约定只完成6000~6600个,估计一天的自定任务快要完成了,就放慢工作速度,如果提前完成了,就自动停工。每天上报的生产额也不完全属实,产量完成多时,就打一些"埋伏",作为产量低时的补充。研究人员了解到,工人自动限产的理由是:如果他们过分卖力,就可能造成其他同伴的失业,或者公司会按他们的高产量标准制定工作定额,那么要得到高额报酬就必须付出更多的劳动。研究人员还发现,他们的工效同他们的工作能力和熟练程度不成比例。为了研究他们的能力差异对工效的影响,研究者对他们进行了灵敏测验和反应测验。研究人员发现,3名工效最低的绕线工在灵敏测验上的得分都高于3名工效最高的绕线工,其中1名在智力测验上得分名列第一,灵敏测验名列第三。测验结果和工效之间的这种不对应关系,使研究人员联想到群体对他们的影响。某位工人可能因为提高了自己的产量而获得公司的较高报酬,并降低了失业的危险,但却会招致群体的非难和惩罚,每天只要完成群体认可的工作量,大家就相安无事。研究人员发现,实验小组成员之间有时彼此交换工作,互相帮忙,虽然这样做有违公司的规定,却大大增进了他们的友谊,但有时也因此而招致彼此间的怨恨。为了保护群体利益,他们达成了这样一些共识:①谁也不能干得太多,突出自己;也不能干得太少,影响全组的产量。②谁也不能自吹自擂,自以为是,想领导大家;也不得在同伴面前打官腔,找麻烦,即使是检验员,也不得摆出一副公事公办的检验员架子。③谁也不准向管理方告密。如有谁违犯这些自发形成的行为规范,群体成员就会群起而攻之,轻则嘲笑谩骂,重则拳打脚踢。例如,有一位绕线工老喜欢出风头,大伙儿就有意冷落他,把他斥为"贪心的家伙""金钱的奴隶"。有一位检验员曾向检验科抱怨工人偷懒,大家知道后就攻击他,使他在实验小组中极为孤立。研究者认为,这种自然形成的群体,其功能主要产生于工人自身的防卫感,对内可以控制其成员的行为,对外可以保护其成员不受来自管理阶层的干预;它使成员对群体具有良好的向心力,为了维护群体内部的一致性,成员可以放弃物质利益的诱惑。梅奥由此提出了"非正式群体"的概念。这项实验使研究者明确了在正式组织中存在着非正式群体,工人不是孤立的个人,而是共同生活、共同娱乐的集团成员,工人不仅受公司制度的制约,而且受自然产生的非正式群体的控制力的影响。

梅奥主持的霍桑工厂后期实验于1932年方告结束,最后得出结论:①生产条件的变化固然影响劳动者的生产热情,但与生产效率之间并不存在直接的因果关系。②生产条件并不是增加生产的第一因素。③改善劳动者的士气和人际关系,使人们快乐地工作并对自己的工作感到满足,这才是增加生产、提高工效的决定性因素。这一结论否定了研究人员在实验之前所做的五种假设中的前四种,证明了第五种假设的正确性。1933年,梅奥出版了《工业文明中人的问题》一书,全面地总结了霍桑实验的结果。霍桑实验从理论上把泰勒的科学管理理论推向一个崭新阶段,为管理心理学的形成奠定了基础,成为管理科学发展历史上的一座里程碑。

第二部分 组织文化、原理与方法

第四章

组织文化

一个组织运行的好坏与组织所建立的文化和组织所处的环境有关。本章介绍组织文化的概念和特征，阐述组织文化的结构、内容和功能，探讨组织文化的创建要点，提出组织文化传播的途径。

第一节　组织文化概述

一、组织文化的概念和特征

（一）组织文化的概念

一般而言，文化有广义和狭义两种解释。广义的文化是指人类在社会历史实践过程中所创造的物质财富和精神财富的总和；狭义的文化是指社会的意识形态，以及与之相适应的礼仪制度、行为方式等精神文明。

组织文化的概念也有两种：广义上是指组织在长期的实践过程中由组织成员共同创造的物质财富和精神财富的总和；狭义上是指组织在长期的实践过程中形成的，为组织成员所遵守的价值观、职业道德、行为规范的总和。

任何一种组织都有自己特殊的环境条件和历史传统，从而也就形成自己独特的哲学信仰、意识形态、价值取向和行为方式，于是每种组织都具有自己特定的组织文化。

在现代社会，人们越来越重视管理的文化效应，管理文化的构建也已成为现代管理的重要特征。虽然管理有不同国家、不同地区、不同层次、不同类型之分，但是管理者绝对不能忽视文化的管理效应。组织文化既是组织生存的基础，又是组织的灵魂，更是组织发展的动力和成功的关键。组织要良好地运行，除了要有一定的组织形式以及"硬性"的规章制度以外，还需要有一种"软性"的协调力和凝聚力。这种无形的内在驱动力，是构成组织的重要因素，被称为"组织的灵魂"。

（二）组织文化的基本特征

组织文化本质上属于"软文化"管理范畴，是组织的自我意识所构成的精神文化体系。组织文化是整个社会文化的重要组成部分，既具有社会文化和民族文化的共同属性，也具有

各自的特点,其基本特征如下:

1. 组织文化的核心是组织价值观

任何一个组织总是要把自己认为最有价值的对象作为组织追求的最高目标或最高宗旨,一旦这种最高目标和基本信念成为统一组织成员行为的共同价值观,就会构成组织内部的凝聚力和整合力,成为组织成员共同遵守的行动指南。因此,价值观念是组织存在的支柱,它是组织文化的核心,也是组织文化的灵魂。只有充分发挥人的主观能动性,努力提高组织成员的社会责任感和使命感,使组织成为真正的命运共同体和利益共同体,才能不断地增强组织的活力。

2. 组织文化是以人为主体的人本文化

人是组织中最宝贵的资源和财富,确立起以人为主体的人本文化,以组织成员的成长与发展为中心,提供有利于他们实现自我价值的工作平台和发展空间,这是组织文化的主旋律。因此,组织只有充分重视人的价值,最大限度地尊重人、关心人、培养人和为了人,才能充分调动人的积极性,发挥人的主观能动性。

3. 组织文化的形式是以柔性管理为主

组织文化是以一种文化形式出现的现代管理方式,它通过柔性的而非刚性的文化引导,建立起组织内部团结、合作、奋进的文化环境,以及和谐的组织氛围,自动调节组织成员的心态和行动,并通过对这种文化氛围的心理认同,逐渐地内化为组织成员的主体文化,使组织的共同目标转化为成员的自觉行动,使群体产生最大的合力。

4. 组织文化的重要任务是增强群体凝聚力

组织成员一般都是来自四面八方,文化传统、生活经历、价值观、受教育程度、个性心理、年龄和民族等方面的不同,往往会导致成员之间的冲突甚至对抗,不利于组织目标的顺利实现。而组织文化则是通过建立共同的价值观和寻找观念的共同点,不断强化组织成员之间的合作、信任和团结,使之产生亲近感、信任感和归属感,实现文化的认同和融合,在达成共识的基础上,使组织具有一种巨大的向心力和凝聚力。所以,组织文化总是以增强凝聚力为主要目标和任务。

二、组织文化的基本要素

组织文化是一个丰富的、系统的体系,这个体系是由许多相互联系、相互渗透、相互制约的要素构成的。组织文化究竟由哪些要素构成。西方和我国的学者都曾提出一些富有见地的观点,表4-1所示的各种组织文化构成要素的观点,为我们全面理解组织文化,把握组织文化的本质提供了一定的认识基础。

表 4-1　组织文化的要素

代表人物	主要内容
特斯拉斯	语言、宗教、教育、社会组织、价值观与态度、科技与物质文化和政治与法律等方面
德鲁克	价值观、信仰、工具和语言四个方面
迪尔和肯尼迪	环境条件、价值信仰、英雄人物、习俗礼仪和文化网络五个方面
彼德斯和沃特曼	构成组织文化的要素至少有七个方面,其中包括经营战略、组织结构、管理风格、工作程序、工作人员、技术能力和共同价值等,并把这七个要素称为"麦金瑟 7-S 架构"
中国的管理学者	第一,管理物质文化(管理技术手段和语言等);第二,管理制度文化(组织结构、体制和规章制度等);第三,管理意识文化(管理思想、管理哲学和管理艺术等);第四,管理心理文化(风俗习惯、心理结构、态度、伦理准则、情感方式、思维模式和价值观念等)

美国学者彼德斯和沃特曼认为,组织文化是一个有着丰富内涵的系统体系,其中包括许多相互联系、相互制约的基本要素。他们提出组织文化由结构(structure)、体制(systems)、风格(style)、员工(staff)、技能(skills)、战略(strategy)、共同价值观(shared valueds)七种要素组成,称为"麦金瑟 7-S 架构"(7-S framework)(见图 4-1)。在模型中,战略、结构和体制被视为组织成功的"硬件",风格、员工、技能和共同价值观被视为组织成功的"软件"。7-S 模型指出组织的软件和硬件同样重要。组织长期以来忽略的人性,如非理性、固执、直觉、喜欢非正式的组织等文化现象,其实都可以加以管理,而且绝不能忽略。

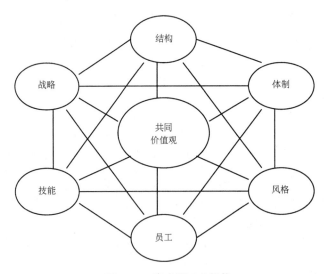

图 4-1　麦金瑟 7-S 架构

三、组织文化的结构

组织文化的结构一般分为物质层、制度层和精神层三个层次。

1. 物质层

物质层又称表层文化,是组织文化的表层部分,是指凝聚组织文化抽象内容的物质体的外在显现。它既包括组织整个物质和精神活动的过程、组织行为、组织体产出等外在表现,也包括组织实体性的文化设备、设施等。物质层是组织文化最直观的部分,也是人们最易于感知的部分。它往往能折射出组织的管理思想、管理哲学、工作作风和审美意识,是形成制度层和精神层的条件。

2. 制度层

制度层是组织文化的中间层次,指体现某个具体组织的文化特色的各种规章制度、管理机制、道德规范和组织成员行为准则的总和,也包括体现分工协作关系的组织结构。它集中体现组织文化的物质层和精神层对组织成员与组织行为的要求。

3. 精神层

精神层又称深层文化,主要是指组织全体成员共同信守的基本信念、价值标准、职业道德和精神风貌。它是组织文化的核心和灵魂,是形成组织文化物质层和制度层的基础与原因。它的有无是评价一个组织是否形成了自己组织文化的主要标志和标准。它包括组织目标、组织宗旨、组织精神、价值标准、组织道德、团体意识等内容。

第二节 组织文化的内容

一、组织文化的内容

从组织文化的形式看,其内容可以分为显性和隐性两大类。

（一）组织文化的显性内容

所谓显性内容就是指那些以精神的物化产品和行为为表现形式,能通过直观的视听器官能感受到的、又符合组织文化实质的内容。

1. 组织标志

组织标志是指以标志性的外化形态来表示本组织的组织文化特色,和其他组织明显地区别开来的内容,如组织的名称牌、工作服装、组织标志、徽标、网站标识、标志性建筑等。组织标志不是可有可无的,它有助于组织其他方面文化的建设,有助于组织形象的塑造,有助于激发组织成员的自豪感和责任感,使全体成员自觉地维护本组织的形象。因此,现在许多组织都越来越重视组织标志的建设,组织标志已成为组织表层文化不可缺少的重要组成部分。

2. 工作环境

工作环境是指组织成员在组织中办公、生产、休息的场所,包括办公楼、实验室、俱乐部、图书馆等。良好的工作环境是组织领导爱护组织成员、保障成员权益的表现,也能够激发组织成员热爱组织、积极工作的自觉性。因此,以改善工作环境为主要内容的环境建设是组织文化的一个组成部分。

3. 规章制度

并非组织所有的规章制度都是组织文化的内容,只有那些可以激发职工积极性和自觉性的规章制度,才是组织文化的内容。组织文化的理论侧重于软约束的作用,它要求在组织中建立起有利于领导和成员的沟通,有利于组织成员畅所欲言,鼓励成员发明创造的民主管理制度和其他有关制度。组织的这些规章制度是组织以人为本的组织哲学的直接体现,是使组织成员自觉维护组织利益的重要手段。

4. 管理行为

组织文化所包含的一部分内容就是在以人为本的管理哲学指导下的领导行为和以全体成员共同意志为基础的各种自觉活动。这些行为都是组织哲学、价值观念、道德规范的具体实施,是它们的直接体现。再好的组织哲学或价值观念,如果不能有效地付诸实施,就无法被组织成员所接受,也就无法成为组织文化。

(二)组织文化的隐性内容

组织文化的隐性内容是组织文化的根本,是最重要的部分。它隐藏在显性内容的背后,直接表现为精神活动,在组织文化中起着根本的决定性作用。

1. 组织哲学

组织哲学和其他哲学一样,是组织理论化、系统化的世界观和方法论。它是一个组织全体成员所共有的对世界事物的一般看法,用它指导组织的生产、经营、管理等活动以及处理人际关系等。因此,组织哲学是对组织各种活动的统一规律的认识。从一定意义上讲,组织哲学是组织最高层次的文化。它主导、制约着组织文化其他内容的发展方向。组织哲学不同,组织的建设和发展也必然不同。从根本上说,组织哲学是对组织总体设计、总体信息选择的综合方法,是组织一切行为的逻辑起点。

2. 价值观念

价值观念是人们对客观事物的一种评价标准,是对客观事物和人是否具有价值以及价值大小的总的看法和根本观点。它包括组织存在的意义和目的,组织各项规章制度的价值和作用,组织中人的各种行为和组织利益的关系,等等。价值观念是组织文化的重要组成部分,它为组织的生存、发展提供了基本的方向和行动指南,为组织成员形成共同的行为准则奠定了基础。

3. 道德规范

组织的道德规范是组织在长期的活动中形成的,人们自觉遵守的道德风气和习俗,包括是非界限、善恶标准和荣辱观念等。道德规范是调节人们行为的一种手段,它和组织的规章制度相对应,区别就在于规章制度是显性的,是硬性的管理,是靠约束力来保证实施,而道德规范是隐性的,是软性的约束,是靠人们的自觉性来保证实施的。道德规范是通过影响组织成员的思想观念,确立明确的是非观念,从而引导职工自觉行动。因此,组织道德规范的作用是不容忽视的。

4. 组织精神

组织精神是指组织群体的共同心理定式和价值取向。它是组织的组织哲学、价值观念、道德规范的综合体现和高度概括,反映了全体成员的共同追求和共同认识。组织精神虽然千差万别,但其核心内容都是激发组织成员的工作热情,发挥自觉性,明确责任感。主要包括创业精神、奉献精神、主人翁精神、集体主义精神、创新精神、竞争精神、民主精神、服务精神等。这些组织精神都是对组织哲学、价值观念、道德规范的提炼和概括。

以上就是组织文化的四个主要隐性内容。除此之外,组织文化的隐性内容还包括组织的美学意识、组织心理、组织的管理思维方式等内容。

二、组织文化的功能与束缚

(一) 组织文化的功能

组织文化作为一种组织系统的内容,能把不同的组织相互区别开来,起着分界线的作用。组织文化具有许多独特的功能。

1. 自我内聚功能

组织文化通过培育组织成员的认同感和归属感,建立起成员与组织之间的相互依存关系,使个人的行为、思想、感情、信念、习惯与整个组织有机地统一起来,形成相对稳固的文化氛围,凝聚成一种无形的合力与整体趋向,以此激发组织成员的主观能动性,朝着组织的共同目标努力。

2. 自我改造功能

组织文化能从根本上改变组织成员的原有价值观念,建立起新的价值观念,使之适应组织正常实践活动的需要。一旦组织文化所提倡的价值观念、行为规范被成员接受和认同,就会在不知不觉中做出符合组织要求的行为。倘若组织成员违反了组织规范,就会感到内疚、不安或者自责,就会自动修正自己的行为。从这个意义上说,组织文化具有某种程度的强制性和改造性。

3. 自我调控功能

组织文化作为团体共同价值观,并不对组织成员具有明文规定的硬性要求,而只是一种软性的理智约束。它通过组织的共同价值观不断地向个人价值观渗透和内化,使组织自动地生成一套自我调控机制,以"看不见的手"操纵着组织的管理行为和实务活动。这种以尊重个人思想、感情为基础的无形的非正式控制,会使组织目标自动地转化为个体成员的自觉行动,达到个人目标与组织目标在较高层次上的统一。组织文化的这种软性约束和自我协调的控制机制,往往比硬性的规定有更强的控制力和持久力。

4. 自我完善功能

组织在不断的发展过程中所形成的文化积淀,会随着实践不断更新和优化,推动组织文化从一个高度向另一个高度迈进。也就是说,随着组织文化的不断深化和完善,一旦形成良性循环,就会持续地推动组织本身的发展。

5. 自我延续功能

组织文化的形成是一个复杂的过程,往往会受到社会、人文和自然环境等多种因素的影响。因此,它的形成和塑造不是一朝一夕就能实现的,必须经过长期的耐心倡导和精心培育,以及不断地实践、总结、提炼、修改、充实、提高和升华。同时,组织文化与其他文化一样具有历史继承性,一旦形成,也会有自己的历史延续性,并持久地发挥应有的作用。它不会因为组织领导层的人事变动而立即消失。

(二)组织文化的束缚

1. 变革的障碍

如果组织的共同价值观与进一步提高组织效率的要求不相符合时,它就成了组织发展的障碍。这是在组织环境处于动态变化的情况下最有可能出现的情况。当组织面对稳定的环境时,行为的一致性对组织而言很有价值;当组织环境正在经历迅速地变革时,根深蒂固的组织文化可能就不合时宜了。对于许多具有强文化的组织来说,过去能促成成功的措施,如果与环境变化的要求不一致,就可能导致失败。

2. 多样化的障碍

由于种族、性别、道德观等差异的存在,因而新聘员工与组织中大多数成员不一样,这就产生了矛盾。管理人员希望新成员能够接受组织的核心价值观,否则这些新成员就难以适应或被组织接受,同时,管理人员又想公开地认可并支持这些组织成员带来的差异。强文化施加了较大的压力,使新成员服从组织文化,组织成员的行为与优势的多样化就丧失了。

3. 合作与联盟的障碍

合作与联盟是现代组织运行的重要特征,现阶段企业的兼并和收购更为普遍。以前,管理人员在进行合作与联盟决策时,所考虑的关键因素是资金、产品、服务和技术等。近几年,文化的相容性变成了他们主要的关注对象。合作与联盟对象同本组织的文化能否相容,也是一个重要的方面。

第三节　组织文化的创建和传递

一、组织文化的创建

对于处于发展中的组织来说,如何创造良好的组织文化,如何保持已经取得的文化建设成果,如何优化或更新本组织文化以应付环境变化的挑战,这些问题是组织的领导者最为关心的。

(一)优化组织环境

组织物质文化设施一旦设定就不会轻易变动,但是在设定之后就能反映设定者的价值观、文化品位、艺术修养等,并从中反映出一定的文化价值。

(1)组织容貌。这是组织文明的一种标志和象征。从组织的建筑造型、色彩装饰到空间结构布局,从环境状况到各种物品安排是否井然有序,都能反映出一个组织的管理水平和风格,体现组织文化的个性特点,以及组织领导者的文化品位。

(2)工作环境。它包括办公室布置、作业流水线顺序、色彩、照明、设备安排、安全设施等。一个优化的环境不仅能提高生产效率,保证劳动安全,而且还能相应提高组织成员的劳动兴趣,激发组织成员对组织的忠诚和责任。

(3)生活娱乐设施。它是指文娱场所、体育设施、图书馆、食堂等。生活设备的选择既应与组织成员的需求相一致,又要与组织价值观和精神相一致。美化组织成员的生活娱乐环境,能使组织成员感到大家庭的和谐和温暖,增强组织的凝聚力。

(二)完善组织制度

制度建设包括领导体制、组织结构和管理制度。领导体制是组织领导方式、领导结构和领导制度的总称。领导体制在某种意义上也是组织价值观的一种表现。管理者选择哪种方式进行管理,实际上体现了个人的价值观和偏好,反映了他的文化修养、知识结构和性格,而这与组织文化的氛围是一致的。

(三)确定使命和理念

使命是一个组织根本的、崇高的责任和任务,反映了组织生存和发展的根本目的,是组织文化的核心。使命的表述要精准、简洁。使命不是一成不变的,要根据环境的变化和组织任务做调整。

如何去完成组织使命,要有一系列的核心观念,这些核心观念就是组织的理念。使命是告诉人们做什么事业以及为什么做这一事业,理念是告诉人们如何做这一事业。理念更系统、更全面地表达一些原则和信念。成员在长期工作中形成的一种信念和追求,是组织基于自身的性质、任务、宗旨、时代要求和发展方向,为使组织获得更大发展,经过长期精心培育而逐步形成的。

（四）组织价值观的形成

现代组织价值观念是在组织追求成功的过程中所推崇的基本信念和奉行的行为准则，亦即组织为获取成功而对其行为做出的价值取向。在西方组织的发展过程中，组织价值观大致经历了最大利润价值观、经营利润合理价值观、组织社会互利价值观等三个演变阶段。从西方组织价值观的演变中我们可以看到，一个组织价值观的形成至少有时代特征、效益性和社会责任感。

二、组织文化的传播

组织文化对组织成员的潜移默化影响有许多种形式，最常用的有故事、仪式、物质象征和语言等。

（一）故事

故事（stories）是指有关本组织创业和发展的故事。许多组织中都流传着关于赢家与输家、成功与失败的故事，而关于组织的创立或创办人的故事，有更重大的影响力。这些故事能够起到借古喻今的作用，还可以为目前的组织政策提供解释和支持。

（二）仪式

仪式（rituals）是一系列活动的重复。组织的仪式是富有文化内涵的，它可以表达并强化组织的核心价值观。

（三）物质象征

物质象征（material symbols）就是用物质形式传达组织的文化，既包括组织产出等外在表现形式，也包括组织实体性的文化设施，如带有本组织色彩的工作环境、作业方式、组织的标志、标识等。

（四）语言

语言（languages）是识别组织文化或亚文化的标志。随着时间的推移，组织往往形成了自己特有的语言，并用来描绘与业务有关的设备、办公室、关键人物、产品服务等。一般来说，新员工经过几个月的工作之后，那些起初令他们困惑不已的新名词，就成为他们语言中的一部分了。这些术语一旦为组织成员所掌握，就成了共同特征，把特定文化或亚文化中的成员联结在一起。

三、组织文化对管理实践的影响

组织文化对管理行为有较大的影响。因为组织文化具有特殊的强制渗透功能，它既是管理人员从事管理活动的依据，也是管理人员进行管理活动的限制因素。在一个组织中，管理的各项职能，如计划、组织、领导和控制等，无不受到组织文化的影响，都带有一定程度的文化色彩，这些影响如表 4-2 所示。

表 4-2　组织文化对管理职能的影响

职能	影响
计划	计划中所含风险的大小
	决策的长、短期选择
	员工目标是否明确
组织	分权程度
	员工工作的自由度大小
	程序和政策的实施程序
领导	激励手段的选用
	领导风格的选用
	对不同意见的态度（完全排斥还是有选择地保留）
控制	控制方式地选用（自行控制还是外部控制）
	评价员工工作表现标准的选取
	对预算超支的反应

【复习与思考】

1. 什么是组织文化，它有哪些特征？

2. 组织文化的基本要素有哪些？

3. 组织文化有哪些功能？

4. 为什么说组织价值观是组织文化的核心？

5. 如果你是高层管理者，你将怎样塑造良好的组织文化？

第五章

管理的基本原理

管理原理是从管理实践中总结出来的，用来指导管理实践的科学真理。本章介绍管理原理的特征以及学习管理原理的意义，阐述系统原理的概念、主要观点及运用原则；讨论人本原理的概念和主要观点，以及人本原理的实际运用；阐述责任管理原理的概念、主要观点及运用原则，同时指出组织的社会责任。本章还简述效益管理原理的概念、社会效益和经济效益的关系，以及如何树立正确的效益观等内容。

第一节　管理原理概述

管理活动虽然错综复杂、千变万化，但人们在长期的管理实践中，领悟到了人类在进行管理活动时的确存在某些共同的基本规律。管理者只要掌握了管理的基本规律，在进行管理活动时就可得到基本的指导。

一、管理原理的基本概念

原理是指某些客观事物的实质及运动的基本规律。管理原理是对管理工作的实质内容进行科学分析总结而形成的基本真理。它是现实管理现象的抽象，是对各项管理制度和管理方法的高度综合与概括，因而对一切管理活动具有普遍的指导意义。

二、管理原理的主要特征

管理原理是在总结大量管理活动经验的基础上，被大量的管理实践所证明的行之有效的科学真理。管理原理必须反映管理的根本问题，即"管理是什么""如何进行管理"。同时，管理原理还应具备下列特性。

（一）客观性

原理是具有普遍意义的道理。管理原理是对管理的实质及其客观规律的表述。"原理"和"原则"的含义是不同的，我们既要认识原理与原则的区别，又要注意两者之间的联系。原则的确定应以客观真理为依据，是根据原理的认识引申而来。为了加强其约束作用，管理原则中增加了一定的人为因素，一般带有指令性和法定性，形成要求人们共同遵循的行为规范,违背了原则,要受到组织的惩处。但原则不是普遍存在的规律,而是在某些特定条件下处理问题的准则。原则会受到地域和文化的影响,而原理则不会。违背了原理必然会遭到客观规律的惩罚,承受严重的后果,但在群体组织上不一定有某种强制反应。

（二）普适性

管理原理是对管理活动客观规律的描绘,或者说,是在总结大量管理活动经验的基础上,舍弃了各组织之间的差别,经过高度综合和概括得出的具有普遍性、规律性的结论。管理原理所反映的事物很广泛,涉及自然界与社会的许多领域,包括人与物的关系、物与物的关系以及人与人的关系,但它不是现象的罗列,不反映管理的多样性。管理原理对不同的组织都具有普遍的指导意义。

（三）稳定性

管理原理不是一成不变的教条,它随着社会经济和科学技术的发展不断发展。但是,它也不是变化多端和摇摆不定的。管理原理和一切科学原理一样,都是确定的、稳定的,具有"公理的性质"。不管事物的运动、变化和发展的速度多么快,这个确定性都是相对稳定的。正因为管理原理具有相对稳定性,所以管理原理才能够被人们学习、认识和利用,从而指导管理实践活动。

（四）系统性

管理原理中的系统原理、效益原理、人本原理和责任原理组成了一个有机体系。根据管理现象本身的有机联系,形成一个相互联系、相互转化的完整统一体。管理的实质,简言之,就是在系统内部,以人为本,通过确定责任,以达到一定的效益。显然,管理的四大原理这一有机体系正是对管理工作实质内容及其基本规律完整的科学分析和系统概括。

三、研究管理原理的意义

管理原理是大量管理实践经验的升华。它指导一切管理行为,对于做好管理工作有着普遍的指导意义。

（一）有助于提高管理工作的科学性,避免盲目性

管理原理是不可违背的基本规律。实践证明,凡是成功的管理都遵循了这些原理。反之,违背了管理原理,就会受到客观规律的惩罚。认识管理原理,管理工作就有了指南,建立管理组织、进行管理决策、制定规章制度等就有了科学依据。

（二）有助于掌握管理的基本规律

管理工作虽然错综复杂、千头万绪、千变万化,但万变不离其宗,各类管理工作都具有共同的基本规律。管理者只要掌握了这些基本原理,面对任何纷繁杂乱的局面都可胸有成竹。这也就是好多成熟的管理者在不同的管理岗位上都能取得成功的原因。管理原理是在前人实践经验的基础上,经过系统深入的研究上升为理性认识的。因此,学习管理原理能加速人

们掌握管理基本规律,更快地形成自己的管理哲学,以应付瞬息万变的世界。

(三) 有助于找到解决管理问题的途径和方法

管理实践中,管理问题层出不穷,掌握管理基本原理,能找到正确解决管理问题的方法和手段,使管理者少走弯路。例如,依据组织的实际情况,建立科学合理的管理制度、方式与方法,使管理行为制度化、规范化,使管理的许多常规性工作有章可循、有规可依。

总之,研究管理原理,完善并掌握管理原理是为了指导一切管理行为,有助于提高管理工作的效率与效益,充分发挥组织的功能。

第二节　系统管理原理

在自然界和人类社会中,一切事物都是以系统的形式存在的,任何事物都可以看作一个系统。系统原理不仅为认识管理的本质和方法提供了新的视角,而且它所提供的观点和方法广泛渗透到人本原理、责任原理和效益原理中,从某程度上来说,它在管理原理的有机体系中起着统率的作用。

一、系统管理原理的概念及特征

(一) 系统管理原理的概念

系统,是指由若干相互联系、相互作用的部分(要素)组成,在一定环境中完成特定功能的有机整体。1937 年,奥地利生物学家贝塔朗菲(Ludwig von Bertalanffv,1901—1972)首次提出"系统"这个概念。1968 年,他出版的专著《一般系统理论的基础、发展和应用》被公认为系统学的经典著作。

系统管理原理是指任何管理对象或管理领域都是由相关要素(人、财、物、时间、空间等)按照一定关系和方式组成的,与外界环境有信息、能量、物质交换的同一整体。人们在进行管理的实践时,要遵循系统的性质和变化规律,运用系统的观点和方法分析管理问题。

(二) 系统管理的特征

1. 目的性

每个管理系统都有自己明确的目的,只有目的明确,才能根据系统的目的和功能,合理地设置、建立系统的结构及建立各子系统之间的联系。否则,目的不明确,或者混淆了不同的目的,就必然要导致管理混乱。

2. 整体性

整体性是系统最基本的特征。一个系统至少由两个以上的要素构成。系统内各要素之间相互依存、相互制约,各种要素之间有机结合可以产生更高的价值和更多的功能。管理必须有全局观念,有系统的统筹规划,只有充分考虑诸要素及其相互关系,才能出现最佳模式,获得最佳功能。

3. 层次性

层次性是系统的本质属性,是指系统内各组成要素构成多层次阶梯结构。任何复杂系统都有一定的层次结构,系统间的运动能否有效、高速,很大程度上取决于能否分清层次。管理中的多层次阶梯结构通常呈金字塔形。各层次是客观存在的,但系统与子系统是相对而言的。有效的管理是各层次要做好各层次的事,各负其责。例如,医院的医务处,相对于医院系统来说是子系统,而相对于科室子系统来看,又是一个系统,如图5-1所示。

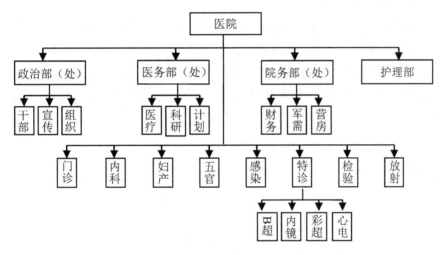

图5-1　管理系统的层次

二、系统管理原理的主要观点

(一)整体性观点

整体性的观点是指要素之间的相互关系及要素与系统之间的关系以整体为主进行协调,局部服从整体,使整体效果为最优。实际上就是从整体着眼,局部着手,统筹考虑,各方协调,达到整体的最优化。

从系统目的的整体性来说,局部与整体存在着复杂的联系和交叉效应。大多数情况下,局部与整体的目标与利益是一致的。但有时,对局部有利的事,从整体上来看并不一定就是有利的。因此,当局部和整体发生矛盾时,局部利益必须服从整体利益。

从系统功能的整体性来说,系统的功能不等于要素功能的简单相加,而是往往要大于各个部分功能的总和,即"1+1>2"。这里的"大于",不仅指数量上大,而且指在各要素组成一个系统后,产生了总体的系统功能。这种总体功能的产生是一种质变,它的功能大大超过了各个部分功能的总和。

（二）动态性观点

系统作为一个运动的有机体,其稳定状态是相对的,运动状态则是绝对的。系统不仅作为一个功能实体存在,而且作为一种运动存在。系统内部的联系就是一种运动,系统与环境的相互作用也是一种运动。系统的功能是时间的函数,因为不论是系统要素的状态和功能,还是环境的状态或联系的状态,都是在变化的,运动是系统的生命。

掌握系统动态原理,研究系统的动态规律,可以使我们预见系统的发展趋势,树立起超前观念,减少偏差,掌握主动,使系统向期望的目标顺利发展。

（三）开放性观点

实际上,不存在一个完全与外部环境没有物质、能量、信息交换的系统。任何有机系统都是耗散结构系统,系统与外界不断交换物质、能量和信息,才能维持其生命。只有当系统从外部获得的能量大于系统内部消耗散失的能量时,系统才能克服熵而不断发展壮大。对外开放是系统的生命。在管理工作中,任何试图把本系统封闭起来与外界隔绝的做法,都只会导致失败。明智的管理者应当从开放性观点出发,充分估计外部环境对本系统的种种影响,努力扩大本系统从外部吸入物质、能量和信息。

（四）环境适应性观点

系统不是孤立存在的,它要与周围事物发生各种联系。这些与系统发生联系的周围事物的全体,就是系统的环境,环境也是一个更高级的大系统。如果系统与环境进行物质、能量和信息的交流,能够保持最佳适应状态,就说明这是一个有活力的理想系统,否则一个不能适应环境的系统是无生命力的。

系统对环境的适应并不都是被动的,也有主动的,那就是改善环境。环境可以对系统施加作用,并对其产生影响,反之,系统也可以影响环境。这种能动地适应和改造环境的可能性,受到一定时期人类掌握科学技术知识和经济力量的限制。作为管理者既要有勇气看到能动地改变环境的可能,又要冷静地看到自己的局限,才能实事求是地做出科学的决策。

（五）综合性观点

一方面是系统目标的多样性与综合性。由于大系统涉及一系列的复杂因素,如果在分析的基础上,对这些因素进行很好的综合,系统目标确定得恰当,各种关系能够协调一致,就能大大发挥系统的效益。如环境污染,就是一个易被忽略的目标和因素。综合性原理的另一方面是系统实施方案选择的多样性与综合性,就是说同一个问题,可以有不同的处理方案,为了达到同样一个目标,有各种各样的途径与方法。方案的多样性,就要求管理者必须进行综合研究,选出满意方案。

系统的综合性观点的另一重要方面是由综合而创造。现在一切重大尖端科学技术,无不具有高度的综合性,世界上没有什么新的东西不是通过综合而得到的。量的综合导致质的飞跃,产生了新的事物。综合的对象越多,范围越广,其创造也就越多。正因为任何复杂的系统都是由许多子系统和单元组成的,因此,任何复杂的系统又都是可以分解的。系统总体上看上去十分复杂不可战胜,但如果将其分解到每个子系统和单元就可能变得简单而容易解决。所以管理者既要学会把许多普普通通的东西综合为新的构思、新的产品,创造出新的系统,又要善于把复杂的系统分解为最简单的单元去解决。

三、系统管理原理的运用

(1) 通过系统相关性分析,了解要素与要素之间的关系、要素与系统之间的关系、系统与外部环境之间的关系是否正常和合理,各要素排列组合的方式、关联的强度、联系的密度等有无改进的情况。

(2) 通过系统目的性分析,了解系统存在价值及其功能的大小,有什么问题,应做些什么调整。各要素是以一定的目的协调组合起来的,只有减少直至消除盲目性,明确系统的特定功能和共同目标,才能充分有效地发挥各要素、各环节的作用。

(3) 通过系统层次性分析,了解系统结构是否合理,上下各环节是否协调,各层管理机构分工是否明确,职能是否清楚,有无互相脱节现象,系统的各要素之间的联系不应是杂乱无章,而应是秩序井然、有条不紊,因此在管理活动中必须坚持有序性原则。

(4) 通过系统整体性分析,了解整体与局部之间的关系,使之趋于合理,减少内部摩擦,加强和集中整体功能。在一个现实系统中,我们经常可以看到:重局部,轻全局,特别是局部之间不协调,互相扯皮,从而损害了全局的利益。在这种情况下,子系统的功能虽好,但不利于达到整体的目的,效果当然不会好;相反,有时候子系统的效益虽然低一些,但有利于实现系统的功能,有利于达到整体的目的。

(5) 通过系统适应性分析,协调好系统与外部环境的关系,使系统更具有生命力。

在现实管理活动中,系统管理原理可以具体化、规范化为若干相应的管理原则,其中主要有管理的整分合原则、相对封闭原则、反馈原则等。整分合原则,是指为了实现高效率管理,必须在整体规划下明确分工,在分工基础上进行有效地综合。在这个原则中,整体是前提,分工是关键,综合是保证。因为没有整体目标的指导,分工就会盲目而混乱;离开分工,整体目标就难以高效实现。如果只有分工,而无综合或协作,就无法避免和解决分工带来的各环节的脱节和横向协作的困难,不能形成"凝聚力"等众多问题。管理必须有分有合,先分后合,这是整分合原则的基本要求。

第三节　人本管理原理

人既是管理的主体,同时又是管理的客体,离开了人就谈不上管理。管理现代化的一个极为重要的问题,就是如何科学地管理人、激励人、激发人的内在潜力,充分调动人的积极性、主动性和创造性,做到人尽其才。人本原理就是以人为中心的管理思想,体现了现代社会对人的认识和对人性的深刻理解,是 20 世纪末管理理论发展的主要特征。

一、人本管理原理的概念

人本管理原理体现以人为中心、以人为目的的管理理念。现代管理学的人本管理原理,是指管理者要达到组织目标,则一切管理活动都必须以人为中心,以人的积极性、主动性、创造性的发挥为核心和动力来实现组织目标。

以人为本的管理有各种各样的模式,其共同的特点是重视人的价值实现。人的价值包括社会价值和自我价值,所谓人的社会价值,就是个人对社会的贡献。所谓个人价值,就是社会给予个人的关注、尊重和正当利益的满足程度,也可以简称为人权。人本管理原理的实质就是围绕帮助人们实现其价值进行管理,人本管理原理体现人的社会价值和个人价值的统一。既反对片面强调社会贡献而漠视个人利益,把人当作实现某种目标的工具、不关心人的疾苦的禁欲主义,又反对只讲个人利益不讲社会贡献的极端个人主义和单纯福利主义。因为只有将社会贡献和个人利益有机统一起来,才能形成高绩效和高满意度的互动、社会发展和个人发展的良性循环。

二、人本管理原理的观点

人本原理是一个不断发展的概念,理论界关于人本原理内涵和外延的讨论还没有一个定论,下面介绍两种观点。

有的学者将人本管理原理概括为"3P"原理,认为人本管理思想不再把组织中的成员看作单纯的劳动力,不再看作一种"经济人",而是看作组织的主体,是"社会人"和"复杂人"。人本管理基本的思想表现在以下三个方面:首先,组织是由人组成的,人和人才是组织最重要的资源(of the people);其次,组织各项活动要靠组织成员来管理,组织中的各项活动也是依靠组织成员来完成 (by the people);最后,组织是为了满足人的需要而存在的,组织目标与组织中成员的目标是一致的,完成组织目标的同时,也满足了组织成员的需求(for the people)。基于这一理论,有人提出组织管理特别是企业管理的三大任务就是创造顾客、培养人才和满足组织成员需要,人自始至终处于组织各项活动的核心地位。

也有的学者从下面四个方面来阐述人本管理原理的观点。

第一,组织成员是组织的主体。人本原理的实质就在于充分肯定人在管理中的主体作用,通过研究人的需要、动机和行为,并因此激发人的积极性、主动性和创造性,实现管理的高效益。按照人本原理,人是做好整个管理工作的根本因素,一切管理制度和方法都是由人建立的,一切管理活动都是由人来进行的,最大限度地发掘和调动人的潜力是提高管理效益的关键。

第二,组织成员有效参与管理。管理的人本原理要求组织中的成员积极参与到组织管理中,组织成员参与管理,能全面发挥成员的才智,使其参与到组织的某些决策中,激发组织成员的创造力。组织成员参与管理,要使成员的个人目标和组织目标协调一致,使组织成员在参与管理中对组织目标获得更多的了解和认识,由此来增强参与管理各方的内在动力。参与管理要给予适当授权,充分发挥组织成员的主观能动性。

第三,人性完美发展是现代管理的核心。任何管理者在管理过程中,都会影响组织成员的人性发展,同时,管理者行为本身是管理者人性的反映。只有管理者本身的人性达到比较完美的境界,才能使组织成员的人性得到完美的发展。人本原理要求对人的管理必须遵循人性化思路。认识人性是人力资源开发与管理的前提和基础;尊重人性是人力资源开发和管理制度实施的核心内容与具体体现;以人为本是人力资源开发与管理的目的和追求。只有认识到人性才谈得上尊重人性,根据人性特点制定、实施各种管理方式,才能达到以人为本。

第四,管理是为人服务的。人本原理强调管理以人为中心,管理是为人服务的,这个"人"不仅包括组织内部的成员,也包括组织所服务的用户。人是管理主体,尊重人的权益,理解人的价值,关心人的生活,并且提供可靠的途径,创造优厚条件,使人在组织中得到发展,实现自身的目标。创造满意的组织成员,才能保证组织活动得以正常进行,组织的效益才能获得最大的回报。组织为人服务,人为组织奉献,组织才会有生机和活力。良好的管理不仅能确保组织健康发展,也为组织成员完善自我、实现自身价值创造条件。

综上所述,尊重人、依靠人、发展人、为了人是人本原理管理思想的基本内容和特点。

总之,关于人本管理的含义,有着多种不同的说法和意见。人本管理是一种把"人"作为管理活动的核心和组织最重要的资源,把组织全体成员作为管理的主体,围绕着如何充分利用和开发组织的人力资源,服务于组织内外的利益相关者,从而同时实现组织目标和组织成员个人目标的管理理论、管理实践活动的总称。

三、人本管理原理的运用

在现实管理活动中,人本管理原理可以具体化、规范化为若干相应的管理原则,主要有管理的能级原则、动力原则和行为原则。

(一)能级原则

为使管理活动有序、稳定、可靠、高效,必须在组织系统中建立一定的层级及其相应的标准、规范,形成纵向、横向上严格的组织网络体系,从而构成相对稳定的一种组织管理"场"的结构系统,然后,把所有组织成员,按其自身的能力、素质,恰当地安排在整个网络中,赋予其组织层次位置,确定其"组织角色"身份性质。这就是管理的能级原则。

能级原则实际上也是量才用人、层次用人的原则。在管理组织系统中,只有将具有不同素质、能力和专长的人进行科学的组合,才能产生最大的效应。管理能级包括组织各层次的岗位能级和各类型人才的专业能级。解决好这两者的协调适应问题,对管理的有效性具有重要意义。

(二)动力原则

管理活动的目的在于卓有成效地实现组织目标,这依赖于个人动力所汇聚成的组织整体动力能量的发挥。正确认识、掌握各种动力源,并创造、提供一系列有效的动力机制,以正确使用动力,使管理活动持续有效地进行,不断地促成组织目标的实现,就是管理的动力原则。

动力原则的核心内容,一是动力源,二是有效的动力机制,二者缺一不可。一般说来,动力有三种类型,即物质动力、精神动力和信息动力。信息动力是针对动力机制而言的,因为个人或集体必须借助足够的确定性信息,才能确定自我所面临的动力机制环境,从而决定是否行动和如何行动。因此,一组相关的信息,常常形成一种确定的动力机制环境,使个人或集体产生动机并做现实的定向行为活动,在这种意义上,信息构成了一种动力。

(三)行为原则

人的行为可分为不自觉、无意识行为与有意识的动机性行为。动机性行为是人们了满足某种需要而进行的指向确定目标的定向性、意识性行为。管理者必须对组织成员的行为进行科学的分析,采取有效的管理,以求最大限度地调动人们实现组织管理目标的积极性,这就是管理的行为原则。

行为原则有两个相互联系的核心内容:一是对行为的科学分析;二是对行为及其效果有效的管理。要科学地分析、揭示人的行为规律和特点非常重要。人的行为是人的需要及其相应的心理活动、动机等内隐因素的外在表现,它受到人的意识、理性、意志的自觉控制。人的外显行为与内隐因素存在着复杂的关系,同样的行为可以由完全不同的需要、动机引起,而同样的需求、动机,对不同的人又有非常不同的行为方式。因此,管理者既要探寻人的行为具有共性、普遍性的一面,科学地归纳组织成员的共同行为规律,又要研究个体行为差异性和特殊性的一面,以便管理者开展因人而异的管理活动,求得管理实效。

第四节 责任管理原理

在管理过程中,要发挥组织成员的潜能,就必须在合理分工的基础上明确规定组织中各部门和组织成员的工作任务以及相应的责任。

一、责任管理原理的概念

责任有两种基本含义:一是应尽的义务,指分内应做的事,如职责、岗位责任等。二是指没有做好分内的事,而应承担的不利后果或强制性义务。责任管理原理就是要在管理过程中,对组织中的各个部门和成员进行合理分工,明确组织成员的职责,进行合理授权,明确其所承担的责任,来激发组织成员的积极性和创造性,提高工作效能。

二、责任管理原理的主要观点

(一)明确职责

斯密在《国富论》中提出了分工理论。他对劳动分工的作用给予了高度评价,认为分工程度是一个国家产业、劳动生产力发展水平以及国民财富增长状况的标志。分工是生产力发展的必然要求,在合理分工的基础上确定每个人的职位,明确规定各职位应该做的和必须做的事,这就是职责。职责是组织赋予组织成员的任务,它是以行政性规定来体现的客观规律的要求,是维护整体正常秩序的一种约束力。一般说来,分工越明确,职责也会越明确;职责越明确,责任就越明确。明确职责要注意以下几点。

1. 职责界限要清楚

组织中的职责不清,就会出现有些事情没人做,而有些事情很多人争着做。组织是由多个组织成员共同组成的,因而必须使组织成员的职责界限清楚。首先要明确各管理层次的职责,其次要明确组织成员间的职责界限。职责内容要具体,并要做出明文规定,只有这样,才便于执行、检查与考核。在实际工作中,工作职位离实体成果越近,职责越容易明确;工作职位离实体成果越远,职责越容易模糊。

2. 明确职责中的横向联系

组织目标的实现需要全体组织成员共同努力。组织的各项活动相互联系,虽然明确了某个职位的职责,但该职责中包含了同其他部门之间的联系,所以在规定某个岗位工作职责的同时,管理者必须明确同其他部门、职位协同配合的要求,只有这样,才能提高组织整体的功效。

3. 责任到人

责任到人,才能激发组织成员的工作主动性。职责一定要落实到每个具体的个人,只有这样,才能做到事事有人负责。管理中没有分工的共同负责,实际上是职责不清,往往出现无人负责的结果,其结果必然导致管理上的混乱和效率的低下。

(二)合理授权

组织成员对自己的工作能否做到完全负责,基本上取决于三个因素:

1. 权限

明确了职责,就要授予相应的权力。管理总离不开人、财、物等组织资源的使用,实行任何管理都要借助于一定的权力,否则就不可能对任何工作实行真正的管理。职责和权限虽然很难从数量上画等号,但有责无权,责大权小,事事请示上级,由上级决策、等待上级批准,当上级对下级分内的工作过多地发指示、作批示的时候,实际上等于宣告此事下级不必完全负责。所以,高层管理者必须克制自己的权力欲,要把下属完成职责所必需的权限全部委授给下属,由他去独立决策,自己只在必要时给予适当的帮助、支持和监督。

2. 利益

权限的合理委授,只是完全负责所需的必要条件之一。完全负责就意味着责任者要承担全部风险。而任何管理者在承担风险时,都自觉不自觉地要对风险与收益进行权衡,然后才决定是否值得去承担这种风险。为什么有时上级放权,下级反而不要?原因就在于风险与收益不对称,没有足够利益可图。当然,这种利益,不仅仅是物质利益,也包括精神上的满足感。

3. 能力

管理是一门科学,也是一门艺术。管理者既要有生产、技术、经济、社会、管理、心理等各方面的科学知识,又要有处理人际关系的组织才能,还要有一定的实践经验。科学知识、组织才能和实践经验这三者构成了管理能力。在一定时期,每个人的时间和精力有限,管理能力也是有限的,每个人的能力决定了对工作能否完全负责的程度。

(三) 及时奖惩

对每个成员的工作表现与绩效给予公正而及时的奖惩,有助于提高人的积极性,挖掘每个人的潜力,从而不断提高管理成效,及时引导每个人的行为朝向符合组织需要的方向前进。

对每个人进行公正的奖惩,要求以准确的考核为前提。若考核不细致或不准确,奖惩就难以做到恰如其分。对有成绩有贡献的人员,管理者要给予肯定和奖励,使他们的行为维持下去。奖励有物质奖励和精神奖励,两者都是必需的。及时而公正的惩罚也是必不可缺的。处罚是利用令人不喜欢的东西或取消某些为人所喜爱的东西来改变人们的工作行为。

为了做到严格奖惩,管理者要建立健全组织的奖惩制度。使奖惩工作尽可能地规范化、制度化,是实现奖惩公正而及时的可靠保证。

三、责任管理原理的运用

责任原理的运用,就是要在管理过程中,遵守责任原理的观点。合理分工,不同层次的管理者应明确分工,明确每个人的职责,并协调每个组织成员职责间的关系。史载"丙吉问牛"的故事,说是汉朝有个宰相叫丙吉,有次出行遇见有人斗殴,他置之不理。看到一头牛倒在路边喘粗气时,他却急忙下车询问。属吏问他为何"重牛轻人",他说:"现在还是春季,天气还不太热,却有牛倒在地上喘粗气,我怀疑是闹瘟疫。一旦瘟疫流行,那可是事关天下的大事啊。至于打架斗殴,那是地方官该管的事。"宰相应该管全局性的事,就是要明确每个管理层次及每个管理者的职责。

图 5-2 责权利三角定理

合理授权时,领导者要处理好责、权、利三者的关系。职责和权限、利益、能力之间的关系应该遵守等边三角形定理,如图5-2所示。职责、权限、利益是三角形的三个边,它们是相等的,能力是等边三角形的高,根据具体情况,它可以略小于职责。这样,就使得工作富有挑战性,从而能促使管理者自觉地学习新知识,注意发挥智囊的作用；也会慎重使用权限，获得利益时还会产生更大动力，努力把自己的工作做得更好。但是，能力也不可过小，以免形成"挑不起"职责的后果。

合理而及时惩罚能产生极大的管理效能，惩罚可以应用烫火炉原则。

（1）警告性原则。热炉火红，不用手去摸也知道炉子是热的，是会灼伤人的。

（2）一致性原则。每当碰到火炉肯定会被火灼伤，没有例外，使触摸者不会抱有侥幸的心理。

（3）即时性原则。当你碰到火炉时，立即就被灼伤，惩处必须在错误行为发生后立即进行，决不能拖泥带水，不能有时间差，以便达到及时改正错误行为的目的。

（4）公平性原则。不管是谁碰到热炉，都会被灼伤。不论是组织中的领导者还是组织成员，只要触犯了规章制度，都要受到惩处，在制度面前人人平等。

四、企业的社会责任

在管理过程中，我们强调对组织成员的责任管理。随着社会发展，越来越多人关注组织的社会责任，特别是企业的社会责任。企业社会责任（corporate social responsibility，CSR）是指企业在创造利润、对股东承担法律责任的同时，还要承担对组织成员、消费者、社区和环境的责任。企业的社会责任要求企业必须超越把利润作为唯一目标的传统理念，强调要在生产过程中对人的价值的关注，强调对消费者、环境和社会的贡献。

（一）承担社会责任的必要性

1. 从企业本身来看

企业作为独立的经济组织，决定了企业必然要追求自身利益的最大化，而企业追求自身利益是在社会中进行的，是以为社会提供产品服务为基本手段的，能否为社会提供能满足社会需要的产品和服务是企业生存与发展的基本前提和条件。因此，从企业自身生存和发展的利益方面考虑，企业就必须在向社会提供能够满足消费者需要的产品和服务方面承担责任。

2. 从企业与社会的区别和联系来看

一方面，企业是社会的组成部分，企业活动是社会生产的基础层次和单位形式，社会发展依赖于企业的发展壮大；同时，企业也不能孤立地存在于社会中，它是一定生产关系的产物，这种关系要求企业必须在一定生产关系的约束下对企业劳动者的利益负责。另一方面，企业以社会为活动背景，企业利益就不能不受社会利益的约束，企业的目标就不能不受社会目标的约束。这种约束使得企业利益、目标在某种程度上要服从于社会利益和社会目标。

3. 从社会角度来看

社会总是按照一定的组织形式建立起来的，对社会的组织与管理是社会运行的客观需要。政府行使社会管理职能以及社会运行本身都是需要付出成本的，即社会成本。这就需要从事社会生产的各个层次、各个环节的企业来共同分担社会成本，才能维持社会的正常运转。

（二）履行社会责任的作用

1. 有助于解决就业问题

现在也有了一个旨在解决劳动力问题,保证工人工作条件和工作环境的国际认证标准体系。这一标准明确规定了企业需保证组织成员工作环境干净卫生,消除工作安全隐患,不得使用童工,切实保障工人的切身利益。通过这种管理,企业可以树立良好的形象,获得美誉度和信任度,从而实现企业长远的经营目标。

2. 有助于保护资源和环境

企业作为社会公民,对资源和环境的可持续发展负有不可推卸的责任,而企业履行社会责任,通过技术革新可减少生产活动各个环节对环境可能造成的污染。同时也可以降低能耗,节约资源,降低企业生产成本,从而使产品价格更具竞争力。企业还可通过公益事业与社区共同建设环保设施,以净化环境,保护社区及其他公民的利益。

3. 有助于缓解贫富差距

一方面,企业可集中资本优势、管理优势和人力资源优势对贫困地区的资源进行开发,解决当地劳动力和资源闲置的问题,帮助当地脱贫致富。另一方面,企业也可通过慈善公益行为帮助落后地区的人民发展教育、社会保障和医疗卫生事业,帮助落后地区逐步发展社会事业,又通过公益事业达到无与伦比的广告效应,提升企业的形象和消费者的认可程度,提高市场占有率。

第五节 效益管理原理

效益是管理的永恒主题,管理就是追求效益的过程。任何组织的管理都是为了获得某种效益,效益的高低直接影响着组织的生存和发展。

一、效益管理原理的概念

效益管理原理,是指组织的各项管理活动都要实现有效性,以最小的消耗和代价,获取最佳效益的过程。效益通常包括经济效益和社会效益,是指一个系统的有效产出与全部投入之比。

效益是与效果和效率既相互联系、又相互区别的概念。效果是指由投入经过转换而产出的成果。其中,有的是有效益的,有的是无效益的。只有那些为社会所接受的效果,才是有效益的。效率是指单位时间内所取得的效果的数量,反映了劳动时间的利用状况,与效益有一定的联系。但在实践中,效益与效率并不一定是一致的。

效益强调的是有效产出与投入之间的一种比例关系,可从社会和经济两个不同角度,即社会效益和经济效益去考察。从组织的经济效益来看,组织的有效产出是组织提供的服务或产品的收入或利润,组织的投入则是组织各项活动过程中的物化劳动和活劳动的耗费。从社会效益来看,组织的有效产出是组织为社会提供的产品、服务和向政府缴纳的税金,组织的投入也是物化劳动和活劳动的耗费。

二、社会效益和经济效益的关系

经济效益是人们在社会经济活动中所取得的收益性的成果,它是通过提高经济活动的效果而得到的实际经济效益。经济效益包含两层含义:第一,要求经济活动产生效果;第二,要求造成这一效果的人和社会都能从这个效果中得到实际效益。例如,对于服务业来说,要求提供的服务品种要齐全,服务质量要高,而且提供的服务品种要符合和满足人们的需要。只有这样,才能为组织创造效益,为组织成员增加实际利益,让组织服务的客户获得实际利益。社会效益则是指人们的各种活动对社会发展的积极作用或有益的效果。

社会效益和经济效益之间既有联系,又有区别。它们的联系主要表现在:经济效益是社会效益的基础,而社会效益又是促进经济效益提高的重要条件。它们的区别主要表现在:经济效益较社会效益直接、明显;经济效益可以用若干经济指标来计算和考核,而社会效益则难以被计量,必须借助于其他形式来间接考核。一般情况下,组织的经济效益与社会效益是一致的。

三、效益管理原理的应用

效益是管理的根本目的,管理就是对效益的不断追求。管理者必须把树立正确的效益观念作为管理工作的前提,把追求效益作为管理活动的准则。在追求效益时,管理者通常应该做到以下几点。

1. 管理效益的直接形态是经济效益

管理系统是一个人造系统,尽管系统内部有繁复众多的因素相交织,而每一种因素均通过管理主体的劳动而变化,并对整个管理运动产生影响。综合评价管理效益首先必须从管理主体的劳动效益及其所创造的价值来定量考虑。管理者在思想上必须明确,工作中不能只讲动机,更重要的是要讲实效,不能当一名忙忙碌碌的事务主义者。

2. 管理效益的关键是主体管理思想正确与否

在现代化管理中,采用先进的科学方法和手段,建立合理的管理机构和规章制度无疑是必要的。但更重要的是一个管理系统中的高层管理者所采取的战略,更带有全局性。实际上管理只解决如何"正确地做事",而战略才告诉我们怎样"做正确的事"。例如,一个服务性的组织不管有多少好的管理方法,可提供的产品或服务不是人们所需要的,那么质量再好、价格再低,也毫无意义。再如,军队医院从事医疗服务工作,如果把主要精力放在提高医疗收入上,而忽视为兵服务和军事医学研究,那么纵然经济效益很好,也没有存在的必要。所以说,管理效益总是与管理主体的战略联系在一起的。

3. 局部效益必须与全局效益协调一致

全局效益是一个比局部效益更为重要的问题。如果全局效益很差，局部效益的提高就难以持久。当然，局部效益也是全局效益的基础，没有局部效益的提高，全局效益的提高也难以实现。局部效益与全局效益有时是统一的，有时却是矛盾的。因此，当局部效益与全局效益发生冲突时，必须把全局效益放在首位，做到局部服从全局。比如，医院不能用随意提高医疗服务产品的价格或是降低医疗服务质量等损害患者利益的办法来追求经济利益。坚持整体性原则，既要从全局效益出发，又要从局部的效益着眼，以获得最佳的整体效益。

4. 追求短期效益不能无视长期效益

信息时代的企事业组织每时每刻都面临着激烈的竞争，如果组织只满足于眼前的经济效益水平，而忽视技术开发和人员的培训等组织创新必要条件的创造，就会有随时被淘汰的危险。所以组织管理者必须有远见卓识，随时想着明天的发展。只有用可持续发展的观点，不断创新，才能保证组织有长期稳定的高效益，才能使组织得到长足的发展。

5. 经济效益和社会效益并重

绝大多数组织都是为了追求一定程度上的经济效益才进行投入产出活动的。但不能无视社会效益，不顾社会效益的行为只能是短期、局部获利，迟早会对社会及组织的未来造成致命的影响。管理者应树立在任何管理活动中都必须坚持两种效益相统一的观点。社会效益是前提，经济效益是根本，两个效益一起抓。在实际工作中，企业管理者要力求将社会效益和经济效益有机结合起来，统筹兼顾，最大限度地追求经济效益和社会效益的同步增长，既反对单纯追求经济效益而不顾社会效益的做法，又反对片面追求社会效益而不讲经济效益的做法。

【复习与思考】

1. 什么是系统原理，其主要观点是什么？
2. 什么是人本原理，其主要观点是什么？
3. 什么是责任原理，如何理解责、权、利的关系？
4. 什么是效益原理，如何理解经济效益与社会效益的关系？

第六章

管理常用技术方法

在管理工作中,管理人员正确掌握和运用一些管理常用的技术方法,可以提高工作效率。本章简要介绍 SWOT 分析、业务组合分析、波特"五力"模型分析等战略分析方法,全面质量管理、PDCA 循环、六西格玛管理等质量管理方法,以及平衡计分卡、关键业绩指标法等绩效评估方法。此外,还有一些利用图形来分析解决管理问题的比较直观的方法,如排列图法、因果分析法、计划评审技术等。

第一节　战略管理方法

一、SWOT 分析

(一)概念介绍

SWOT 分析法即态势分析法,是战略管理的常用分析方法,该方法由美国旧金山大学的海因茨·韦里克(H. Weihrich)教授于 20 世纪 80 年代初提出。所谓 SWOT 分析,就是将与研究对象密切关联的内部优势因素(strengths,简写为 S)、弱势因素(weaknesses,简写为 W)和外部机会因素(opportunities,简写为 O)、威胁因素(threats,简写为 T)进行分析并依照一定的次序按矩阵形式罗列,然后运用系统分析的研究方法将各因素相互匹配起来进行分析研究,从中得出一系列相应的结论,以便充分认识、掌握、利用和发挥有利条件和因素,控制或化解不利因素和威胁,扬长避短,从而选择最佳经营战略的方法。SWOT 方法自形成以来,被广泛应用于组织战略研究与竞争分析,成为战略管理和竞争情报的重要分析工具。

(二)SWOT 分析的步骤

1. 分析环境因素

在战略规划工作的资料收集阶段,运用各种调查研究方法,全面收集与研究对象密切关联的各种因素资料,包括内部优势因素、弱势因素、外部机会因素和威胁因素。其中,优势、弱势因素主要是用来分析内部条件,外部机会、威胁因素主要用来分析外部条件。外部环境因素包括机会因素和威胁因素,它们是外部环境对组织的发展有直接影响的有利和不利因素,属于客观因素,一般归属为经济、政治、社会、人口、产品和服务、技术、市场、竞争等不同范畴。内部环境因素包括优势因素和弱点因素,它们是组织在其发展中自身存在的积极和消极因素,属主动因素,一般归类为管理、组织、经营、财务、销售、人力资源等不同范畴。在调查分析这些因素时,不仅要考虑组织的历史与现状,更要考虑组织的未来与发展。

2. 构建 SWOT 矩阵

根据各个因素的影响范围和程度的不同,我们将影响研究对象的因素组成 SWOT 矩阵,如图 6-1 所示。在构建矩阵过程中,应该优先考虑那些对研究对象有重要影响的因素,而把次要因素排在后面,然后对矩阵中的各个因素进行匹配,使优势、劣势与机会、威胁相组合,进行综合分析,得出可选择的战略。SWOT 分析法提供了四种战略。

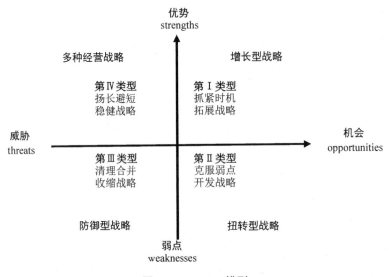

图 6-1　SWOT 模型

(1) SO 战略,即增长型战略,主要分析优势因素和机会因素,是最大限度地利用优势和机会的发展战略。

(2) ST 战略,即多种经营战略,主要是把优势与威胁因素结合起来进行分析,力求最大限度地利用优势因素,避免或减小威胁因素影响的战略。

(3) WO 战略,即扭转型战略,力求使劣势因素的影响趋于最小,使机会因素的有利影响趋于最大。

(4) WT 战略,即防御型战略,可以把 WT 战略看作一种防御或弥补型战略,是在正视劣势和威胁因素的情况下,力求使劣势和威胁的影响达到最小的战略。

3. 战略选择

在完成环境因素分析和 SWOT 矩阵构建后,人们便可以选择合适的发展战略,制订相应的行动计划。制订计划的基本思路是:发挥优势因素,克服弱势因素,利用机会因素,化解威胁因素;考虑过去,立足当前,着眼未来。运用系统分析方法,管理者应将排列与考虑的各种环境因素相互匹配起来加以组合,得出一系列组织未来发展的可选择对策。

（三）**SWOT 分析的特点**

SWOT 分析具有显著的结构化和系统性特征。就结构化而言,在形式上,SWOT 分析法表现为构造 SWOT 结构矩阵,并对矩阵的不同区域赋予了不同分析意义;在内容上,SWOT 分析法的主要理论基础也强调从结构分析入手对组织的外部环境和内部资源进行分析。SWOT 方法的重要贡献就在于用系统的思想将这些似乎独立的因素相互匹配起来进行综合分析,使得组织战略计划的制订更加科学全面。

SWOT 方法分析直观,使用简单。即使没有精确的数据支持和更专业化的分析工具,也可以得出有说服力的结论。但是,正是这种直观和简单,使得 SWOT 不可避免地带有精度不够的缺陷。例如,SWOT 分析采用定性方法,通过罗列 S、W、O、T 的各种表现,形成一种模糊的竞争地位描述,以此为依据做出的判断,不免带有一定程度的主观臆断。因此,管理者在使用 SWOT 方法时要注意方法的局限性,在罗列作为判断依据的事实时,要尽量真实、客观、精确,并提供一定的定量数据弥补 SWOT 定性分析的不足,构造高层定性分析的基础。

二、五力模型分析法

（一）五力模型的概念

迈克尔·波特（Michael E. Porter）在其经典著作《竞争战略》中,提出了行业结构分析模型,即"五力模型"。他认为行业中存在着决定竞争规模和程度的五种力量,这五种力量综合起来影响着产业的吸引力。无论是一个产品还是一项服务,竞争的规则就蕴藏在五种竞争力量当中。"五力模型"是用来分析组织所在行业竞争特征的一种有效的工具,如图 6-2 所示。

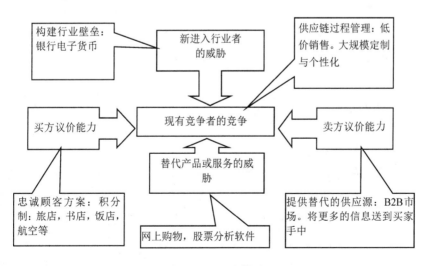

图 6-2　五力模型

（二）五力模型的内容

1. 买方议价能力

买方能力（bargaining power of buyers）是指客户的市场地位和力量，以及客户的订货数量。当购买者可选择的购买渠道很多时，则购买者能力高，反之则低。购买者能力很高，则该行业缺少吸引力。

购买者主要通过压价与要求提供较高的产品或服务质量来影响行业中现有组织的营利能力。一般来说，满足如下条件的购买者可能具有较强的讨价还价力量。

（1）购买者的总数较少，而每个购买者的购买量较大，占了卖方销售量的很大比例。

（2）卖方行业由大量规模相对较小的组织组成。

（3）购买者所购买的基本上是一种标准化产品，同时向多个卖方购买产品。

（4）购买者有能力实现后向一体化，而卖主不可能前向一体化，就是通常所说的客大欺店。

2. 卖方议价能力

卖方能力（bargaining power of suppliers）是指供应商的市场地位和力量，是否还有潜在供应商存在，或者还是有限的供应商在垄断经营。当购买者可选择的购买渠道少时，则供应者能力高，反之则低。若在一个特定行业内，供应者能力很高，则该行业同样缺少吸引力。

卖方主要通过提高投入要素价格与降低单位价值质量的能力来影响行业中现有组织的营利能力与产品竞争力。卖方力量的强弱主要取决于他们提供给买主的是什么投入要素，当卖方提供的投入要素的价值构成了买方产品总成本的较大比例、对买方产品生产过程非常重要或者严重影响买方产品的质量时，供方对于买方的潜在讨价还价力量就大大增强。一般来说，满足如下条件的卖方集团会具有比较强大的讨价还价能力。

（1）卖方行业为一些具有比较稳固市场地位，不受市场激烈竞争的困扰，并且不受其他组织的控制，其产品的买方很多，以至于每一个买方都不可能成为卖方的重要客户。

（2）卖方的产品各具有一定特色，以至于买方难以转换或转换成本太高，或者很难找到可与卖方产品相竞争的替代品。

（3）卖方能够方便地实行前向联合或一体化，而买方难以进行后向联合或一体化，就是通常所说的店大欺客。

3. 替代产品或服务的威胁

替代产品或服务的威胁（threat of substitutes）是指产品或服务是否很容易被替代，尤其是廉价品。若可选择的替代产品或服务很少，则替代产品或服务的威胁就低，并且这对供应者是有利的。若使用产品或者服务有转换成本存在，则对供应者也是有利的。

两个处于同行业或不同行业的组织，可能会由于所生产的产品或提供的服务是互为替代品，因而在它们之间产生相互竞争行为，这种源自替代品的竞争会以各种形式影响行业中现有组织的竞争战略。第一，现有产品售价以及获利潜力的提高，将由于存在能被用户方便接受的替代品而受到限制。第二,由于替代品生产者的侵入,因而现有组织必须提高产品质量,或者通过降低成本来降低售价,或者使其产品具有特色,否则其销量与利润增长的目标就有可能受挫。第三,源自替代品生产者的竞争强度,受产品买方转换成本高低的影响。总之,替代品价格越低、质量越好、用户转换成本越低,其所能产生的竞争压力就越强。

4. 新进入行业者的威胁

新进入行业者的威胁(entry of competitors)是指新竞争者进入市场的难易程度,有无市场进入障碍存在。如果竞争者进入市场很容易,那么对行业中的人来说是不利的;如果进入很难,那么对已经在行业内的商家来说就有利。

新进入者在给行业带来新生产能力、新资源的同时,希望在已被现有组织瓜分完毕的市场中赢得一席之地,这就有可能会与现有组织发生原材料与市场份额等资源的竞争,最终导致行业中现有组织的盈利水平降低,严重的话还有可能危及组织的生存。竞争性进入威胁的严重程度取决于进入新领域的障碍大小与预期现有组织对于进入者的反映情况。

5. 现有竞争者的竞争

现有竞争者的竞争(rivalry among the existing players)是指现有市场上是否存在强有力的竞争对手。从力量和规模上来看,是有占据支配地位的竞争者,还是所有竞争者一律平等。当某行业现有竞争者的竞争很激烈时,该行业的吸引力就小,反之吸引力就大。

同一行业中的组织,相互之间的利益都是紧密联系在一起的,作为整体战略一部分的各组织间竞争战略,其目标都在于使得自己的组织获得相对于竞争对手的优势。所以,在实施中就必然会产生冲突与对抗现象,这些冲突与对抗就构成了现有组织之间的竞争。一般来说,出现下述情况将意味着行业中现有组织之间竞争的加剧。

(1) 行业进入障碍较低,势均力敌的竞争对手较多,竞争参与者范围广泛。

(2) 市场趋于成熟,产品需求增长缓慢。

(3) 竞争者提供几乎相同的产品或服务,用户转换成本很低。

(4) 退出障碍较高,即退出竞争要比继续参与竞争代价更高,包括资产的专用性、退出的固定费用、战略上的相互牵制、情绪上的难以接受、政府和社会的各种限制等。

企业可以采取如下手段:尽可能地将自身的经营与竞争力量隔绝开来、努力从自身利益需要出发影响行业竞争规则、先占领有利的市场地位再发起进攻性竞争行动等,来对付这五种竞争力量,以增强自己的市场地位与竞争实力。

(三) 三种通用战略

根据上面对于五种竞争力量的讨论,迈克尔·波特还提出了组织通用的三种竞争战略。

1. 差异化战略

差异化战略是指组织提供的产品或服务被顾客认为极有价值甚至是独一无二的。组织通过提供差异化的产品或服务,将自己和竞争对手区分开。如果差异化战略成功地实施了,就成为在一个区域的相关行业中赢得高水平收益的积极战略,因为它建立起了防御阵地以对付五种竞争力量。但是,建立差异化战略往往伴随着高成本代价。

2. 成本领先战略

成本领先战略要求在保证产品和服务质量的基础上有效降低成本,抓好成本与管理费用的控制。成本领先地位非常吸引顾客,组织赢得了这样的地位,所获得的较高的边际效益又可以重新对新设备进行投资以维护成本上的领先地位,从而进入良性循环。这种再投资往往是保持低成本状态的先决条件。

3. 集中化战略

集中化战略或者把重心聚焦到成本领先上,或者放在差别化上。集中战略的整体是围绕着很好地为某一特殊目标服务这一中心建立的,它所开发推行的每一个方针都要考虑这一中心思想。

（四）五力模型应用

任何产业,无论是国内还是国际的,无论是生产产品还是提供服务的,竞争规律都将体现在这五种竞争力上。这五种竞争力决定了产业的营利能力,因为它们影响价格、成本和投资收益等因素。组织通过其战略能对这五种竞争力施加影响,如果能通过这五种力量来影响所在产业的竞争优势,就能从根本上改善或削弱产业吸引力,从而改变本产业的竞争规则。

培育忠诚客户,能有效降低买方的议价能力。许多商家采用积分制的营销策略来培养忠诚客户,降低买方的议价能力。如航空公司根据顾客机票金额送累计免费公里数,长期乘坐某一航空公司班机可以得到免费乘机或者升级乘坐头等舱和商务舱的机会。健康需求者是特殊的消费群体,更愿意在同一家医疗机构就诊。医院可以根据人群区域、疾病分类、就诊次数及就诊总金额等减免部分费用或优惠服务。医院客户关系管理（customer relationship management,CRM）则是更加全面落实"以病人为中心"的思想,最大限度保留有价值的客户,充分挖掘潜在的客户,赢得客户的信任和忠诚,削弱患者的议价能力。

通常可用两种方法来削弱卖方议价能力,一种是提供替代的供应源,另一种是将更多信息送到买家手中。如通过管理信息网络系统,医院结合网上医院（E-hospital）网站、医院局域网、呼叫中心等对医院的特色医疗、优势学科和专家学者等进行宣传,提供医疗收费项目查询。运用互联网查询、电子邮件、手机短信等方法将检查结果自动传送到患者手里。更进一步的应用是根据信息系统数据进行分析,为健康需求者提供个性化的健康咨询服务、相关疾病的最新治疗方法及其感兴趣的信息等。例如,对曾经住院治疗心脏疾病的患者,经信息系统处理后,向患者提供心脏疾病方面饮食、运动等保健知识,预防心脏病的措施、各种治疗方法比较和最新治疗方法等,而不是那些毫不相干的广告。

同样,通过构建行业壁垒,完善供应链管理方法,可以在替代产品或服务的威胁、新进入行业者的威胁和现有竞争者的竞争等方面进行创新,调整五力模型,提高组织的竞争能力。

三、业务组合分析法

经营多种业务的组织进行战略分析的常用方法是业务组合分析法。业务组合分析法主要有 BCG 发展矩阵、定向政策矩阵两种。

（一）BCG 发展矩阵

BCG 发展矩阵（Boston consulting group growth-share matrix），如图 6-3 所示，是 20 世纪 70 年代由波士顿咨询顾问小组提出的，所以又称波士顿发展矩阵。它是现今采用得最普遍的一种业务组合分析方法。其横坐标代表相对市场份额，纵坐标代表市场增长率。两个坐标分别分为高、低两类，这样就产生四种组合：两者都高的被称为明星类；两者都低的则被称为瘦狗类；相对市场份额高，但市场增长率趋于停滞状态的是金牛类；而市场增长率高，但相对市场份额较低的则属于幼童类。应用该矩阵分析一般分为三个阶段，即识别各业务部门或战略业务单位，把各业务单位分类并归入各矩阵类别之中，对各业务单位分别选择不同的战略。

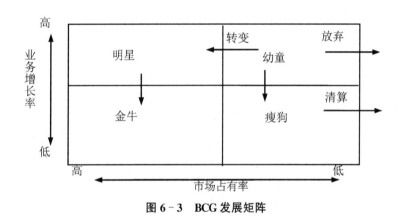

图 6-3 BCG 发展矩阵

1. 金牛

经营单位的特点是市场占有率较高，而业务增长率较低。较高的市场占有率能够带来高额利润和高额现金。而较低的业务增长率只需要少量投资。这样，"金牛"经营单位就可以提供大量现金去满足整个单位的经营需要。

2. 明星

经营单位的特点是市场占有率和业务增长率都较高，因而所需要和所产生的现金数量都很大。这种经营单位代表着最高利润增长率和最佳投资机会，因此经营单位应该增加必要的投资，扩大生产规模，以维持其有利的市场地位。

3. 幼童

经营单位的特点是业务增长率较高，而目前的市场占有率很低，这可能是企业刚刚开发有前途的经营领域。较高的增长速度需要大量投资,而较低的市场占有率只能提供少量的现金。因此,组织应投入必要的资金,以扩大市场份额,提高大销售量,使它转成"明星"。如果企业认为这种新的领域不可能转变为"明星",就应及时采取放弃策略。

4. 瘦狗

经营单位的特点是市场份额和业务增长率都比较低。由于市场份额和销售量都比较小甚至出现负增,因此这种经营单位只能带来较少的现金收入和利润,而维持生产能力和竞争地位所需的资金甚至可能超过它们所提供的现金收入,从而可能成为资金的陷阱。组织对这种不景气的经营单位应缩小规模或放弃经营。

在运用经营单位组合分析法确定经营方向时,组织应采取五个工作步骤。第一,把公司分成不同的经营单位。第二,计算每一经营单位的市场占有率和业务增长率。第三,根据在企业中占有资产的多少来衡量各经营单位的相对规模。第四,绘制公司的整体经营组合图。第五,根据每一经营单位在图中的位置,确定其应选择的经营方向。

(二)定向政策矩阵

定向政策矩阵(directional policy matrix,DPM,又称指导性政策矩阵或 DP 矩阵)是由荷兰皇家壳牌集团开发的一个业务组合计划工具,用于多业务公司的总体战略制定。DP 矩阵是在 BCG 矩阵的原理基础上发展而成的。DP 矩阵与 BCG 矩阵的相似之处在于它们都是用矩阵图标识企业分部战略态势的工具。为此它们也都被称为组合矩阵。

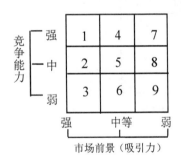

图 6-4 DP 矩阵

DP 矩阵实质上就是把外部环境与内部环境归结在一起,并对组织所处战略位置做出判断,进而提出指导性战略规划。根据市场前景和相对竞争地位来确立组织的不同经营单位的现状和特征。市场前景由营利能力、市场增长率、市场质量和法规限制等因素决定,分为吸引力强、吸引力中等和无吸引力三种;相对竞争能力受到企业在市场上的地位、生产能力、产品研究和开发等因素的影响,分为强、中、弱三种。由此,我们可将组织的经营单位分成九种不同的类型,如图 6-4 所示。

处于区域 1 和区域 4 的经营单位竞争能力较强,也有足够理想的市场前景,组织应予以优先发展,保证这些经营单位所需的一切资源,以维持它们有利的市场地位。

处于区域 2 的经营单位,虽然市场前景很好,但组织未能充分利用这种发展机会,同时该经营单位已有一定的经营基础,但还不够充分。因此,组织应努力通过分配更多的资源来增强其竞争能力。

处于区域 3 的经营单位要求组织投入大量的资源,才能提高组织在该领域中的竞争能力,但考虑到组织资金的情况,组织可以采取两种不同的决策:一是选择少数最有前途的业务,增加投入,加速发展;二是放弃该业务领域。

处于区域5的经营单位,一般在市场上有2~4个强有力的竞争对手,因此没有一个组织处于领先地位。可采取的对策是分配足够的资源,使之能随着市场的发展而发展。

对于区域6和区域8的经营单位,由于市场吸引力不大,且竞争能力较弱,或虽有一定的竞争实力,但市场吸引力很小,因此组织应缓慢地从这些经营领域退出,尽可能多地收回资金,投入盈利更大的经营部门。

对于区域7的经营单位,组织可以利用自己较强的竞争实力,去充分开发有限的市场,为其他快速发展的部门提供资金来源,但该部门本身不能继续发展。

对于区域9的经营单位,因其市场前景暗淡,组织本身实力又较小,所以应尽快放弃该业务单位,并将其资金转移到更有利的经营部门。

业务组合矩阵法在战略上的应用已流行了许多年,但也有人提出了一些不同的意见,如有的学者认为,假如一个组织的业务组合中,没有一项业务有明显的增长,倒还不如把主要的管理精力放在怎样提高效率和增加投资回报上。当然也有的管理人员在应用这些矩阵时过于机械,对瘦狗类业务也并不是只能使用退出策略,要权衡组织自身现在是否拥有其他能衔接的业务以及该业务是否已经到了尽头。但不管怎样,业务组合矩阵这一理论仍然是有效的,它不仅有利于组织多样化的发展、组织资源的分配,而且将有助于组织总体战略的落实,是一种具有指导作用的模型依据。

第二节　质量管理方法

一、全面质量管理

(一)概念介绍

全面质量管理(total quality control,TQC),是由美国管理学家费根堡姆(A. V. Feignbaum)在1961年提出来的。20世纪60年代以后在美国等许多发达国家中得到广泛应用,70年代末传入我国,随后在我国工业、建筑业、商业、交通运输业以及医疗卫生行业中得到应用。

1. 质量概念

质量(quality)是指产品、作业或服务能够满足规定或需要的特性的总和。它既包括有形产品也包括无形产品,既包括产品内在的特性也包括产品外在的特性,还包括产品的适用性和符合性的全部内涵。产品包括成品、半成品和在制品。作业是指具有明确和特定方法的活动过程,它既可以指质量产生和形成全过程中具有紧密联系的各阶段或各环节之间构成的一个有机整体,如设计过程、制造过程、施工过程、辅助过程等,也可以指构成这些过程的每道工序。服务是指为满足人们生产或生活需要而提供的劳务活动,既包括企业性服务,也包括社会性服务(如医疗服务);既有技术性服务,也有业务性服务。企业性服务是指企业向用户提供的服务;社会性服务是指服务行业向社会提供劳务活动;技术性服务是指为用户提供的以技术性活动为主要内容的劳务,如维修、技术指导、设备安装、调试等;业务性服务是指为用户提供的各种专业服务。规定主要是指国家法令、技术标准及技术条件或订货合同所规定的内容。需要则泛指用户的使用需求。

2. 质量管理概念

质量管理是指依照质量形成的规律,运用计划、组织、领导、控制等科学管理职能,以达到预定质量目标的活动过程。质量管理和其他管理一样,也有自己的管理内容。从卫生系统工作的性质来理解,质量管理内容主要有制订防病治病计划过程的质量管理,防治疾病实施过程的质量管理,后勤供应与服务过程的质量管理。但在实际工作中,一般都是按卫生系统业务分工,对卫生防疫质量、医疗质量、妇幼保健质量、计划生育技术质量、药品检验质量、科学研究质量、医学教育质量以及财务、物资、设备质量等,分别加以管理。

质量管理对卫生系统更有特殊意义。其一,是卫生系统的工作对象是有生命的人,这里不仅包括生病的个体与群体,还包括健康的个体和群体。而卫生系统的工作价值是保护健康人不生病,生病人重新获得健康,为社会提供具备生产能力的劳动力资源。因此,我们可以认为,卫生系统工作质量好坏直接影响到国计民生,关系着两个文明建设。其二,从"人人享受保健""终身享有保健"的广度与深度来理解,人或人群的生存、健康、长寿应是卫生系统质量管理的总目标。为了达到这一目标,就需要从人的胚胎时期开始直至生命终止的全过程,对优生、优育、预防、医疗、康复、保健等进行一系列的质量管理。

3. 全面质量管理概念

全面质量管理,是指组织为了保证和提高产品质量,综合运用一整套质量管理体系、手段和方法所进行的系统管理活动。具体地说,全面质量管理就是组织中全体职工和各部门参加,综合运用现代科学和管理技术成果,对影响产品质量的全过程和各种因素进行控制和改进,以最少的消耗来研制、生产用户满意的产品的系统管理活动。

就卫生单位而言,全面质量管理是建立起医疗全过程的质量体系,从而达到最佳的卫生服务效果,最大限度地满足社会人群的健康需求。它的最大特点是从过去的事后检验和把关为主,转变为预防和改进为主的管理,从管结果变为管因素,把影响质量的诸因素查出来,发动全员和各部门参加,依靠科学管理的理论和方法,使整个医疗过程都处于受控状态,从而保证提供优质的医疗卫生服务。

(二)全面质量管理的基本观点

全面质量管理作为一种新的管理方法,不仅形成了自己的一整套的管理体系,而且还在实践中形成了一些基本观点。

1. 质量第一的观点

质量第一的观点是全面质量管理的核心。这一观点反映出质量是产品和服务的生命。

从产品的设计、制造到销售的全部管理,都要把质量放在首位;各项服务工作也应坚持质量第一。质量第一的观点,对卫生部门来说更为重要。人与物不同,物质产品出现次品、残品甚至废品,固然造成了经济损失,但还可以修复、"回炉"、再造,争取有所补救。而人若因医疗工作质量低劣致病、致残、致死,则既难修复,又无法再生,其损失是不可挽回的。所以说,医疗卫生部门的人员必须牢固树立质量第一的观点,无论何时何地以及处在什么情况下,都要把人民群众的健康看得高于一切,自觉坚持一切从病人利益出发,全心全意地为人民健康服务。

2. 以人为本的观点

以人为本的观点是指全面质量管理是一种以人为中心的质量管理,医疗服务不仅要提供良好的医疗技术服务,必须十分重视整个过程中所涉及的人员,还应在医疗技术服务过程中体现"以人为本"的思想,尊重病人,关爱病人,方便病人,为病人服务好。

3. 用数据说话的观点

质量管理的数据化观点是指在质量管理过程中,要尊重客观实际,坚持实事求是,科学分析,用事实和数据说话,用事实和数据反映质量状态。例如,评价一种病的治疗效果,只用可能、大概、基本等模糊概念表述疗效,很难给人以明确回答。只有用治好多少例、治愈率多高等数据来表示疗效,才能得到确切的情况,从而易于鉴定其医疗质量优劣程度。

4. 预防为主的观点

预防为主的观点要求把质量由事后检验转变到事先预防上来,做好预防是保证质量的前提。以预防为主,从预防做起,事先采取对策,把可能造成质量低劣的各种因素控制起来,以达到预控质量的效果。

5. 系统的观点

系统化观点是指把质量与质量管理看成一个完整的系统,要求对构成质量系统的诸要素实行全面管理。质量管理的系统观点适用于各部门各行业的质量管理。按照系统的观点,为提高医疗卫生工作质量和服务质量,保障人民群众健康,就得对这一系统的各要素、各环节的质量实施全面系统的管理。

（三）全面质量管理的基础工作

1. 加强质量管理教育

推行全面质量管理,一定要把质量管理教育放在首位,并贯穿于全面质量管理的始终。质量管理教育的内容有两个方面:一是进行全面质量管理的思想教育。通过教育,全体员工上自领导者下至每个职工,都懂得什么是全面质量管理,全面质量管理有何重要意义,自己在全面质量管理中有何责任,使全面质量管理的思想深入人心,成为人人的自觉行动。二是进行全面质量管理的技术培训。通过培训,人人懂得全面质量管理的基本思想、操作方法和实施步骤,掌握常用的统计方法,会看图表会计算。全面质量管理教育的方式方法很多,可以通过广播宣传、专题讲座、办学习班等多种形式进行。不论用何种方式,都要讲求教育的实际效果。

2. 推行标准化管理

标准化的作用有二：一是衡量质量的标准、尺度；二是进行生产、技术管理的依据。标准一般有定性标准和定量标准，定性标准最好也能数量化。为实现质量管理标准化，就应该把一切与质量有关的技术操作、人员岗位责任、物资设备的管理等都制定出质量标准，并把标准化作为法规，实现各项工作的标准化；同时做好推行标准化的组织、宣传、监督、检查工作。标准化管理，是全面质量管理中重要的基础工作，也是全面质量管理的技术保证。任何质量管理，都是以一系列质量标准为依据，从质量管理目标的确定，到各个生产或工作环节直至最终的质量管理成果评定，都离不开相应的标准。各种技术标准，既是衡量产品质量和工作质量的尺度，又是组织进行技术活动和管理工作的依据。因此，全面质量管理必须以标准化管理为基础。

3. 开展质量管理小组活动

质量管理小组是由组织成员自觉地组织起来，运用科学和质量管理方法进行质量管理的一种群众性质量管理组织。质量管理小组的成员应当是质量管理的积极分子和技术骨干。其组织形式就根据不同情况确定，一般以长期固定、自愿结合为主，以解决某种疑难问题而临时组织为辅；人员数量也应根据管理对象不同而有多有少，一般可以由三五人或十余人组成。各级领导要十分重视对质量管理小组的领导，对其工作经常检查指导，为质量管理小组活动创造良好的条件。

4. 加强质量管理信息工作

质量管理信息是指反映产品质量和产、供、销各个环节工作质量的基本数据、原始记录以及产品使用过程中的各种反馈信息。质量管理信息是企业进行产品质量调查研究所获得的第一手材料，是质量管理的耳目，这些信息是进行全面质量管理的依据。因此，组织必须加强质量管理信息工作，要管理好各种定额及执行原始记录，做好各种质量状况的统计，收集和积累国内外同类产品的质量数据、成本数据和质量动态资料，建立质量管理档案。

5. 建立质量管理责任制

质量管理责任制就是使单位的各级组织和每个成员，都明确自己在全面质量管理中的地位和作用，所担负的具体任务、责任和所拥有的权力，从而把全面质量管理的任务落到实处。在质量管理工作中做到：质量有人管，人人有责任，办事有标准，工作有检查，出了质量问题能及时发现和纠正。全面质量管理责任制可以把全体员工动员起来，积极参与质量管理，形成全员性的质量管理体系。

推行全面质量管理，可与落实技术经济承包责任制相结合。这种以全面质量管理为基础的全面技术经济承包责任制，不但有利于主要经济技术指标的全面完成，而且能够促进全面质量管理，保证产品的优化。

二、管理循环

（一）概念介绍

管理循环（management cycle），是由美国质量管理专家戴明（W. E. Deming）于 20 世纪 50 年代初提出来的，故又称"戴明环"。管理循环是提高管理质量和效益所进行的计划、实施、检查和处理等工作的过程，反映了质量管理活动的规律，是在管理活动中，提高产品质量、改善组织经营管理的重要方法。这一循环包括四个阶段：P（plan）是计划，D（do）是实施，C（check）是检查，A（action）是处理，故又称为 PDCA 循环（见图 6-5）。

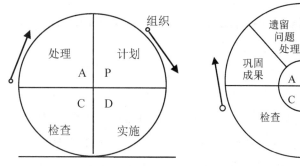

图 6-5　管理循环示意图　　图 6-6　管理循环的八个步骤

（二）管理循环的实施步骤

管理循环分为四个阶段八个步骤。如表 6-1 和图 6-6 所示。

表 6-1　PDCA 循环的过程

阶段	阶段内容	步骤	步骤内容	顺序
计划（4）	计划：根据顾客的要求和组织的方针，为提供结果建立的目标和过程	现状调查	确定存在的问题	1
		原因分析	针对问题找出全部原因	2
		要因确认	从全部中确定主要原因	3
		制定对策	针对要因制定措施计划	4
实施（1）	实施：实施过程	实施对策	实施计划	5
检查（1）	检查：根据方针、目标和产品要求，对过程和产品进行监视和测量，并报告结果	效果检查	检查实施的效果	6
处理（2）	处理：采取措施，以持续改进业绩	巩固措施	对有效的效果标准化	7
		遗留问题	找出还存在的问题	8

1. 计划阶段(P)

该阶段包括四个步骤:

步骤(1) 提出问题,收集资料。为此,要进行调查和预测。

步骤(2) 分析问题产生的原因,并找出主要原因。

步骤(3) 根据收集的资料和分析问题的结果,确定管理目标。

步骤(4) 根据管理目标提出计划对策和实施方案。

2. 实施阶段(D)

步骤(5) 按计划对策和实施方案组织实施,并提出时间、数量、质量等要求,落实到各个部门和人。

3. 检查阶段(C)

步骤(6) 检查计划实施情况,根据原始记录和统计资料,分析进展情况,纠正出现的偏差。

4. 处理阶段(A)

该阶段包括两个步骤:

步骤(7) 巩固已取得的成果,制定有关制度,采取相应措施,防止类似问题的发生。

步骤(8) 对于这一循环尚未解决的遗留问题,移给下一个循环去解决。

以上四个阶段必须环环紧扣,不得中断,而且每个循环也紧密衔接、周而复始。

(三)管理循环的特点

1. 大循环套小循环,互相促进

作为一种科学的管理方法,PDCA 循环适用于各种管理工作和管理的各个环节。整个组织中有一个大的 PDCA 循环,各个环节、各个层次都有小的和更小的循环,直至个人。下级层次的 PDCA 循环是上级层次 PDCA 循环的组成部分和实现保证。通过这样的循环,组织可以把部门的各项工作有机地联系起来,彼此协同,互相促进(见图 6-7)。

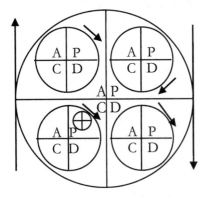

图 6-7　大循环套小循环

2. PDCA 循环必须按程序办事

PDCA 循环必须按程序办事,又可以分成四个阶段八个步骤,其先后顺序不允许颠倒。PDCA 循环一定要按顺序进行,它靠组织的力量来推动,像车轮一样向前进,周而复始,不断循环。

3. 螺旋上升的循环

PDCA 循环,不是一种简单的周而复始,不是同一个水平上的循环,而是螺旋式上升的循环。每循环一次,都要进行总结,提出新目标,再进行第二次循环,使质量管理的车轮滚滚向前。这种螺旋式的逐步提高,使管理工作不断前进,质量水平和管理水平均提高一步,如

图 6-8 所示。

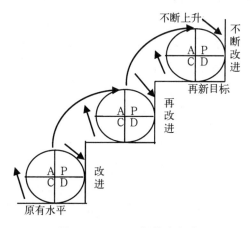

图 6-8　PDCA 螺旋式上升

三、六西格玛管理

（一）概念介绍

西格玛(σ)一词源于统计学中标准差的概念,表示数据相对于平均值的分散程度。西格玛水平则是过程满足顾客要求能力的一种度量,它将过程输出的平均值、标准差与顾客要求的目标值、允许波动范围联系起来并进行比较。在整个组织的流程中,西格玛水平代表了企业对缺陷和差错控制的能力,六西格玛是指每百万个机会当中,有多少缺陷和失误率少于3.4 个。

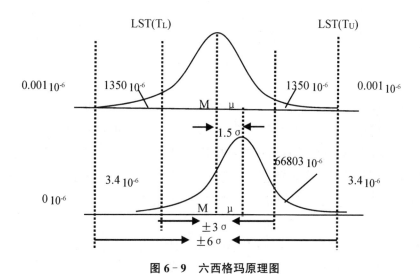

图 6-9　六西格玛原理图

假定过程输出质量特性值服从正态分布,图 6-9 中的上图为 $M = \mu$ 时(目标值 M 和过程输出质量特性分布中心 μ 重合):

在 $\mu \pm 3\sigma$ 情况下,过程输出质量特性落在规范限内的可能性为 99.73%,对应于不合格品率为 2700 ppm(ppm 为百万单位)。在 $\mu \pm 6\sigma$ 情况下,特性落在规范限内的可能性为 99.9999998%,对应于不合格品率为 0.002 ppm。

图 6-9 中的下图为 $M \neq \mu$ 时(目标值和过程输出质量特性分布中心不重合,并且按照美国学者本德斯和吉尔森的研究,生产过程长期运行后平均值发生不可避免的偏移为 1.5σ):

在 $\mu \pm 3\sigma$ 情况下,特性落在规范限内的可能性为 93.32%,此时不合格品率为 66806 ppm;

在 $\mu \pm 6\sigma$ 情况下,特性落在规范限内的可能性为 99.99966%,此时不合格品率为 3.4 ppm。

目前所讲的六西格玛管理(six sigma management)已从一种基于统计技术的过程和产品质量改进方法,进化为组织追求精细管理的理念。六西格玛管理的基本内涵是提高顾客满意度和降低组织的资源成本,强调从组织整个经营的角度出发,而不只是强调单一产品、服务或过程的质量。强调组织要站在顾客的立场上考虑质量问题,采用科学的方法,在经营的所有领域追求"零缺陷"的质量,以大大减少组织的经营成本,提高组织的竞争力。组织实施它的目的是消除无附加值活动,缩短生产周期,提高顾客满意度,从而增加利润。

20 世纪 80 年代至 90 年代,摩托罗拉公司提出六西格玛管理模式并在企业中推行,3 年后,产品的不合格率从百万分之 6210(4σ)减少到百万分之 32(5.5σ),节约成本超过 20 亿元。

(二)六西格玛管理的特点

1. 关注焦点集中在顾客身上

六西格玛项目瞄准的目标有两个:一是提高顾客满意度,占领市场、开拓市场,从而提高组织的效益;二是降低资源成本,尤其是降低不良质量成本损失,从而增加组织的收入。因此,实施六西格玛管理能给一个组织带来显著的业绩提升,这也是它受到众多组织青睐的主要原因。

2. 注重数据和事实

六西格玛管理是一种高度重视数据、依据数据进行决策的管理方法,强调"用数据说话""依据数据进行决策","改进一个过程所需要的所有信息,都包含在数据中"。另外,它通过定义"机会"与"缺陷",通过计算百万机会缺陷数,不但可以测量和评价产品质量,还可以把一些难以测量和评价的工作质量和过程质量,变得像产品质量一样可测量和用数据加以评价,从而有助于获得改进机会,达到消除或减少工作差错及产品缺陷的目的。

3. 强调团队精神和骨干队伍的建设

六西格玛管理的实施完全依靠其团队来完成。团队由三个层次组成:以执行领导、倡导者为领导层;以黑带大师、黑带为骨干层;以绿带、白带为具体执行层。三个层次的各类人员具有不同的职责和作用,执行领导一般为组织领导层成员,可直接向组织最高领导汇报工作。倡导者一般为某些中层干部如部门经理,是西格玛管理项目的负责人,保证项目与组织的整体目标一致,为项目提供或争取必需的资源,检查项目进度等;黑带大师是西格玛管理团队的高级专家,在国外企业中往往由管理咨询顾问担任;黑带是团队的专职骨干人员;绿带、白带即为团队中的不脱产人员,是在基层的具体操作人员,许多改进方案的实施由他们来完成。对不同层次的骨干有严格的资格认证制度。

4. 以项目为驱动力

六西格玛管理的实施是以项目为基本单元,通过一个个项目的实施来实现的。项目是以黑带为负责人,牵头组织项目团队通过项目成功完成来实现产品或流程的突破性改进。这种改进能使产品质量得到显著提高,或者使流程得到改造,从而使组织获得显著的效益。实现突破性改进是六西格玛管理的一大特点,也是组织业绩提升的源泉。

（三）六西格玛管理的科学程序

6 西格码管理是一种自上而下的革新方法,它由组织最高管理者领导并驱动,根据组织发展战略和远景密切相关目标,由最高管理层提出改进或革新目标、资源和时间框架。推行6 西格码管理可以采用由界定、测量、分析、改进、控制构成的改进流程。

1. 界定

确定顾客的关键需求并识别需要改进的产品、过程,将改进项目奠定在合理的基础上。这是六西格玛管理项目成功与否最为关键的阶段。

2. 测量

项目团队通过测量业绩(或问题)基数线以及将过程文件化来描述过程。其目的是识别并记录那些对顾客关键的过程业绩和产品特性(输出变量)有影响的过程参数(输入变量)。但随着项目的进行,过程文件也会不断更新。在此阶段,团队就要为测量阶段后面的活动和下一阶段——分析阶段——策划数据的收集,并在测量系统中得到验证后的测量过程能力。

3. 分析

此阶段的目的是找出影响业绩指标的关键的、潜在的原因。由于六西格玛管理项目的复杂性,如果没有科学的数据分析,就难以保证能够找到真正的、根本的原因,因此分析阶段要综合采用各种统计方法和管理技术,进行数据的统计分析、比较试验、缺陷分析、变异来源分析、关键因素分析、多变异分析、相关分析和回归分析、失效模式和效应分析等。

4. 改进

改进阶段主要是基于分析阶段所找到的根本原因,提出问题解决方案。对改进方案要进行评价和筛选,可以采用一些综合评价技术进行方案的选择。为了保证方案实施的成功,有必要进行一些局部试运行试验,对改进方案进行验证。

5. 控制

将改进后的过程标准化,并加以监控,以保持改进的成果。管理者要制定监视过程,明确他们已经做出的改变;制订可能出现问题的应变计划,帮助经营者聚集关注点,集中少数重要的测量,这些测量告知最新的项目结果以及关键过程测量值。

(四)六西格玛管理的注意事项

六西格玛管理在组织中应用,需要诸多要素的配合,主要包括以下几个方面。

1. 高层思想的转变

组织实施六西格玛管理,不只是对产品质量的改进,还涉及组织流程的改进,甚至组织架构、文化的变革,必须由一个中心化的管理机构来全面推进,高层管理者应该在这个推进机构中扮演重要角色。首先,组织要有一个由高层管理者组成的六西格玛管理实施的领导团队,其主要职责是,明确组织战略以及战略分解,建立六西格玛管理组织保障,参与六西格玛管理项目选择、评审,倡导组织文化。其次,要有专门的高层管理者作为六西格玛管理推进的倡导人,负责具体工作的实施。

2. 组织文化的选择

组织文化通俗地说是组织中独特的做事方式和方法,六西格玛卓越的管理哲学可以强化组织好的文化,变革不利于组织的风气。实行六西格玛可能要对原有的组织文化进行冲击,领导者要充分考虑是保留现有文化稳定发展还是进行改变。要实施六西格玛管理就要花大力气改造组织与六西格玛不相适应的组织文化,以使全体员工的信念、态度、价值观和期望与六西格玛质量保持同步。

3. 合适项目的选择

作为一个适合利用六西格玛管理的项目至少必须具备四个条件:①问题直接影响到企业一个重要的关键业绩指标;②问题形成的原因和解决措施不明;③问题的解决多牵涉到流程的改善,而不一定需要大量的投资;④预计问题可以在4～6个月内完成。具体实施时可运用六西格玛试验一个项目,看能不能给组织带来收益和效果。

4. 多种方法的综合

六西格玛管理需要把数理统计技术与其他现代管理技术或理念相结合,通过系统地应用统计学、现代管理学、工业工程技术、计算机技术等帮助组织解决实际问题,同时与相关标准的贯彻、追求卓越绩效和发扬团队精神等理念相结合才能更加有效。

第三节　图形分析方法

一、排列图

(一)概念介绍

排列图(arrangement chart),又称主次因素分析图,是由意大利经济学家帕累托(Vilfredo Pareto,1848—1923)发明的,故又称帕累托图(Pareto chart),是一种查清影响产品或工作质量关键因素的一种统计图形。1897年,意大利经济学家帕雷托在分析欧洲各国社会财富分配状况后,发现少数人占有社会上的大量财富,而绝大多数人处于贫困状态,80%的财富集中在20%的人手里。后来人们发现很多场合都服从这一规律,即所谓"关键的少数和次要的多数"的关系,俗称"20/80定律"。1951年,美国学者朱兰在质量管理中把影响质量的因素区分为重要的少数与次要的多数,并认为这是普遍现象,命名为帕累托分析。通过对排列图的观察分析,管理者可抓住影响质量的主要因素。实际上这种方法不仅在质量管理中,而且在其他许多管理工作中都是十分有用的。排列图分析有助于把差错、缺陷、延迟、顾客抱怨等进行分类、分层,并从中找出最关键的因素。

（二）绘制排列图的方法与步骤

我们应用下面案例讲述绘制排列图的方法与步骤。

例:某医院某年对护理差错的原因进行了调查和统计,如表6-2所示,据此资料绘制排列图,并分析护理差错的主次因素。

其方法步骤如下。

第一步是对表格和数据进行整理。收集一定时期的资料,对分类项目按频数由大到小的顺序,填入表中,见表6-3的第(1)、(2)栏。求出各种原因频数占总频数的百分比,见表6-3的第(3)栏。依原因项目百分比数据进行累计相加,求出累计百分比,见表6-3第(4)栏,完成数据整理和表格准备。

表6-2　某医院某年护理差错原因

原因(1)	发生次数(2)	百分比/%(3)	累计百分比/%(4)
发错药	66	45.52	45.52
打错针	48	33.10	78.62
烫伤	10	6.90	85.52
断针	8	5.52	91.03
注射化脓	6	4.14	95.17
褥疮	3	2.07	97.24
其他	4	2.76	100.00
合计	145	100.00	

第二步是绘图。在坐标纸上绘制两个纵轴、一个横轴,左边纵轴表示差错原因发生的频数(次数或件数),标明数值的标度;右边纵轴表示累计百分比,标度取0~100,左边纵轴频数总数对应右边纵轴累计百分比的100%。横轴表示各种差错原因,按频数大小从左至右依次绘出直方图,直方图下面是原因名称,直方图的高低表示某个原因影响的大小。在每个直方

图横线中点的上方标出累计值的点,连接各点即成由左向右上升的曲线。这条曲线起点与第一个项目发生频数重叠,最后止点与总频数重叠,并且累计百分比为100%。这条表示各影响因素大小的累计百分数的曲线,被称为帕累托曲线,如图6-10所示。

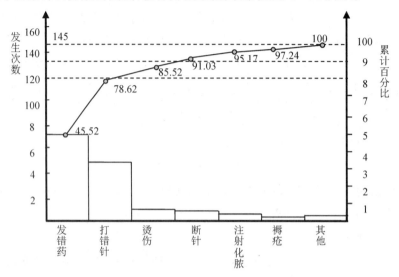

图6-10 某医院护理差错因素排列图

第三步是分析并得出结论。根据判定标准,发错药和打错针为发生护理差错关键因素,烫伤为发生护理差错重要因素,断针、注射化脓、褥疮及其他原因为发生护理差错次要因素。因此,预防护理差错的重点是防止发错药和打错针。

(三)应用排列图的注意事项

1. 区分因素类别

排列图是将影响质量的因素按其频数大小顺序排列,有利于寻找关键因素。按习惯用法,通常把累计百分比分为三类。在80%、90%处绘两条横线,把图分成三个区域:累计百分比在80%以内是关键因素(主要因素);80%～90%范围内的是重要因素(次主要因素);90%以上的是次要因素。例如本例资料,发错药、打错针显然是影响护理质量的关键因素,如果有效地解决这两个关键问题,护理质量将会提高一大步。

2. 控制关键因素的数量

一般来说,关键(主要)因素最好是一两个,如果多于三个,就失去了找重要少数的意义,这就要求在对事件项目分类时,我们要考虑上述问题。

3. 纵坐标的标度

排列图左边的纵坐标的标度,是用来表示频数的尺度,标度的单位必须与分析的问题相对应。右边纵轴累计百分比的100%的位置是由左边纵轴事件总频数来确定的,左边纵轴总频数与右边纵轴累计百分比的100%的位置严格对应。

4. 因素的预处理

不太重要的项目很多时,会使横轴变得过长,这时可把一些不太重要的项目并入其他项目内,放在横轴最末端,并允许最后的综合项的事件数据大于前一项事件的数量。

5. 结果的评估

确定关键(主要)因素,并采取相应措施后,为检查措施的效果,则可重新绘制主次因素排列图,进行验证比较,对措施效果作出评估。

二、计划评审技术

(一)概念介绍

计划评审技术是网络计划技术的一种,网络计划技术,也称网络计划法,是利用网络技术进行组织与管理的一种方法。网络计划技术是 20 世纪中叶在美国创造和发展起来的一项新型计划技术,最有代表性的是关键线路法(critical path method,CPM)和计划评审技术法(program evaluation and review technique,PERT)。关键线路法,即为每一活动(工作或工序)规定起止时间,按活动顺序绘制成网络状图形。20 世纪 60 年代,华罗庚教授曾在国内推广网络计划技术方法,他称之为统筹法。计划评审技术是运用网络图的形式统筹安排计划作业项目和协调实施计划的一种科学管理技术。

(二)计划评审技术的方法步骤

PERT 的基本步骤是定目标、列出清单、绘网络图、加注记、算工期、总结评价,如图 6-11所示。

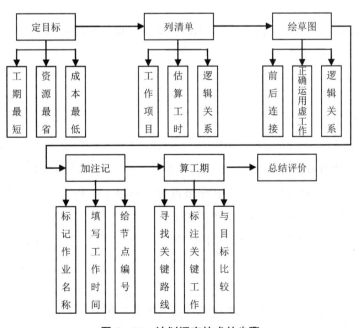

图 6-11 计划评审技术的步骤

1. 定目标

PERT 的作用有调节工程进度、节约时间、合理分配物资设备、降低工程技术、高效使用人员等。因此,应用 PERT,主管人员应首先确定主要目标,这关系到建立何种数学模型及方案选择准则。

2. 列清单

主管人员召集有关业务技术专家及负责人,集思广益,将工程计划分解成一项项相对独立的工作,并确定出完成每项工作所需的时间,然后按照各项工作的施工顺序和逻辑关系,列出清单。清单格式如表 6-3 所示。

表 6-3　计划评审技术清单格式

顺序	工作名称	代号	所需时间	继后工作	承办部门及负责人
1					
2					
3					
...					

工作所需时间计算公式为:

$$T(i,j) = \frac{a + 4m + b}{6}$$

式中:

$T(i,j)$ 为某项工作所需要的平均时间,a 为最短可能完成的时间,b 为最长可能完成的时间,m 为一般可能完成的时间,4,6 为常数。

3. 绘草图

绘草图就是把具有逻辑关系的工作清单编排成网络图的过程。网络图就是用箭线代表工作,用结点"○"表示工作开始、结束和相互连接关系的工程施工流线图。绘制网络图,自左向右,按照清单中所列工作的先后顺序一一进行。最左端的节点(一般只有一个),表示工程的开始;最右端的节点(一般只有一个),表示全部工作的结束。前者被称作网络图的最初节点,后者被称为网络图的最终节点。其余节点表示前项工作和后项工作的衔接,代表前项工作的结束和后项工作的开始,箭头表明工程进行的方向,如图 6-12 所示。在绘制网络图时,网络图中不能出现循环路线,网络图中的节点,按从小到大、从上到下的原则统一编号,两相邻节点间只能有一条箭线,并且网络图中只能有一个始点和一个终点。

4. 加注记

网络图绘成以后,将每项工作的名称或代号写到它的箭线上边,所需要的时间写到箭线下边。用阿拉伯数字给节点编号,序号自左而右、自上而下排列,将编号写到节点的圆圈内。

5. 算工期

网络图上自最初节点起,到最终节点止,通常有多条路径,称作路线。由于各条路线所含工作不同,故所需时间是不同的。其中,路径最长的路线就是网络图上的关键路线,关键路线所串联的工作是整个计划的重点工作。因此,主管人员对关键路线应重点控制。这些工作都是没有机动时间可利用的,工程必须按期开始与结束,否则将会影响总工程的进度。非关键路线都有不同的机动时间可调节利用,这些可被使用调节的时间被称为时差。路线的总时差越多,时间调节的余地越大。施工中可以按照各条路线的总时差大小,排列出它们的优先顺序,以便集中人员、物资、时间,保证重点工作的按期开始与结束,从而使整个计划顺利进行和按期完成。

6. 总结评价

绘成网络图和计算之后,检查所得结果是否符合预先的目标要求。如上例的网络图显示,本医学研究开发计划,总工期约需六年时间,在计划执行中,为了确保计划顺利进行和如期完成,主管上级和有关执行部门必须在人力、财力、设备技术方面,确保 AEFGH 五项工作按期开始和按期完成。如果其中任何一项误期的话,就会使计划的整个周期延长。其他四条路线的余裕时间各不相同,我们应重视余裕时间少的路线。总之,这一研究开发计划的周期较长,各项工作时间比较紧迫,要想按期完成和尽快取得成果,必须严格管理和科学调节。当然,主管人员还可以对整个项目流程进行优化,调整组织资源,加强关键路线上的工作的资源保障,保证关键路线上的项目提前完成,以缩短整个项目工期。

例:某医学研究开发计划包含 12 项独立进行的工作,各项工作所需的时间及其逻辑顺序和相互关系如表 6-4 所示。上级主管部门要求明确开发计划中的重点工作和最短期限,尽快地取得成果。

表 6-4　某项医学科研开发计划单

顺序	工作代号	时间/月	继后工作	顺序	工作代号	时间/月	继后工作
1	A	3	B.E.K	7	J	8	L
2	B	5	C	8	I	20	G
3	E	2	I.F.J	9	G	18	H
4	K	34	L	10	D	12	—
5	C	10	D	11	H	10	—
6	F	40	G	12	L	34	—

按照表 6-4 内容绘制成网络图,如图 6-12 所示。

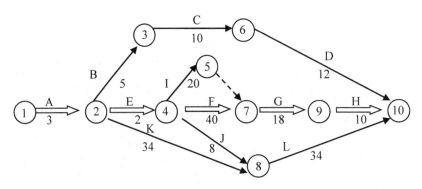

图 6-12　某医学科研工作计划网络

图 6-12 中共有 5 条路线,如表 6-5 所示,其中最长的路线是①-②-④-⑦-⑨-⑩,所需月数为 73 个月(3+2+40+18+10=73)。

表 6-5　某医学研究计划的路线、周期、总时差和优先顺序

路线	周期/月	总时差/月	优先顺序
①-②-④-⑦-⑨-⑩	73	0	1
①-②-⑧-⑩	71	2	2
①-②-④-⑤-⑦-⑨-⑩	53	20	3
①-②-④-⑧-⑩	47	26	4
①-②-③-⑥-⑩	30	43	5

（三）计划评审技术的优点

PERT 主要用于计划运行的进度管理,对于合理调配资源、提高工作时效,保障计划完成有重要作用。它有以下优点:

(1) PERT 项目时间顺序清楚,能促使主管人员从计划总体任务和如何按期完成计划的角度考虑,统筹安排人员、物资设备、时间等资源,既能全面考虑,又不失重点地安排作业进程。

(2) 通过绘制网络图,主管人员能把握好计划实施的全局,明确关键路线与重点,从而合理调配和利用资源与设备技术,高效低耗地完成任务,对于推进工程时间进度和资源优化利用意义重大。

(3) 由于 PERT 体现出系统整体性原理和定量分析计划中每项作业的进度,因而可预先评价达到目的的可能性。这样可以增强主管人员的预见性和主动性,减少随意性和盲目性,更好地按事物的变化规律管理。

(4) 分工实施,便于组织控制,易于操作。

PERT 特别适用于大型的、多项目、多部门协作的计划项目管理。卫生工作管理中,凡属多项目、多部门协作的医学研究,大范围的疾病调查与防治、人口普查、环境监测与防护,都适用 PERT 加以协调控制。应用电子计算机技术,有助于 PERT 应用范围的扩大与效果的提高。

三、因果分析图

(一)概念介绍

因果分析图(cause-results chart),又叫鱼骨刺图、树枝图、特性因素图、石川图,是 1953 年日本东京大学石川馨教授提出的简单而有效的质量管理控制技术。它是用来寻找影响产品或工作质量特性因素产生的根源,表示质量结果和形成原因之间关系的图解。

就产品或工作质量而言,发生问题的原因是多方面的,每个原因又有其产生的许多中原因,而中原因又是由多个更小的原因所构成的。如果把这些可能想到的有关联的原因找出来,分门别类加以归纳,绘制成一张鱼骨刺图,就能使我们清晰地了解各种因果之间的关系,以利于有针对性地采取有效的措施。可以说,一张因果分析图就是对某一质量问题全面的技术分析,技术水平越高,因果分析图就越切合实际。从这个意义上说,因果分析图也是质控技术水平的体现。

(二)绘制因果分析图的方法步骤

绘制因果分析图有两种方法,即原因追查法和原因罗列法。原因追查法用于发生质量问题之后,采取纠正措施之前;原因罗列法用于预防发生质量问题,尽可能详尽地把可能影响质量的因素罗列出来,并将防止这些因素的保障措施找出来,绘制成图进行预防性控制。无论采用何种方式,在绘图之前,都要召集有关人员,集思广益,从各种不同的角度来分析影响质量的原因,把所有可能的影响因素都找出来,并加以条理化,从而准确地确定什么是关键原因,如图 6 – 13 所示。

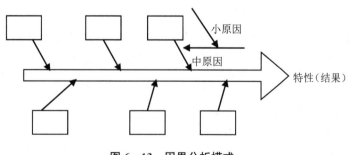

图 6 – 13　因果分析模式

因果分析图的绘制过程,特别是罗列法因果分析图的绘制过程,能够激发起人们的创造性思维,统一人们的思想认识,便于协调和解决问题,可以教育组织成员和管理人员更清楚地了解与认识现状。

例:某医院 2019 年病床使用率低于标准值,为了查清原因,采取纠正措施,院领导召集熟悉情况的若干管理干部和医护人员进行因果分析,将找出的所有关联性原因归纳后,绘制成了图 6-14 所示的因果分析图。绘制方法如下。

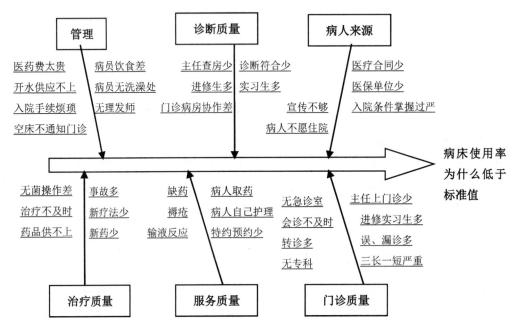

图 6-14　某医院病床使用率低因果分析

首先,确定质量特性。本例为"病床使用率为什么低于标准值",把质量特性写在右端,从左向右画一箭头。其次,标注原因。把影响质量特性的原因用箭头指示并写在大的分支上(本例为"管理""诊断质量""病人来源""治疗质量""服务质量""门诊质量")。最后,分析原因。通过对大的分支上存在的原因进行分析,找出中等分支上的原因(中原因),再对中等分支上的原因进行分析,找出小的分支上的原因(小原因)。如此层层深入,直至查到能采取的具体措施为止,如大原因是"病人来源"不足,造成病人来源不足是由于"医疗合同少",而在这个中等分支上又有"劳保单位"和"公费医疗"方面的小原因。

（三）应用因果分析图的注意事项

1. 充分查找原因

绘制因果分析图前,管理者要召开有关人员参加的会议,充分发扬民主,各抒己见,进行反复讨论和修改,把可能的原因都找出来,并将找出来的这些原因按照因果关系建立联系,使之系列化,使因果关系连锁化,以明确问题的本质。

2. 区分主次原因

大原因不一定是主要原因,问题多的原因也不一定是关键原因。通过讨论确定主要原因或关键原因。有些问题也可先做主次因素排列图,在于掌握影响全局较大的重要少数项目,找出主要原因后,再对这些原因层层分析下去,绘出因果分析图。

3. 追查原因要具体

为了解决问题,分析原因时要追问到能采取具体措施为止。

4. 确认原因

画出因果分析图,找出原因以后,还应组织人员到工作现场进行调查研究和落实措施。

5. 检查评估

采取措施以后,间隔一定时期,应再做调查,以考核其效果。

第四节　绩效评估方法

一、平衡计分卡

(一) 基本概念

平衡计分卡(the balanced scorecard),是一种以信息为基础的管理工具,分析哪些是完成组织使命的关键成功因素以及评价这些关键成功因素的项目,并不断检查审核这一过程,以把握绩效评价促使组织完成目标。平衡计分卡为管理人员提供了一个全面的框架。它把组织的使命和战略转变为目标和衡量方法,这些目标和衡量方法分为四个方面:财务、客户、内部流程以及学习与成长。平衡计分卡的出现,使得传统的绩效管理从人员考核和评估的工具转变成为战略实施的工具,使得领导者拥有了全面的统筹战略、人员、流程和执行四个关键因素的管理工具,使得领导者可以平衡长期和短期、内部和外部等关系,确保持续发展的管理工具。

(二) 平衡计分卡的内涵

1. 框架体系

平衡计分卡根据组织生命周期不同阶段的实际情况和所采取的战略,将组织的战略愿景分解为财务、客户、内部流程、学习与成长四个维度,为每一维度设计适当的评价指标,赋予相应的权重,形成一套完整的业绩评价指标体系,如图 6-15 所示。

(1) 财务维度。组织经营的主要目的是创造效益,包括经济效益和社会效益。尽管各组织的经营战略不同,对长期和短期效益的要求有所差异,但从长远角度来看,效益始终是组织所追求的最终目标。因此,平衡计分卡将财务维度列为系统之首,密切关注组织的效益,追求效益的最大化。

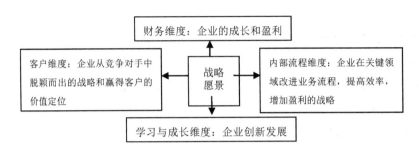

图 6 - 15　平衡计分卡框架体系

（2）客户维度。组织效益的好坏完全取决于客户需求满意程度。客户维度是从质量、性能、服务等方面,满足客户需求,赢得客户认可,为客户创造出更大的价值,追求客户的最大满意度。

（3）内部流程维度。为了实现组织的战略目标,组织必须建立高效的内部业务流程,设计相应的指标跟踪这些流程,以达到降低成本、改善服务、提高效率的效果。组织可制定全新的业务流程,也可以进一步改善现有的业务流程,追求效能的最优化。

（4）学习与成长维度。该维度主要关注组织成员必须具备哪些能力和素质,才能优化内部流程,满足客户需求,实现组织的财务目标。这一维度强调创建一种支撑学习与成长的文化,发挥人力资源管理的作用,追求组织文化和资源的和谐化。

2. 循环模式

满意的财务指标是组织最终的追求,也是组织赖以生存的根本物质保证。提高组织的利润,须以客户为中心,满足客户需求和提高满意度。如此,就必须改善内部流程,提高内部的运营效率;组织的创新及组织成员学习与成长为提高运营效率、满足客户需求、增加组织利润奠定了基础,提供了动力。这种因果关系,构成了平衡计分卡四个维度的循环,如图 6 - 16所示。

3. 平衡理念

平衡计分卡的平衡理念给组织带来的价值,具体表现在以下五个方面。

（1）财务指标与非财务指标之间的平衡。随着社会的发展,单纯追求财务指标已不能适应组织的生存发展,财务指标过度关注短期利益,不利于企业长远发展。平衡计分卡将客户、内部业务流程、学习与成长维度列为考评指标体系,实现了多维度全面考评,弥补了单纯依赖财务指标的不足,达到了财务与非财务指标之间的平衡。

（2）组织内部利益与外部利益群体之间的平衡。客户是外部利益群体,组织成员是内部利益群体。没有组织成员的满意就不会赢得客户的满意,平衡计分卡要求组织对待组织成员要像对待客户一样,创造有利于组织成员成长进步、发挥才干、实现价值的环境和条件,不断提高满足客户需求的能力和素质,实现这些利益群体之间的良性平衡。

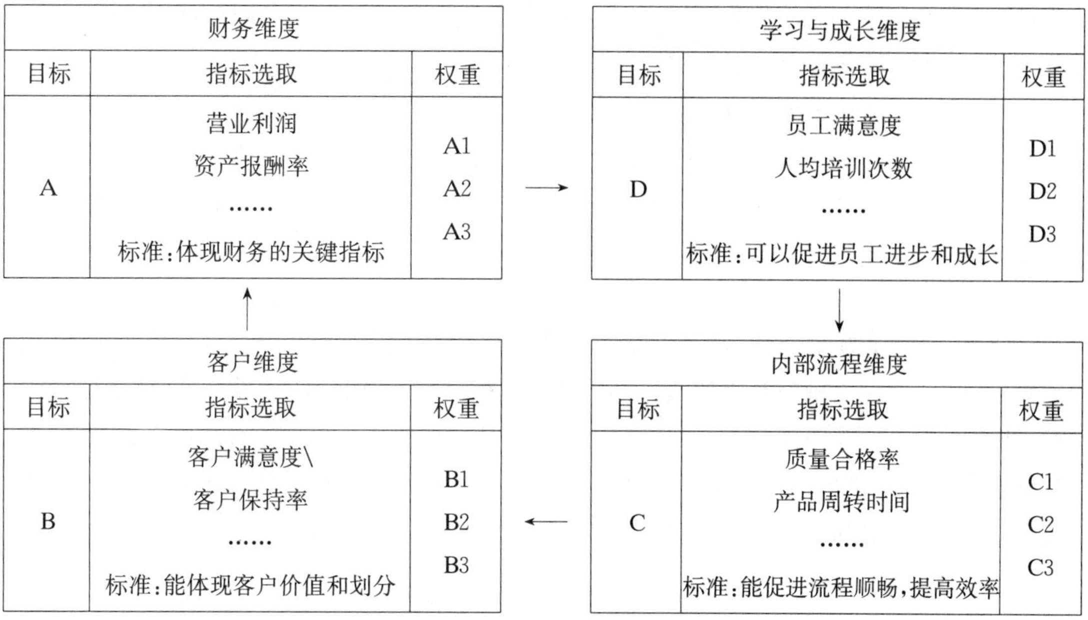

财务维度		
目标	指标选取	权重
A	营业利润 资产报酬率 …… 标准:体现财务的关键指标	A1 A2 A3

学习与成长维度		
目标	指标选取	权重
D	员工满意度 人均培训次数 …… 标准:可以促进员工进步和成长	D1 D2 D3

客户维度		
目标	指标选取	权重
B	客户满意度\ 客户保持率 …… 标准:能体现客户价值和划分	B1 B2 B3

内部流程维度		
目标	指标选取	权重
C	质量合格率 产品周转时间 …… 标准:能促进流程顺畅,提高效率	C1 C2 C3

图 6-16　平衡计分卡循环模式

（3）驱动指标与结果指标之间的平衡。驱动指标是取得结果指标的驱动因素,是由组织战略衍生出来的特定指标;结果指标通常表现为组织经营结果的绩效评价。例如,优质服务是客户满意度这个指标的驱动因素,客户满意度是优质服务的结果。如果没有实现优质服务这一驱动指标的要求,客户满意度这一结果指标就无法实现。相反,如果没有客户满意度这一结果指标,优质服务作为驱动指标只能反映出组织服务的改善,而不能说明这些改善是否有助于组织绩效的提高。平衡计分卡包括驱动指标与结果指标,建立了驱动指标与结果指标之间的因果联系和平衡。

（4）有形资产与无形资产之间的平衡。平衡计分卡将评价的视线范围由传统的只注重组织的有形资产评价扩大为有形资产和无形资产并重进行评价。将以往只看重以具体财务数据表现出的有形资产,扩展到不仅重视财务数据,同时也重视客户、组织内部流程、学习与成长维度中包含的无形资产。

（5）短期目标与长期目标之间的平衡。组织的发展不但要注重短期目标,还需要拥有长远的目光,制定出切实可行的长期目标。建立短期目标需要以长期目标为依据进行规划和设计,而长期目标需要通过不断完成一系列的短期目标而累计实现。平衡计分卡能够使组织准确把握短期目标和长期目标之间的关系,达到短期目标和长期目标之间的平衡。

（三）建立平衡计分卡的步骤

建立平衡计分卡的关键在于组织内部就战略问题达成共识,并弄清楚如何把一个部门的使命和战略转换成经营目标和评估手段。平衡计分卡的制定开始于组织战略,所以它反映的是组织高层管理者的集体智慧和能力,如果没有高级主管的积极参与,就不应该制定平衡计分卡。制定平衡计分卡通常包括以下几个步骤。

1. 为平衡计分卡计划确定目标

选择设计人员,在组织高层就制定平衡计分卡达成共识并获得支持。组织高层应明确平衡计分卡的主要意图并在认识上取得一致。组织高层应该确定一个能够担当起平衡计分卡总体设计重任的人选。

2. 选择适当的部门

设计人员必须确定出适合实行最高级别的平衡计分卡的业务部门。最初的平衡计分卡过程最好从一个具有战略意义的业务部门开始,这个业务部门的活动最好贯穿组织的整个工作流程。这样一个下属业务部门应有自己的产品和服务,以及客户、销售和流通渠道与生产设施。同时,该部门应容易制订全面的业绩评估手段,且不涉及同组织其他部门的开支以及产品与劳务转让价格问题,明确该部门同其他业务部门的关系。

3. 就战略目标达成共识

设计人员通过对部门的全面了解,帮助部门管理人员理解组织的战略目标并了解他们对平衡计分卡的评估手段的建议,解答他们提出的问题,在充分交流的基础上,确定组织的战略目标。确定战略目标是一个重复的过程,通常需要经过反复的讨论才能最终确定。

4. 选择和设计评估手段

该阶段主要包括以下要点:对于每个目标设计能够最佳实现和传达这种目标意图的评估手段;对每一种评估手段,找到必要的信息源和为获得这种信息而采取必要的行动;对于每一目标的评价体系之间的相互影响以及与其他目标的评价体系的影响进行评估。

5. 制订实施计划

以实施平衡计分卡目标部门的下属部门为单位,成立实施小组。各实施小组确定平衡计分卡的目标并制订实施计划。该计划包括如何把评估手段同数据库和信息体联系起来,负责在组织内部传播平衡计分卡,并帮助下级下放权力的部门制订实施计划,直至完全建立一个全新的可执行的信息制度。

(四)平衡计分卡的作用

1. 平衡计分卡是一种战略描述体系

平衡计分卡首先要求将组织的愿景转化为战略,然后将战略分解成财务战略、客户战略、内部流程战略、学习与成长战略,再通过设定各种战略目标与指标,描述这些战略关注的重点,形成由组织愿景→整体战略→局部战略→目标规范→指标设置组成的组织战略描述体系。

2. 平衡计分卡是一种战略管理系统

组织战略管理包括战略计划、战略实施、战略控制、战略修订四个方面,平衡计分卡以其独具的管理理念去实现战略管理职能。通过全面系统的战略描述,制订详细的战略计划;通过具体目标和指标的设定与实现过程,完成战略的实施;通过实施系统的绩效考评,履行战略控制职能;通过信息反馈和组织长短期目标的调整,及时修订战略目标。平衡计分卡将抽象的战略细化为财务、客户、内部流程、学习与成长战略的计划、实施、控制和修订,形成了一套具体、全面、可操作的战略管理系统,有助于组织有目标、有方向、有思路地实现战略管理。

3. 平衡计分卡是一种沟通工具

平衡计分卡建立的框架体系可以清晰地描述组织的战略,向组织的所有成员沟通该战略的详细内容。同时,通过平衡计分卡的绩效评价功能和循环互动功能,组织成员可以了解自己工作的目标和效果,理解自己工作对整体战略的影响和重要性。管理层运用平衡计分卡进行绩效反馈分析的过程就是与组织成员互动沟通的过程。

二、关键业绩指标法

(一)基本概念

关键业绩指标(key performance indicators,KPI)是通过对组织内部某一流程的输入端、输出端的关键参数进行设置、取样、计算、分析,衡量流程绩效的一种目标式量化管理指标,是把组织的战略目标决策经过层层分解产生的可操作的战术目标,把组织的战略目标分解为可操作的工作目标,是组织绩效管理系统的基础。KPI 法符合一个重要的管理原理——"二八原理"。在一个组织的价值创造过程中,存在着"20/80"的规律,即 20%的骨干人员创造 80%的价值;而且在每一位员工身上"二八原理"同样适用,即 80%的工作任务是由 20%的关键行为完成的。因此,管理者必须抓住 20%的关键行为,对之进行分析和衡量,这样才能抓住业绩评价的重心。KPI 是现代企业中普遍受到重视的业绩考评方法,它可以使部门主管明确部门的主要责任,并以此为基础,明确部门人员的业绩衡量指标,使业绩考评建立在量化的基础之上。建立明确的切实可行的 KPI 指标体系是做好绩效管理的关键。

(二)关键业绩指标法的流程

1. 确定关键因素

由于关键绩效指标是由组织战略层层分解得来,因此具有明确、清晰的战略是制定关键绩效指标的基础。关键成功要素是对组织的成功起关键作用的某个战略要素的定性描述,是制定关键绩效指标的依据,并由关键绩效指标具体化、定量化,从而可以使之衡量。一般来说,关键成功要素即为对组织战略目标的实现起到直接控制作用的关键岗位职责。例如,某组织的整体战略目标是"为市场不断提供新的产品",研发部门的关键成功要素即为"不断开发新的产品"。不断开发新的产品即为研发部门的关键岗位职责。通常关键因素主要从数量、质量、成本、时限和安全等方面进行考虑。

2. 确定关键指标

根据确定的关键因素,选择能够反映各因素状况的关键指标。确定指标的方法可采用德尔斐法、专家咨询等群体决策方法进行。在确定指标时,管理者应把握以下原则:①目标导向,即关键绩效指标必须依据组织目标、部门目标、岗位目标等来进行确定。②注重工作质量,由于工作质量是组织竞争力的核心,但又难以衡量,因而对工作质量建立指标进行控制特别重要。③可操作性,关键业绩指标必须从技术上保证指标的可操作性,对每一指标都必须给予明确的定义,建立完善的信息收集渠道。同时应当简单明了,容易被执行人所理解和接受。④控制指标数量,有很多指标之间是相关、交叉重叠,或是对立的,指标不在于全面、科学,而在于聚焦、有效。⑤建立绩效指标考核标准,必须详细说明分数计算方法及规则。

3. 确定指标权重

由于各指标对绩效的重要程度不同,因此在建立指标体系后应确定指标的权重。确定指标权重时,管理者需要遵循以下原则:以战略目标和经营重点为导向的原则、系统优化原则和考核者主观意图与客观情况相结合的原则。指标权重的确定可通过专家咨询、层次分析等方法进行。

4. 应用指标体系评价

根据指标体系,收集各评价对象的有关数据,根据权重得出各评价对象的综合得分,进而对各单位的绩效做出评价。同时对各分指标的变化进行分析,找出各评价对象的主要缺陷,为后期制定改进措施提供依据。

(三)关键业绩指标法应注意的问题

在利用关键业绩指标时,管理者必须坚持考核内容的全面性和完整性,考核具体指标必须与工作相关并具有可操作性。确立 KPI 指标,管理者应把握:①把个人和部门的目标与组织的整体战略目标联系起来。以全局的观念来思考问题。②指标一般应当比较稳定。如果业务流程基本未变,那么关键指标的项目也不应有较大的变动。③ 指标应该可控制,可以达到。④关键指标应当简单明了,容易被执行接受和理解。⑤对关键业绩指标要进行规范定义。⑥在将组织战略目标分解的过程中,可以和平衡计分卡等其他方法结合,获得关键指标。

【复习与思考】

1. 战略管理分析方法有哪些?
2. 管理循环的四个阶段、八个步骤是什么?
3. 排列图的作用是什么,如何使用?
4. 使用计划评审技术的具体步骤有哪些?
5. 简述绩效评估的常用方法。

第三部分 管理职能

第七章

计 划

计划是管理的首要职能,是确定组织目标并为实现目标而预先规划好的行动方案。本章介绍了计划的概念、性质、作用、计划的分类及表现形式。阐述了计划编制的过程、影响计划的因素及计划编制的原则,介绍了计划编制常用的技术方法。目标作为计划工作的基础,目标管理是实施计划工作的有效方法。本章简述了目标的概念、作用和特征,介绍了目标管理的理论基础,探讨了目标管理的本质,阐述了目标管理的过程及其优缺点。

第一节 计划概述

计划是管理职能中最基本的职能,计划工作就是要确定组织的目标以及实现这些目标的途径。主管人员围绕着计划规定的目标,去从事组织工作、领导工作和控制工作,以达到预定的目标。

一、计划的概念

计划作为管理过程的起点,是指制定组织目标,并确定为达到组织预期目标所采取行动方案的过程。对计划的概念,我们可从动态和静态两个方面理解:

(1)从动态角度看,计划是指为了实现既定的目标而预先进行的行动安排。主要包括:在时间和空间两个维度上进一步分解任务和目标,选择任务和目标实现方式,进度安排,行动结果的检查与控制等。

(2)从静态角度看,计划是指用文字和指标等形式所表述的,组织内不同部门和不同成员,在未来一定时期内,关于行动方向、内容和方式安排的管理文件。

计划包括确定组织未来发展目标以及实现目标的方式,是一切管理活动的前提。计划可以分为三个步骤:

(1)确定组织追求的目标。

(2)决定为实现这一目标需要采取的行动路线。

(3)决定如何配置组织资源来实现上述目标。

二、计划的性质与作用

(一)计划的性质

1. 首要性

我们通常讲的管理职能有计划、组织、领导和控制,计划是各项管理的首要职能。组织的管理过程首先应当明确管理目标、筹划实现目标的方式和途径,而这些恰恰是计划工作的任务。有效的计划不仅为组织指明发展的目标和方向、统一组织成员的思想,同时也为组织制定行动步骤提供了衡量的基点,是名副其实的第一职能。可以说,离开了计划,其他管理职能就无法行使,计划是进行其他管理职能的基础或前提条件,图 7-1 概略地描述了这种相互关系。

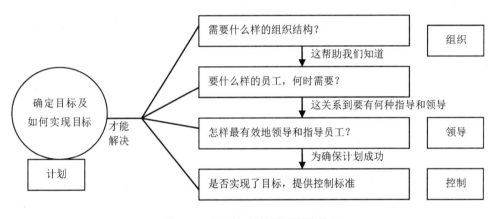

图 7-1 计划与其他管理职能关系

2. 目的性

管理职能的目标都是实现组织目标。计划职能的目的性是非常明显的,它的目标就是确定组织目标,并为实现组织目标制订行动方案。任何组织或个人制订的各种计划都是为了促进组织的总目标和一定时期目标的实现。

3. 普遍性

由于人的能力是有限的,即使是最聪明、最能干的领导者,也不可能包揽全部计划工作。因此,实际的计划工作涉及组织中的每一位管理者和组织成员。当然计划工作的普遍性中蕴含一定的秩序,最主要的秩序表现为计划工作的纵向层次性和横向协作性,高层管理人员明确组织总的计划方向,各级管理人员必须随后据此拟订计划,保证实现组织的总目标。此外,实现组织的总目标不可能仅通过某一类型的活动就可以完成,而需要多种多样活动相互协作、相互补充才可以完成。

4. 效率性

计划的效率性主要是指时间性和经济性。任何计划都有计划期的限制,也有实施计划时机的选择。计划的时效性表现在两个方面:一是计划工作必须在计划期开始之前完成计划的制订工作。二是任何计划必须慎重选择计划期的开始时间和截止时间。经济性是指组织计划应该以最小的资源投入获得尽可能多的产出。

5. 创造性

计划工作总是针对需要解决的新问题和可能发生的新变化、新机会而做出的决定,因而它是一个创造过程。计划工作是对管理活动的设计,正如一种新产品的成功在于创新一样,成功的计划也依赖于创新。

(二)计划的作用

1. 协调组织活动的依据

计划为管理工作提供了基础,是管理者行动的依据。当组织成员理解了计划工作所制定的组织目标,就会自觉地将个人的力量朝向实现组织目标的方向努力。计划使得管理者的指挥、协调、控制更加有效,使管理工作的监督、检查和纠偏有明确的依据。

2. 预测未来、降低风险的手段

计划工作促使管理者展望未来,预见变化。考虑内外环境变化给组织带来的冲击,从而制定适当的对策,减少组织活动的不确定性,降低变化给组织带来的不利影响。甚至还能变不利为有利,抓住变化带来的机会。

3. 合理配置资源,减少浪费的手段

计划工作的重要任务就是使未来的组织活动均衡发展。预先进行认真的计划能够消除不必要活动所带来的浪费,能够避免在今后的活动中由于缺乏依据而进行轻率判断所带来的损失。计划可以使组织的有限资源得到合理的配置,通过各种方案的技术分析,选择最有效的方案用于实施。有了计划,组织中各成员的努力将合成一种组织效应,提高工作效率,从而带来经济效益。

4. 管理者制订控制标准的依据

计划的重要内容是组织目标,它是制订控制标准的主要依据。正是由于在计划工作中设立了目标和标准,因而管理者能在管理工作中将实际的绩效与目标进行比较,发现已经和可能发生的偏差,采取必要的纠偏行动。

在实际工作中,对计划工作的作用应有正确的认识。第一,计划工作不是策划未来,也就是说,计划工作并不是预测。实际上,人类无法完全准确地预言未来和控制未来,试图指挥和策划未来是幼稚的。我们仅能决定为了实现将来的目标应当采取什么样的行动。第二,计划工作不是做未来的决策,计划工作所涉及的是当前决策对将来事件的影响。所以,计划工作涉及未来,但是计划工作的决策是现在做出的。第三,计划工作并不能消除变化。管理者不管做些什么,变化都是客观存在的。管理部门之所以要从事计划工作是为了评估各种变化和风险,并对它们做出最为有效的反应。第四,计划工作并不减少灵活性。组织的正式计划比存在于一些高层管理者头脑中模糊的假设要容易修改,因为它推理明确,构想清晰。此外,有些计划可以人为地增加其灵活性,管理人员是管计划的,而不是被计划管住的。

三、计划的内容

计划的制订本身也是一个全面分析的过程,计划工作的内容常用"5W1H"来表示,即做什么(what to do)、为什么做(why to do it)、何时做(when to do it)、何地做(where to do it)、谁去做(who to do it)、怎么做(how to do it)。

"做什么":要明确组织的使命、宗旨、战略、目标,以及行动计划的具体任务和要求,明确一个时期的中心任务和工作重点。

"为什么做":要论证组织的使命、宗旨、战略、目标和行动计划的可能性和可行性,也就是说要提供计划制订的依据。实践表明,计划工作人员对组织的宗旨、目标和战略了解越清楚,认识越深刻,就越有助于他们在计划工作中发挥主动性和创造性。

"何时做":规定计划中各项工作开始和完成的进度,以便对组织活动进行有效的控制,对组织的能力和资源进行合理配置。

"何地做":规定计划的实施地点或场所,了解计划实施的环境条件和限制,以便合理安排计划实施的空间组织和布局。

"谁去做":计划不仅要明确规定目标、任务、地点和进度,还应规定每个阶段由哪个部门、哪个人负责。

"怎么做":提出实现计划的措施,采取的工作流程及技术方法,以及相应的政策和规则。对资源进行合理分配和集中使用,对人力、生产能力进行平衡,对各种派生计划进行综合平衡等。

实际上,一个完整的计划还应包括控制标准和考核标准的制定,使组织中所有部门与成员不但知道组织的使命、宗旨、战略、目标和行动计划,而且还要明确本职工作的内容,如何去做,以及要达到什么标准。

四、计划的类型和形式

(一)计划的类型

计划工作是组织中各个部门、各个管理层次都存在的活动,计划工作的普遍性决定了计划的多样性。按照不同的标准,我们可将计划划分为不同的类型。认识计划的不同类型,有利于充分发挥计划的职能,制订有效的计划。

1. 按计划的广度划分

按照这种方法,我们可以把计划分为战略计划和行动计划(见表7-1)。

(1)战略计划。战略计划体现了组织在未来一段时间内的总体发展目标和寻求组织在环境中的地位,以及实施的策略。战略计划具有长远性、全局性和指导性,它决定在相当长时间内组织资源的运动方向,并在较长时间内发挥指导作用。

战略计划始于组织的使命。组织使命明确阐述了组织存在的目的和意义,它决定了组织中将发生或应发生的一切。对于每一个组织,我们需要回答两个根本性的问题:我们的组织是什么,它应该是什么。第一个问题的答案是由服务对象或消费者决定的,而不取决于组织的管理者。服务对象或消费者对组织产品和服务的看法与意见,组织管理者必须认真考虑和接受。对于第二个问题要求组织决定它们是否找对了事业,或是否应改变其方向。这些改变将促使组织重新定义其使命。

表 7-1　战略计划与行动计划

比较项目	战略计划	行动计划
时间跨度	三年或三年以上	三年以内(周、月、季、年)
范围	涉及整个组织	限于特定的部门或活动
侧重点	确定组织宗旨、目标,明确战略和重大措施	明确实现目标和贯彻落实战略、措施的各种方法
目的	提高效益	提高效率
特点	全局性、指导性、长远性	局部性、指令性、一次性

(2) 行动计划。行动计划是在战略计划所规定的方向、方针和政策框架内,确保战略目标的落实和实现,确保资源的取得与有效运用的具体计划。它主要描述如何实现组织的整体目标,是战略计划的具体化或是战略实施计划。

战略计划是由组织高层管理部门制定的,高层管理部门为整个组织提出指导性的目标,然后逐级由较低层次的管理部门提出相应的目标与行动计划。随着计划工作过程在组织中自上而下地推行,目标的主题和业绩的衡量就越来越具体。

2. 按计划的期限划分

按计划期的时间长短可分为长期计划、中期计划和短期计划。短期计划一般是指一年或一年以下的计划,中期计划是指一年以上到五年的计划,长期计划是指五年以上的计划。但是,这种划分并不是绝对的。比如:一项航天发展项目的实施计划可能需要二十年;一家医院的发展计划可能需要三年;一家 IT 企业,由于市场变化较快,因而它的短期计划仅能适用两个月。所以,尽管我们按上述时间界限划分出长期、中期和短期计划,但在实际工作中,还是应根据它们本身的性质来确定。

3. 按计划的对象划分

按计划的对象来分,它包括综合计划、局部计划和项目计划三种。

(1) 综合计划。一般是指具有多个目标和多方面内容的计划。就其涉及对象来说,它关联到整个组织或组织中的许多方面。人们习惯上把预算年度的计划称为综合计划,如企业中的年度生产经营计划,它主要包括销售计划、生产计划、劳动工资计划、物资供应计划、成本计划、财务计划、技术组织措施计划等。这些计划都有各自的内容,但它们又互相联系、互相影响、互相制约,形成一个有机的整体。

(2)局部计划。局部计划是指在指定范围内的计划。它包括各种职能部门制订的职能计划,如技术改造计划、设备维修计划等。局部计划是在综合计划的基础上制订的,是为达到整个组织的分目标而确立的,它的内容专一性强,是综合计划的一个子计划。

(3)项目计划。项目计划是针对组织的特定任务做出决策的计划。例如,某种新技术开展计划、医院病房的扩建计划、职工食堂建设计划等都是项目计划。项目计划可能为一年,也可能为几年。

4. 按组织的职能业务划分

按组织的职能业务,我们可把计划分为业务计划、财务计划和人事计划等。组织要从事生产、营销、财务、人事等方面的活动,就要相应地为这些活动和职能业务部门制订计划。企业的生产计划安排了企业生产规模的扩张、各车间的生产作业进度等;企业的营销计划是对企业销售渠道、促销方式及费用等方面的安排;财务计划是对组织资金的筹措和运用等业务活动的安排;人事计划是为保证组织的生存和发展而提供相应人力资源的长期与短期的安排。

(二)计划的形式

面向未来和面向行动是计划的两大显著特征,因此计划的表现形式是多种多样的。哈罗德·孔茨和海因茨·韦里克从抽象到具体把计划分为一种层次体系,可以分为使命、目标、战略、政策、程序、规章、规划、预算(见图 7 - 2)。

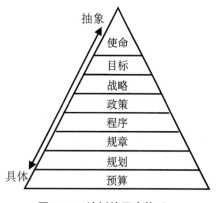

图 7 - 2 计划的层次体系

1. 使命

组织的使命或宗旨,可以看作一个组织最基本的目标,也是一个组织存在的意义。使命就是着重表明社会对该组织的基本要求、组织的基本作用和根本任务的计划。每个组织既有社会赋予的基本职能,即社会使命,也有使其成员生存、发展的使命。能取得成功的组织首先在于有明确的宗旨,宗旨常常揭示组织的文化和目标。

2. 目标

宗旨是一个组织最基本的目的,它需要通过目标的具体化才能成为行动的指南。通常人们可以把组织的目标细化,从而得出多方面的目标,形成一个互相联系,并且有等级层次之分的目标体系。组织的总目标可以被层层分解为更具体的阶段目标、部门目标和个人目标。组织目标除了具有层次性外,还具有多重性。现代组织是一个复杂的社会机构,它需要在多重的目标和需要之间求得平衡。如果过分强调某一个目标,就会忽视其他目标。因此,实际工作中我们要综合考虑各个目标。

3. 战略

战略是组织为了达到总目标而采取行动和利用资源的总计划。战略和策略并不确切地描述组织怎样完成目标,而是为组织提供指导思想和行动框架,它不是具体的行动方案。组织在制订战略时,要认真分析内外部环境。经营性组织要仔细研究其他的相关组织,特别是主要竞争对手的情况,为取得竞争中的优势地位而制订组织自身的战略。

4. 政策

政策的作用是为组织确立活动的一般指南。政策是指明组织的活动范围和方针、表明组织鼓励什么和限制什么,以保证行动同目标一致的导向性规定。政策是指导决策的,所以允许管理者对某些事情有酌情处理的自由。政策应有统一性、持久性、连续性,但是政策的表述往往不容易做到十分规范和精确,容易使人产生误解,并且情况在不断变化,这些都导致政策有时难以连贯和稳定。为了保持政策的一致性和整体性,我们认为应将组织的政策以书面形式写下来。

5. 程序

组织程序是制订和处理未来活动的一种必需方法的计划,它规定了某些经常发生的问题的解决方法和步骤,而不是指导如何思考问题。程序是按时间顺序对必要的活动进行排列,它是一种经过优化的计划,是通过大量的实践经验总结而形成规范化的日常工作过程和方法,程序可以提高工作的效率。

6. 规章

组织的规章是一种最简单的计划,它为组织的具体工作做出一系列限制和规定,详细阐明哪些是必需的行动或者是非必需的行动,并且没有酌情处理的余地。规章通过建立行动指导准则,以达到简化管理人员工作的目的。

人们经常把规章、政策和程序相混淆。规章不是程序,规章虽然指导行动但却不标明时间顺序,而程序对时间和空间的顺序有要求;政策的目的是指导决策,并给管理人员留有酌情处理的余地,规章也起指导的作用,却没有自行处理的权力。

7. 规划

规划是综合性计划,包括目标、政策、程序、规则、任务分配、要采取的步骤、要使用的资源,以及为完成既定行动方针所需要的其他要素。组织规划是为组织总体在目标内,对特定的重点工程或任务制订的一套专用计划。规划可大可小,一个主要的规划可能需要很多的支持计划。

8. 预算

预算是一系列用货币量表示预期结果的报表,可以称为"数字化"的计划。预算描述了组织在未来一段时期的现金流量、收支等的具体安排,它是基本的计划工作手段。由于预算是采用数字的形式,编制预算可以迫使管理者精确制订组织计划,所以预算也是一种控制手段。

第二节 计划的编制

一、计划编制过程

计划编制本身也是一个过程。为了保证编制的计划合理,确保组织目标的实现,计划编制过程中必须采用科学的方法。虽然可以用不同标准把计划分成不同类型,计划的形式也多种多样,但管理者在编制任何完整的计划时,实质上都遵循相同的逻辑和步骤。计划编制过程包括八个步骤的工作,其先后次序如图7-3所示。

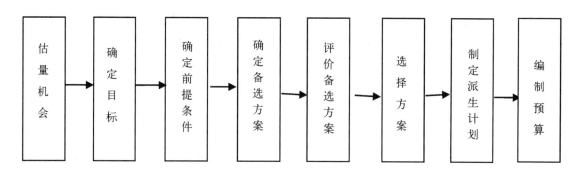

图 7-3 计划编制过程图

1. 估量机会

估量机会就是管理者根据环境和组织的现实情况对可能存在的机会做出判断。严格地说,估量机会不属于编制计划过程的一个组成部分,它要在计划编制之前进行。但是寻找组织外部环境中的机会和组织内部的优势是编制计划的真正起点。只有这样,管理人员才能了解将来可能出现的机会,并能清楚而全面地了解这些机会对组织的利与弊、怎样解决将要出现的问题、为什么要解决这些问题以及能得到期望的什么结果。

2. 确定目标

计划应有明确的目标,目标规定预期结果,并说明组织要做哪些工作。战略计划主要侧重于目标的制定,而作业计划主要侧重于组织目标体系中必须进行的某项活动。组织目标的确立应考虑在什么方向、需要实现什么目的和何时完成。在目标的制定上,首先要注意目标的价值,各类计划设立的目标应与组织的使命和总目标有价值上的一致性,这是对计划目标的基本要求。其次要注意目标的内容及其优先顺序,不同的目标顺序将导致不同的行动内容和资源分配的先后顺序。最后,目标应有明确的衡量指标,不能含糊不清,对目标应尽可能进行量化,以便度量和控制。

3. 确定前提条件

确定前提条件是要确定整个计划活动所处的未来环境。计划是对未来条件的一种"情景模拟",确定前提条件就是要确定这种"情景"所处的状态和环境。这种"情景模拟"能够在多大程度上贴近现实,取决于对它将来所处的环境和状态预测的准确程度,也就是取决于确定前提条件这一步骤的工作质量。

4. 确定备选方案

每一项活动(或问题)一般都有几种不同的方式和方法,编制一个计划需要集思广益,拓展思路,寻求和检查多个可供选择的方案。但有时主要的问题不是寻找可供选择的方案,而是减少可供选择的方案数量,以便从中分析最有希望的方案。因此,管理者需要进行初步筛查,从中发现最有成功希望的方案。

5. 评价备选方案

评价备选方案就是根据计划的目标和前提条件权衡利弊,对各种备选方案进行评价。评价备选方案的尺度有两个:一是评价的标准;二是各个标准的相对重要性,即权重。在多数情况下,存在很多备选方案,而且有很多有待考虑的可变因素和限制条件,这会使得评价比较困难。

6. 选择方案

选择方案是计划的关键步骤。做出正确的选择需要建立在前面几步工作的基础上。为了保持计划的灵活性,选择的结果往往可能是两个或更多的方案,并且决定首先采取哪个方案,并将其余的方案也进行细化和完善,作为后备方案。

7. 制订派生计划

选择好方案后,计划工作并没有完成,还需要为涉及计划内容的各个部门制订支持总计划的派生计划。几乎所有的总计划都需要派生计划的支持和保证,完成派生计划是实施总计划的基础。

8. 编制预算

计划编制工作的最后一步,就是要把计划转变为预算,使计划数字化。预算是汇总组织各种计划的一种手段,将各类计划数字化后汇总,才能分配好组织的资源。预算是用数字表述计划,并把这些数字化的计划分解成与组织的职能业务相一致的各个部分。这样,预算就与计划工作相联系,将资源使用权授予组织的各部门,但又对资源使用状况进行控制。管理人员只有明确了这些具体的资源使用情况,才能采取授权的方式在预算限度内去实施计划。

二、影响计划的因素

1. 组织的层次

在大多数情况下,基层管理者的计划活动主要是制订作业计划,当管理者在组织中的等级上升时,他的计划角色就更具战略导向。对于大型组织的高层管理者来说,他的计划任务基本上都是具有战略性的。

2. 组织的生命周期

组织要经历一个生命周期(life cycle),开始于形成阶段,然后是成长、成熟,最后是衰退。在组织生命周期的各个阶段上,计划的类型并非都具有相同的性质,正如图7-4所描绘的,计划的时间长度和明确性应当在不同的阶段上做相应的调整。

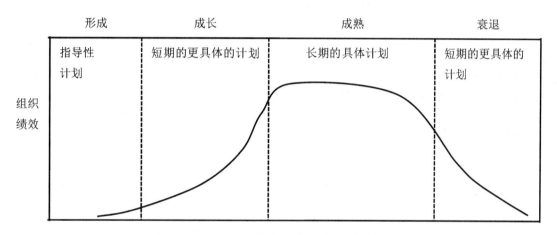

图7-4 组织的生命周期与计划的关系

在组织的形成期,管理者应当更多地依赖指导性计划,因为这一阶段要求组织具有很高的灵活性。在这个阶段上,目标是尝试性的,资源的获取具有很大的不确定性,指导性计划使管理者可以随时按需要进行调整。在成长阶段,目标更加确定,资源更容易获取,顾客忠诚度提高,计划也更具有明确性。当组织进入成熟期,可预见性最大,从而也最适用于具体计划。当组织从成熟期进入衰退期,计划也从具体性转入指导性,这时的目标需要重新考虑,资源需要重新分配。

计划的期限也应当与组织的生命周期联系在一起。短期计划具有最大的灵活性,故应更多地运用于组织的形成期和衰退期;成熟期是一个相对稳定的时期,因此更适合制订长期计划。

3. 环境的不确定性程度

环境的不确定性越大,计划更应当是指导性的,计划期限也应更短。如果与计划相关的重要社会、经济、法律、技术等因素正在发生变化,实施精确规定的计划反而会成为组织取得绩效的障碍,而且变化越大,计划就越不需要精确,管理就越应当具有灵活性。

4. 未来许诺的期限

由于计划工作要求现在为不确定的将来做出承诺,要完成计划就是要完成承诺,因而承诺的大小就与计划的期限即未来许诺的期限有关。这就是说,计划的期限应延伸到足够远,以便在此期限中,能够实现当前的许诺。如果计划的期限比其许诺能完成的期限短,计划就会失败。

5. 管理者对计划的态度

虽然从最高层到基层管理者都普遍认识到计划的重要性,但是却有很多人宁愿临时去救火,也不愿去提前做计划,或者常常推迟或拖延制订计划的工作。有些管理者认为,如果对工作做了计划,工作自然就会顺利进行,因此他们只做计划,而不去关心计划的贯彻实施;还有些管理者把计划作为争取资源的手段,只强调它的有利一面,而不顾其可行与否。这些都是对计划的错误认识,会影响到计划的效果。

6. 管理者的经验

在缺少足够的控制技术和信息资料的情况下,制订者的经验对计划很重要,但计划是一个理性的过程,不能过分地依赖经验。

三、计划编制的原则

1. 前瞻性原则

计划都是对未来一定时期组织活动的规划,所以必须有一定的前瞻性。在制订计划时,管理者必须充分估计环境的变化,以确定组织应对的措施。对组织自身的发展趋势,管理者也必须有预先估计,比如确定产品或服务的生命周期,在人力资源管理计划中,要充分考虑组织未来几年的规划,组织若是扩大规模,对人才的需求则是选择外部招聘还是进行内部培养。

2. 明确性原则

明确性是指计划的制订要具备可考核的指标。如果对是否达到所要求的目标,计划的说明很含糊,就不能起到计划的作用。同时,计划是控制的基础,没有明确的目标,控制就不可能实现。明确的计划目标方便管理者及时纠正偏差,也对事后的考核和激励起到重要作用。

3. 灵活性原则

计划的制订必须包括一定的弹性,这是因为未来环境的变化是不可控的。虽然对变化可以预测,可是由于环境的复杂性和偶然性因素的存在,以及预测技术的限制,计划不可能包括未来所有的可能性。因此,在突发状况产生时,有弹性的计划就可以避免不必要的损失,同时过于严谨的计划容易流于形式,也可能遏制组织成员的积极性和创造性。

4. 协调性原则

协调性原则是指计划的制订要建立在各方协调的基础之上。只有这样,才能保证制订的计划符合实际情况的要求。同时,这样制订出来的计划才有可能得到各方的积极支持。此外,计划中还应包括可协调的因素,因为实际情况是在发展变化的,所以计划的实施也需要各方面的充分协调。

5. 参与性原则

计划的参与性原则是指计划的制订要求全体组织成员积极参与。这种参与不仅能够保证计划内容切实可行,还能使计划得到有效的实施。因为组织成员参与计划的制订是一种很好的激励手段,所以能充分调动组织成员的积极性。

四、计划编制的方法

计划工作的效率高低和质量的好坏在很大程度上取决于所采用的计划方法。现代计划方法为制订这种切实可行的计划提供了手段。在计划的质量方面,可以确定各种复杂的经济关系,提高综合平衡的准确性,能够在众多的方案中选择最优方案,还能够进行因果分析,科学地进行预测。在效率方面,由于采用了现代数学工具并以计算机技术作为基础,大大加快了计划工作的速度,这就使得管理者从繁杂的计划工作中得以解脱出来,能够集中精力考虑更重要的问题。总之,现代计划方法具有许多优点,已经逐渐为更多的计划工作所采用。下面我们介绍其中几种常用的方法。

（一）滚动计划法

滚动计划法是一种定期修订计划的方法。管理者根据计划的执行情况和环境变化情况定期修订计划,并逐期向前推移,将短期计划、中期计划和长期计划有机地结合起来。滚动计划法的缺点是计划编制的工作量较大。如图 7-5 就是一个五年的滚动计划制订方法。滚动计划法适用于任何类型的计划,它有下列优点。

（1）使计划更连续。滚动计划法使长期计划、中期计划和短期计划相互衔接,能根据环境的变化定时地进行调节,并使各期计划基本保持一致。滚动计划法能始终保持计划的连续性和稳定性,保证计划与组织目标的一致性。

（2）使计划更加切合实际。由于滚动计划相对缩短了计划期限,加大了对未来估计的准确性,同时对近期的计划进行详细修订,使计划更加符合实际情况,因而既能保证计划的指导作用,又可提高计划的质量。

（3）使计划富有弹性。由于在计划工作中很难准确地预测影响未来发展的各种因素的变化,而且计划期越长,这种不确定性就越大,因此若硬性地按几年前编制的计划实施,可能会导致重大的损失。滚动计划法的定期修订,可避免这种不确定性带来的不良后果,大大增强计划的弹性,从而提高组织的应变能力。

（二）甘特图法

甘特图（Gantt chart）是亨利·甘特在 20 世纪初开发的,甘特图是被广泛使用的计划工具,它基本上是一种线状图,可以安排各项计划活动,清晰掌握计划工作的状态。同时,它又是一种控制工具,帮助管理者发现实际进度偏离计划的情况。甘特图横轴表示时间,纵轴表示安排的活动,线条表示在整个期间计划的和实际的活动完成情况。详细内容见第二章第三节有关内容。

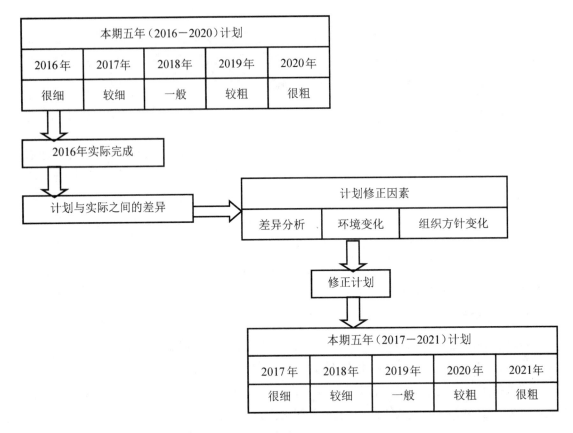

图7-5 滚动计划法示意图

（三）计划评审技术

计划评审技术能使管理者必须考虑要做哪些工作,确定各工序之间的依赖关系和需要的时间,分辨出关键线路,借助该技术还可以方便地比较不同行动方案在进度和成本方面的效果。因此,计划评审技术可以使管理者监控项目的进程,识别可能的瓶颈环节,以及必要时调度资源确保项目按计划进行。具体用法参见本书第六章第三节有关内容。

（四）线性规划法

线性规划是运筹学中一个比较成熟的分支,并且应用广泛。它是对有限资源进行最佳配置的有效方法,通常可以解决组织面临的两大决策问题:一是在有限资源的条件下,如何通过有效配置使组织利润达到最大;二是在产品以及服务确定的条件下,如何使得资源耗费达到最少。由于有成熟的计算机应用软件的支持,因而采用线性规划模型安排资源计划并不是一件困难的事情。

图解法是一种简单、直观的线性规划求解法,下面我们通过实例来介绍。

例:某企业生产甲、乙两种产品,耗用原料为 A、B,单位利润值和库存原料如表7-2所示,试确定甲乙两种产品各生产多少件,才能使该厂获得最大利润。

表 7-2 甲乙两种产品耗用原料、单位利润及库存原料情况

原料	单位产品耗用原料数		库存原料总数
	甲	乙	
A/kg	5	10	60
B/kg	4	4	40
单件利润/元	6	8	

解:设生产甲产品 x_1 件,乙产品 x_2 件,容易建立线性规划的数学模型。

$$\max Z = 6x_1 + 8x_2$$

满足以下约束条件:

$$\begin{cases} 5x_1 + 10x_2 \leqslant 60 \\ 4x_1 + 4x_2 \leqslant 40 \end{cases} \quad (x_1 \geqslant 0_2, x_2 \geqslant 0)$$

以下用图解法求解。

由约束条件构成的可行域是阴影部分 $OABC$,该区域中每一点都满足约束条件,都是可行解,现在的关键是在可行域内寻找最优解,如图 7-7 所示。

对于目标函数 $\max Z = 6x_1 + 8x_2$ 进行分析,求 $\max Z$,即求这样一条直线 $x_2 = b - \frac{3}{4}x_1$,使它在 x_2 轴上的截距最大,同时 x_1、x_2 必须满足约束条件。令 $b = 0$,得到直线 $x_2 = -\frac{3}{4}x_1$,然后作平行于该直线的等直线,从中选定一条离原点最远,同时又没有离开可行域的直线。

由图 7-6 可以看出,通过 B 点的直线在 x_2 轴上的截距最大。该点坐标可解如下方程组得到:

$$\begin{cases} 5x_1 + 10x_2 = 60 \\ 4x_1 + 4x_2 = 40 \end{cases}$$

解得 $x_1 = 8$,$x_2 = 2$,最优值 $\max Z = 64$,即生产甲产品 8 件,乙产品 2 件时可获得最大利润 64 元。

利用线性规划法我们可以求解具有许多约束条件和未知变量的优化问题。但建立线性规划的数学模型必须具备几个基本条件。

(1)变量之间以及变量与目标之间的函数关系是线性规划关系。

(2)问题的目标可以用数字来表达。

(3)问题中应存在着能够达到目标的多种方案。

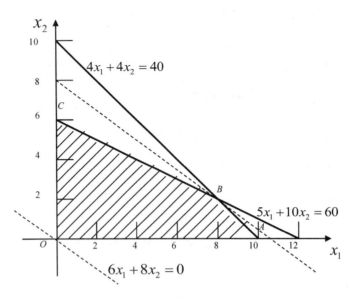

图 7 - 6　线性规划图解

（4）目标是在一定约束条件下实现的，并且这些条件能用不等式加以描述。

由于具备上述条件的情况具有普遍性，所以线性规划的方法也得到了广泛的运用：从解决技术问题的最优化到工业、农业、商业和交通运输业，从小到一个小组的日常计划安排，大至整个部门，乃至国民经济计划的最优方案的提出，都能发挥作用。

第三节　目标与目标管理

一、目标概述

目标（object）是计划的一种形式，组织目标可以指组织想要达到的未来的一种状态，它指明了组织或个人的发展方向，并激励组织和个人采取有利于达成目的的行动。目标是组织的基本特征，目标是计划工作和一切管理工作的基础，也是管理活动的出发点和终点。

（一）目标的作用

1. 目标的指向作用

从管理过程的角度来看，管理的实质就是组织中的管理者为实现预定的目标所进行的一系列职能活动。目标是管理活动的出发点，它具有确定方向或指引方向的作用。管理实践证明，任何组织的一切管理活动，都是沿着一定的目标方向进行的。目标不明，或目标错误，组织的工作就会失去正确的方向。

2. 目标的推动作用

明确的目标对组织管理者来说,有达标的强大推动作用;对组织的成员来说,有推动他们为实现目标而自觉努力工作的作用。当然,目标确定要科学:目标太高,则难以达标,让人丧失信心;目标太低,极易达标,就不能起到推动作用。

3. 目标的标准作用

目标是评价工作成效的一个尺度,可以用来衡量管理者、组织成员工作成效的大小。我们常说的是否达标,也就是评定工作成效。当然,如前所述,目标不应太高或太低。

(二)目标的特征

组织目标是一个有层次的网络,同时,目标必须与组织发展所处的不同阶段相结合。因此,目标具有层次性、多样性、网络性和时间性等特征。

1. 目标的层次性

目标的层次性与组织的层次性有关。组织一般可以划分为高层、中层、基层和操作层四个层次。这是组织纵向分工的结果,也是提高管理效率的结果。组织目标,尤其是总目标,对于具体的组织成员来说过于抽象,需要将组织目标逐步分解成一个与组织层次、组织分工相适应的层次体系,让组织的每一个层次、每一个部门、每一个成员都有相应的具体目标,成为他们的行为方向和激励手段,这些目标又是组织目标具体化层次的展开。在组织目标中,最高最抽象的是组织总目标,它是组织的共同愿景、宗旨和使命的具体化。将组织总目标具体化,是高层管理者的任务;这些具体目标再分解就是分组织的目标;分组织目标继续具体化,则形成下属部门和单位的目标;最终目标被具体化为每个成员的目标。这样就形成了一个完整的目标层次体系,如图7-7所示。

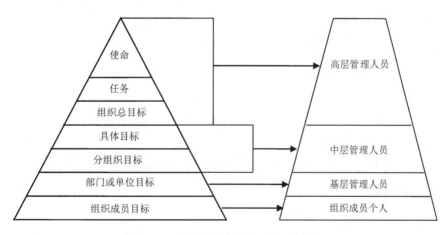

图7-7　目标层次体系与组织层次体系

2. 目标的多样性

所谓目标的多样性,是指总目标有多侧面的反映,或可以用不同指标来反映。例如,一所大学的总目标是建成国际知名的研究型大学。这个总目标的多样性,可以从招收高质量的学生、聘请国际一流的教授、出世界一流的科研成果等多个侧面目标来反映。

目标的多样性还体现在真实目标与宣称目标的差异上。宣称目标是一个组织对其目标的官方陈述,可以从组织章程、年度报告、公共关系通告或者组织管理者的公开声明中体现出来。真实目标则通过观察组织成员行动得出结论,组织成员的行动表现了一个组织优先考虑的事情。但两者会发生矛盾或偏差,因为宣称目标通常受社会舆论影响,并且不同的信息发布者可能表述得不一样。当然,更深一层的原因是组织成员(包括高层管理人员)对目标的理解不深入,对其重要性了解不够。

与目标的多样性相关的另一个概念是模糊目标。一般而言,目标越明确越好,现实中一些组织往往难以提出明确目标,就可能使用模糊目标。所谓模糊目标,是对目标的一些具体内容预留一定的弹性空间。比如说,对目标实现的时间限制,就可以留有余地,"三到五年"就是一个具有弹性的模糊目标;同样"利润率实现 8%～12% 的增长"就比"10%"的目标模糊,比它更模糊的是"实现明显增长"。

3. 目标的网络性

一个组织的目标通常是通过各种活动的相互联系、相互促进来实现的,所以目标和具体计划通常构成一个网络,而它们的关系也不是简单的线性,即目标之间左右关联、上下联通、彼此呼应,融会成一个整体。正因为如此,组织更要保证各个目标彼此协调、相互支援和相互联系。

4. 目标的时间性

按时间的长度我们可以将目标分为短期目标和长期目标,这二者的区别是相对的。短期目标是长期目标的基础,任何长期计划的实现都是由近及远的。另一方面,短期目标必须体现长期目标,必须是为实现长期目标服务的。因此,我们应该根据各个目标编制计划,并将这些计划汇集成总计划,以检查它们是否符合逻辑,是否协调一致,以及是否切实可行。

(三)制定组织目标的原则

要确保制定的目标对组织有效,管理者就应该遵循一定的原则,并满足目标的基本特性,在确定组织目标时,应遵循以下五个基本原则,简称 SMART 原则。

1. 明确具体原则(specific)

目标必须明确具体,组织层级和个体情况不同,目标要明确具体地体现组织对每一个层级和个人的具体要求。

2. 可衡量性原则(measurable)

制定的目标应该是可以量化的,可以考核的,有明确的衡量指标,即组织成员的实际表现和目标之间可以进行比较。

3. 可实现性(attainable)

目标能被执行人接受,并能够实现,不能因为目标定得太高,使组织成员无法完成而产生挫败感,但并不否定所制订的目标具有挑战性。

4. 相关性(relevant)

目标相关性是指实现此目标与组织总目标或与其他目标的关联情况,如果目标与组织的发展方向不相关或相关性较低,目标即使达到了,意义也不大。

5. 时限性(time-based)

目标时限性是指完成目标是有时间限制的,要有明确的时间要求。

二、目标管理

(一)目标管理概述

1. 目标管理的形成

1954 年,彼得·德鲁克在《管理实践》中首先使用目标管理(management by objectives,MBO)这个概念,并在其后的论述中,提出了"目标管理与自我控制"的主张。德鲁克认为,一个组织的目的和任务必须转化为目标。如果一个领域没有明确的目标,那么这个领域必然被忽视。而目标管理最大的优点是组织成员能够控制自己的成绩,这种自我控制会激励成员尽自己的最大努力把工作做好。因此,他提出,让每个组织成员根据总目标的要求来制定个人目标,并努力达到个人目标,就能使总目标的实现更有把握。在目标管理的实施阶段和成果评价阶段,管理者应做到充分信任组织成员,实行权力下放和自我管理,发挥每个组织成员的主动性和创造性。

德鲁克的分析在当时对管理领域产生了巨大影响,并为目标管理的实际应用打下了坚实基础。

2. 目标管理的概念与特点

目标管理是一种综合的以工作为中心和以人为中心的管理方法。组织各级管理者同组织成员共同制订组织目标,使目标与组织内每个成员的责任和成果密切联系,明确规定每个人的职责范围,用目标的完成情况来进行管理、评价和决定每个成员的贡献,并给予奖励和处罚。由此可见,目标管理有以下四个特点。

(1)组织目标是上级与下级共同商定的,而不是上级下达指标、下级仅仅是执行者。

(2)每个部门和个人的任务、责任及应该达到的分目标是由组织的总目标决定的。

(3)每个部门和个人的一切活动都围绕着这些目标展开,这就使履行职责与实现目标紧密地结合起来。

(4)个人和部门的考核均以目标的实现情况为依据。

(二)目标管理的理论基础

1. 科学管理与目标管理

20 世纪早期,泰勒创立的科学管理学派认为要提高工作效率就必须实行工作专门化,该学派认为专门化可以增加工作熟练程度,而收到事半功倍的效果。要求专门化,就得把一系列的工作划分为不同范围,由不同的人负责,然后综合起来。所以,专门化与分工及合作成为事物的两个方面。目标管理也是把组织总目标进行层层分解,是科学管理中分工理论的深化应用。

2. 行为科学与目标管理

在 20 世纪 30 年代左右,以梅奥等人为代表的人际关系学派认为重视人的社会需要和非正式组织的作用,激励组织成员士气才是提高管理效率的最佳途径。目标管理很重要的一点就是让组织成员参与目标的制订,全面认识和理解组织目标,自觉为实现目标而努力奋斗。

3. 授权与目标管理

授权是上级主管把因组织上的职位所得到的管理权力分授给部属,上级主管把做事、用人、用钱等支配组织资源的权力分授给部属,其目的是要部属帮助他完成该职位上所应尽的责任。心理学的研究证实,一般人都愿被“重视”和“重用”,合理授权会使部属感到上级主管对他的重视和重用,能调动部属的积极性。实行目标管理,进行合理授权是必要的,而且分配的目标就是授权的依据。只给部属确定目标、下达任务,而不进行相应的授权,是很难达到目标和完成任务的。

目标管理是把目标自始至终贯穿在管理过程中,以目标制定为管理开始,以达到目标为管理终点。各级管理者及组织成员都有相应的目标,而且以达到目标的程度作为考核成效的依据。正所谓,千斤重担大家挑,人人肩上有指标。目标管理的理论基础如图 7-8 所示。

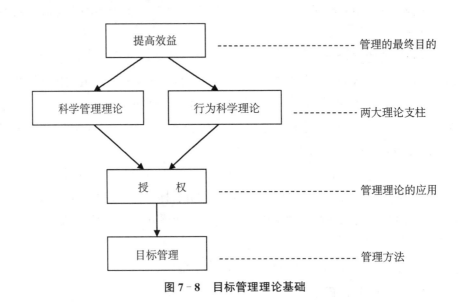

图 7-8　目标管理理论基础

（三）目标管理的过程

一般而言,目标管理可以分为以下三个步骤。

1. 建立目标体系

实行目标管理,首先要建立一套完整的目标体系。这项工作总是从组织的最高主管部门开始的,然后由上而下逐级确定目标。上下级的目标之间通常是一种"目的—手段"的关系;某一级的目标,需要用一定的手段来实现,这些手段就成为下一级的次目标,按级顺推下去,直到作业层的作业目标,从而构成一种锁链式的目标体系。

建立目标体系过程中,管理者应该把握以下几个要点:一是目标管理必须被组织全体成员理解,并真正得到上级领导的全力支持。组织的高层管理者要对组织成员开展动员和宣传活动,使组织成员理解目标管理的作用和意义,有利于形成一个实行目标管理的良好组织氛围。二是上下级共同参与制订目标,并对如何实现目标达成一致意见。下级参与目标的制订和执行是目标管理中一个非常重要的问题,它反映了目标管理的实质,有助于调动组织成员实现目标的主动性和积极性。三是目标的制订是一个反复的过程。由高层管理者设置总目标,然后由下级拟定出可考核的目标体系,管理人员应反复审查所有的工作目标,直到部门中的每项工作和每个成员都制订合适的目标。这样,目标的制订不仅是一个连续的过程,而且也是一个反复循环、相互作用的过程。四是最终形成的目标体系应既有自上而下的目标分解体系,又有自下而上的目标保证体系,从而保证总目标的实现。

2. 目标的实施

通过各级授权,每个人都明确在实现总目标过程中自己应承担的责任,实行职责范围内的自主管理、自我监督、自我调整,以保证全面实现预定的组织目标。

在目标实施过程中,管理者要把握以下几个要点:一是实行充分授权。根据权责一致原则,若承担某一任务,必须拥有完成这一任务所需要的权力。二是实行自我管理。管理者授权以后,组织成员按照自己所承担的目标责任,在实施目标过程中进行自我管理。三是要保持定期或经常性的成果反馈或检查。目标实施的过程主要靠组织成员自我管理或自我控制。但是,管理者也必须定期检查各项任务的进展情况。下级定期向上级汇报和讨论实施目标的进展情况,上级则不断将衡量的结果反馈给下级,以便他们能够调整自己的行动,与组织的整体目标保持一致。

3. 对成果进行检查和评价

当目标管理的一个周期结束时,领导必须与有关的下级或个人逐个地检查目标任务完成的情况,并进行比较,对完成目标的成员要充分肯定成绩,并根据各人完成任务情况给予相应的报酬和各种奖励。对未能完成任务者,管理者要根据具体情况分析和找出原因,对非个人原因造成的问题,一般不要采用惩罚措施,重点在于共同总结经验教训,以便为下一周期的目标管理提供宝贵的经验。

推行目标管理需要许多配套工作,如提高组织成员的素质,健全各种机制,做好其他管理的基础工作,制定一系列有关的政策等,只有不断发展和完善,这样才能收到良好的效果。

（四）目标管理的评价

1. 优点

（1）形成激励。目标成为组织每个层次、部门和成员未来一定时期要达成的结果,当目标实现的可能性非常大时,目标就成为一种激励。特别当这种结果实现时,组织还有相应的报酬,目标的激励效用就更大。从这个角度看,组织成员的目标必须经过本人认同,强加的目标非但不能成为激励,还有可能打击积极性。

（2）有效管理。目标管理可以提高管理效率,目标管理在推进组织工作进展、保证组织最终目标实现方面有突出效果。因为目标管理是结果式的管理,而不仅仅是活动式的工作。组织的每一层次、部门和成员所完成的目标是组织总目标的分解,当这些目标被很好地完成时,组织的总目标也就能实现。在目标管理中,一旦分解目标确立,每个层次、部门和成员有各自的自由方式来完成目标,这就有了创新的空间,因而能有效地提高管理效率。

（3）明确任务。目标管理的另一优点就是使组织各级成员了解组织的总目标、组织的结构体系、组织的分工合作与自身任务。目标管理为授权提供了依据,使组织倾向于分权而不是倾向于集权。另外,在目标管理实施的过程中,管理者可以发现组织体系的缺陷,并加以改造。

（4）自我管理。目标管理实际上是一种自我管理的方式,或者说引导成员进行自我管理的方式。在实施目标管理的过程中,组织成员不仅要接受指示进行工作,还要参与目标制订,并获得组织认可;同时,成员如何完成目标也是由自己决定的,从这个意义上说,目标管理具有自我管理的某些特征。

（5）有效控制。目标管理本身也是一种控制的方式。分解目标以保证组织总目标实现的过程就是一种结果的控制。目标管理并不是停留在分解目标上,更在于实施过程中检查、评比和对目标进行比照、纠正。所以说,组织中明确的可考核的目标体系就是进行监督控制的最好依据。

2. 缺点

（1）目标难以设定。德鲁克在《管理的实践》中说:"真正的困难不是确定我们需要哪些目标,而是决定如何设立这些目标。"[①]人们在设置目标时,真正可考核的目标很难确定,许多岗位工作难以使目标定量化。另外,由于过分强调定量化目标,可能导致忽视一些定量性不明显的目标。为了保证目标实现的可能性并使目标具有激励作用,目标必须既具有挑战性又是可以实现的。这些导致目标设置困难重重。

（2）目标期限短。在多数实行目标管理的组织中,管理人员所确定的目标一般都是短期的。只追求短期目标极有可能是以牺牲长期目标为代价。因此,为防止短期目标所导致的短期行为,高层管理者必须从长期目标的角度提出总目标和制订目标的指导方针。

---

① 彼得·德鲁克:《管理的实践》,齐若兰译,北京:机械工业出版社,2019,第64页。

（3）目标管理的哲学假设不一定都存在。目标管理对于人类的动机做了过分乐观的假设，以 Y 理论假设为基础。而现实并不完全这样，特别是目标的考核和奖励交错在一起后，往往希望指标要低、出力要少、奖励要多。这样会破坏信任的气氛，形不成承诺、自觉、自治与愉快的感觉。

（4）缺乏组织内最高级领导者的支持。总目标、总战略虽然由最高管理层做出，但是他们常常把任务交给较低级的管理人员去负责执行，这样一些高层领导者实际上就没有为此而承担起自己真正的责任，其积极性自然也就没有得到发挥，这就必然会影响到目标管理的效果。

（5）不灵活的危险。目标管理要取得成效，就必须保持目标的明确性和肯定性，如果目标常变，就难以说明它是经过深思熟虑和周密计划的结果，这样的目标是没有意义的。但是，计划是面向未来的，而未来存在许多不确定因素，这又使得必须根据已经变化了的计划工作对目标进行修正。然而，修订一个目标体系与制订一个目标体系所花费的精力相差无几，结果可能迫使高层管理者不得不在中途停止目标管理的过程。

总而言之，目标管理是管理体系中一种极为有用的方法，然而要使目标管理获得更佳的效果，管理者也必须注意克服其缺点。

【复习与思考】

1. 什么是计划？计划有哪几种类型，计划的表现形式有哪些？

2. 计划职能与其他管理职能有何关系？

3. 怎样编制计划，编制计划的步骤是什么？

4. 滚动计划、网络计划方法的主要思路是什么？

5. 什么是目标管理，在实践中如何运用目标管理方法？

第八章

组　织

组织职能是为实现一定的目标进行内部资源配置、责权结构安排和人员协作关系等活动的过程。本章介绍了组织的概念,简述了常见的组织结构类型,阐述了组织设计的原则,介绍了组织设计的过程及主要内容,讨论了组织运行中的组织制度、集权与分权及组织整合的关系;介绍了组织变革的原因和影响因素,描述了组织变革的动力和阻力,阐述了组织变革的特征及组织变革的趋势。

第一节　组织概述

一、组织的概念

组织包括两层含义:一是静态的组织含义,即从组织结构上来讲,是指由若干因素构成的有序的结构系统;二是动态的组织含义,即组织工作,是指根据一定的目的,按照一定的程序,对组织中的人和其他资源进行安排和处理的活动或行为。组织是分工的前提,又是协作的基础。

综合以上两层含义,我们把管理学上的组织定义为:按照一定的规则、程序构成一种责权结构安排和人员协作关系,以最高的效率实现组织目标的过程。

管理学中的组织职能是一个动态过程,包括对组织各类活动进行分类组合、设计和建立组织结构,确定职权关系,协调各种活动的过程。动态过程中的组织职能,包括了静态的组织结构,即:反映人、职位、任务以及它们之间特定关系的网络。这一网络可以把分工的范围、程度、相互之间的协调配合关系、各自的任务和职责等用部门和层次的方式确定下来,成为组织的框架体系。组织职能动态方面,是指维持与变革组织结构,以完成组织目标的过程。组织必须根据组织的目标,建立组织结构,并不断地调整组织结构以适应环境的变化。

二、组织的分类

从不同的角度,组织可以划分为不同的类别。按组织规模划分,可分为小型组织、中型组织和大型组织;按社会职能划分,可分为文化性组织、经济性组织和政治性组织;按内部是否有正式分工关系划分,可分为正式组织和非正式组织。这里主要介绍正式组织和非正式组织。

（一）正式组织

为了建立合理的组织机构和结构,规范组织成员在活动中的关系,从而形成所谓的正式组织。正式组织是为实现组织目标,按组织的章程和组织规程建立的组织结构,其成员有明确的编制,它是建立在组织效率逻辑和成本逻辑的基础之上的。

正式组织有明确的目标、任务、结构、职能以及由此决定的成员间的责权关系,对个人具有某种程度的强制性。合理、健康的正式组织为组织活动的效率提供了保证。

（二）非正式组织

1. 非正式组织的概念

非正式组织是人们在共同的工作过程中自然形成的以感情、喜好等情绪为基础的松散的、没有正式规定的群体,是伴随着正式组织的运转而形成的。在正式组织展开活动的过程中,组织成员必须发生业务上的联系,这种工作上的接触会促进成员之间相互认识和了解,并开始产生工作以外的联系,频繁的非正式联系又促进了他们之间的相互了解。由于工作性质相近、社会地位相当、对一些具体问题的认识基本一致、观点基本相同,或者在性格、业余爱好以及感情相投的基础上,产生了一些被大家所接受并遵守的行为规则,从而使原来松散、随机性的群体渐渐成为相对固定的非正式组织。非正式组织具有自发性、内聚性、不稳定性和领袖人物作用较大等特征。

2. 非正式组织的作用

非正式组织的存在,可以为组织成员提供在正式组织中很难得到的心理需要的满足,创造一种更加和谐、融洽的人际关系,提高组织成员的相互合作精神;能帮助正式组织对组织成员进行一定的培训,并规范成员的行为;为正式组织提供一种非正式的信息沟通渠道,有助于促进组织中信息的交流与传递,是正式组织信息通道的补充。非正式组织也可能产生消极作用,非正式组织的目标如果与正式组织冲突,就可能对正式组织的工作产生极为不利的影响,并可能扩大抵触情绪;非正式组织对其成员的要求,往往也会束缚成员的个人发展;非正式组织还会影响正式组织的变革,从而形成组织发展中的障碍。

针对非正式组织的正反两个方面的作用,管理者要重视非正式组织的存在,加强非正式组织管理,通常的策略如下:

（1）要因势利导,善于最大限度地发挥非正式组织的积极作用而克服其消极的作用,以有效实现正式组织的目标。

（2）利用非正式组织,首先要认识到非正式组织存在的客观必然性和必要性,允许甚至鼓励非正式组织的存在,为非正式组织的形成提供条件,并努力使之与正式组织的目标相吻合。

（3）注意做好非正式组织领导者的工作,充分发挥他们的作用,使他们成为正式组织的重要助手。可以通过将非正式组织领导者吸收到正式组织的管理层,来引导和发挥非正式组织的正向作用。或者清除非正式组织领导者,瓦解非正式组织,来减少或削除非正式组织的负面作用。

三、组织结构的类型

组织通过工作设计、层次设计、部门划分和职权关系的确定来形成组织结构,通常有直线型、职能型、直线职能型、事业部型、矩阵型、控股型和网络型等基本的组织结构类型。

(一)直线型组织结构

直线型组织结构(linear organization structure)是指组织没有职能机构,从最高管理层到最基层,实行直线垂直领导,如图8-1所示。直线型组织结构把职务按垂直系统直线排列,各级管理者对所属下级拥有直接的职权,下属必须绝对服从其上级主管领导。

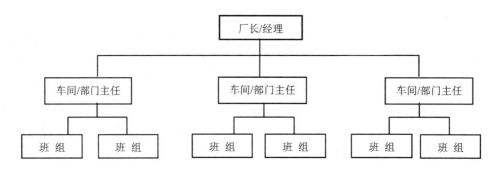

图8-1 直线型组织结构

直线型组织结构简单,责任分明,权力集中,命令统一,联系简捷,沟通迅速。但在组织规模较大的情况下,所有的管理职能都集中由一人承担,往往由于个人的知识与能力有限,工作中可能会出现较多失误。此外,组织中的成员只注意上情下达和下情上达,每个部门只关心本部门的工作,因而部门间的横向联系与协调能力比较差,难以在组织内部培养出全能型、熟悉组织情况的管理者。直线型组织结构主要适用于规模较小、任务比较单一的小型组织。

(二)职能型组织结构

职能型组织结构(functional organization structure),又称 U 形组织结构(united organization structure),其特点是采用专业分工的管理者,代替直线型组织中的全能型管理者,即在组织内设置若干职能部门,各职能部门都有权在各自业务范围内向下级下达命令和指示,也就是各基层组织除服从上级直接领导外,还要接受各职能部门的领导。各级领导者都配有通晓各门业务的专门人员和职能机构作为辅助者直接向下发号施令,如图8-2所示。

这种组织结构适应现代组织技术比较复杂和制度管理分工较细的特点,能够发挥职能机构的专业管理作用,从而减轻上层管理者的负担。但是,它形成了多头领导,容易造成制度管理的混乱。各部门容易过分强调本部门的重要性而忽视与其他部门的配合,忽视组织

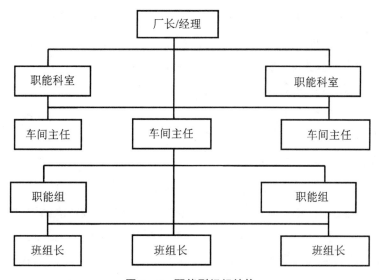

图 8-2　职能型组织结构

的整体目标。U 形组织通常见于小规模的组织。

（三）直线职能型组织结构

直线职能型组织结构(linear functional organization structure)是对职能型组织结构的改进，是以直线型组织为基础，在各级直线主管之下设置相应的职能部门而建立的二维组织结构。该结构设置了两套系统，一套是按命令统一原则组织的纵向指挥系统，另一套是按专业化原则组织的横向管理职能系统。其特点是直线部门及其人员在自己的职责范围内有决定权，对其所属下级的工作进行指挥和命令，并负全部责任，而职能部门及其人员仅是直线主管的参谋，只能对下级机构提供建议和业务指导，没有指挥和命令的权力。职能部门拟订的计划、方案以及有关的指令，统一由直线领导批准下达，如图 8-3 所示。

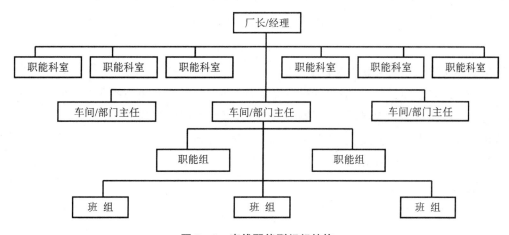

图 8-3　直线职能型组织结构

直线职能型组织结构既保持了直线型组织结构集中统一指挥的优点,又吸取了职能型组织结构发挥专业化管理的特长,管理权力高度集中,任务明确,决策迅速,指挥灵活,效率高,稳定性高。缺点是权力集中于高层领导,下级缺乏必要的自主权,职能人员之间横向联系较差,目标不易统一,缺乏全局观念,信息传递较慢,难以适应环境变化。

直线职能型组织结构属于典型的"集权"式结构,是一种普遍适用的组织形式。目前绝大多数企业和非营利性组织均采用这种组织形式。

（四）事业部制组织结构

事业部制组织结构（division organization structure）又称 M 形组织结构（multidivisional organization structure）。该结构是在直线职能型框架基础上,按产品结构、地域结构或市场结构设置独立核算、自主经营、自负盈亏的事业部。同时,对于组织的大政方针、长远目标以及一些全局性问题的重大决策集中在总部,以保证组织的统一性。这种组织结构形式最突出的特点是"集中决策,分散经营",这是在组织领导方式上由集权制向分权制转化的一种改革,如图 8-4 所示。

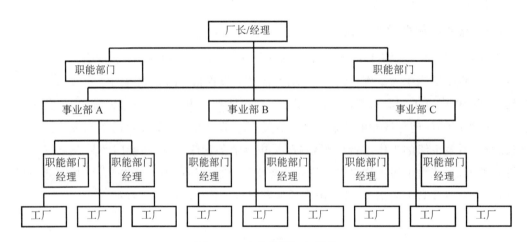

图 8-4　事业部型组织结构

事业部制组织结构有利于发挥事业部积极性和主动性,组织的高层管理者可摆脱日常事务,集中思考战略问题。各事业部高度专业化,集中从事某方面的经营,有利于提高效率和适应性。经营责任和权限明确,绩效容易考核,可促进部门间的竞争,有利于培养高级综合管理人才。缺点在于机构、活动和资源重复配置,管理成本高。各事业部独立经营,易形成本位主义,相互支援和协作较差。该结构对管理者要求较高,事业部经理需要熟悉全面业务和管理知识。

（五）矩阵型组织结构

矩阵型组织结构（matrix organization structure）是一种把组织中的成员和资源同时以

职能方式和项目方式组合起来的结构。组织成员被组合到职能部门，是职能部门中的一员。同时，组织成员又被组合到项目小组，来自不同职能部门的成员一起开发产品，完成项目任务。每个项目小组都有负责人，在组织最高主管的直接领导下进行工作。这样就形成了项目小组和职能部门之间的一种复杂关系网络，使组织更具弹性。

矩阵型结构的具体形式有二维矩阵结构和三维矩阵结构。二维矩阵结构是为了适应在一个组织内要同时完成几个项目，而每个项目又需要具有不同专长的人在一起合作完成，如图8-5所示。在这种组织中，每个成员既要接受垂直部门的领导，又要在执行某项任务时接受项目负责人的指挥。矩阵结构是对统一指挥原则的一种有意识的违背。特点是在项目负责人的主持下，从纵向的各职能部门抽调人员，组成项目组，项目完成后，人员返回本部门，项目组随即被撤销。每个项目负责人都是在最高管理者的直接领导下专门负责本项目的工作。

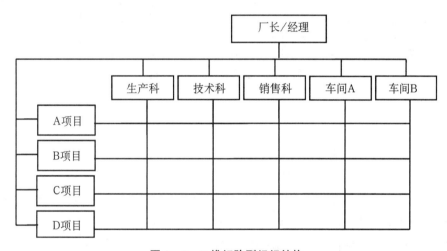

图8-5　二维矩阵型组织结构

三维矩阵结构(multi-dimensional organization structure)是由三个方面的部门构成：一是按产品(项目或服务)划分的事业部，是产品利润中心；二是按职能如市场研究、生产、技术、质量管理等划分的专业参谋机构，是职能利润中心；三是按地区划分的管理机构，是地区利润中心，如图8-6所示。每一系统都不能单独做出决定，必须由三方代表通过共同协调才能采取行动。要求每个部门都要从整个组织制度的全局来考虑问题，以减少产品、职能、地区各部门之间的矛盾。运用这种组织结构的一般都是大型组织或跨国组织。

矩阵型组织结构在不增加机构和人员的条件下，将不同部门集中在一起，可实现资源在不同项目之间柔性分配，灵活性和适应性较强，有利于加强各职能部门之间的协作和配合，并且有利于开发新技术、新产品和激发组织成员的创造性。缺点是存在双重指挥，容易引起冲突，需要大量的协调工作，组织结构稳定性差，而且还可能导致项目经理过多、机构臃肿等弊端。

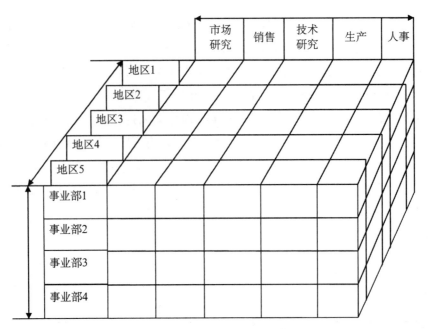

图 8 - 6　多维立体型组织结构

（六）控股型组织结构

控股型组织结构（holding company organization structure）又称 H 形组织结构，是在非相关领域开展多种经营的企业常用的一种组织结构形式。由于经营业务的非相关性，总公司不对这些业务经营单位进行直接的管理和控制，而代之以产权关系为纽带对其进行持股控制。控股型组织结构是建立在企业间资本参与关系的基础上的。母公司作为大股东，对持股单位进行产权管理控制。凭借所掌握的股权向子公司派遣产权代表和董事、监事，通过这些人员在子公司股东会、董事会、监事会中发挥积极作用而影响子公司的经营决策。

（七）网络型组织结构

网络型组织结构是基于日新月异的信息技术而发展起来的一种组织结构，它以市场的组合方式替代传统的纵向层级组织，将自己的核心优势和外部环境资源优势有机结合，进而使组织具有快速的应变能力。

网络型组织结构的优点是：结构简单精练，由于组织中的很多活动都实现了外包，组织自身只负责核心的项目或环节，因此效率更高，更有市场竞争性。该组织结构的缺点是，可控性较弱，存在一定风险性，一旦组织外包的环节出现问题，组织将陷入被动的状态。

第二节　组织设计

组织管理工作的重要成果之一就是形成一个"组织结构"。组织设计是组织职能的重要内容,组织设计就是进行专业分工和建立使各部门相互有机地协调配合的系统过程。具体地说,组织设计的任务是建立组织结构和明确组织内部的相互关系,提供组织结构图和职务说明书。

一、组织设计的原则

组织所处的环境、采用的技术、制定的战略、发展的规模等情况不同,组织如何设计? 古典组织理论提出了很多有启示意义的原则。美国学者戴尔(Edgar Dale)在传统组织理论中,提出了以下组织原则:目的、专业化、协调、权限、责任。戴尔认为,以上五项是一般组织设计最普遍的原则。

我们在此基础上,总结了组织设计需要共同遵守的原则。

1. 目标一致原则

该原则是指组织结构的设计和组织形式的选择必须有利于组织目标的实现。组织目标层层分解,机构层层建立下去,直到每一个人都了解自己在总目标实现中应完成的任务,这样建立起来的组织机构才是一个有机整体,才能为保证组织目标的实现奠定基础。在组织设计时要求从工作特点和需要出发,因事设置机构、设置职位,因职用人。

2. 分工协作原则

分工是按照提高专业化程度和工作效率的要求,把组织的目标任务进行分解,明确各层次、各部门乃至各职位的职责。协作是明确部门与部门之间以及部门内部的协调关系与配合方法。只有分工没有合作,分工就失去了意义;但如果没有分工,也就谈不上协作,两者相辅相成。分工是个人和部门取得良好绩效的基础,而合作是整个组织实现目标、取得整体效益的基础。

3. 统一指挥原则

统一指挥原则是指组织中的每个下属只能向一个上级主管直接汇报工作,从而形成一条清晰的指挥链。如果一个下属有多个上级,那么就会由于上级之间可能出现彼此不同甚至互相冲突的命令而导致政出多门、指挥不统一,令下属产生无所适从之感。

4. 责权利相一致原则

有了分工,就意味着明确了职务,承担了责任,就要有与职务和责任相等的权力,并享有相应的利益。这就是职、责、权、利相对应的原则,简称权责对等原则。该原则要求:职务要实在、责任要明确、权力要恰当、利益要合理。如果责任大而权力和利益小,就会导致下属缺乏主动性、积极性,难以有效履行责任;如果权力和利益偏大而责任较小,下属就有可能不负责任地滥用权力,容易助长官僚主义的习气。

5. 有效管理幅度原则

管理幅度是指一名主管人员有效地指挥、监督、管理的直接下属的人数。一般来说,任何主管人员所能有效地指挥和监督的下属数量总是有限的。组织管理幅度受许多因素的影响,每个主管都要根据管理的职责和职权,考虑各种影响因素,慎重确定自己的管理幅度。

6. 集权与分权相结合原则

集权与分权是反映组织纵向职权关系的一个特征,用于描述组织中决策权限的集中与分散程度。集权是指组织的决策权主要集中在较高层次的管理人员手中。分权是指组织的决策权分配给较低层次的部门或人员的一种倾向。过分集权或分权都会给组织带来问题,组织应根据自身具体条件选择合适的分权程度,从而在集权和分权的平衡中获得良好发展。

二、组织设计的步骤

组织设计的整个过程可分为以下五个步骤,如图 8-7 所示。

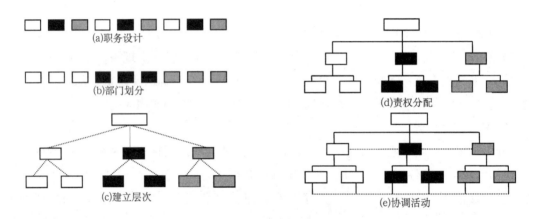

(a)职务设计

(b)部门划分

(c)建立层次

(d)责权分配

(e)协调活动

图 8-7　组织设计的步骤

(一)职务设计

职务设计是组织设计最基础的工作。职务设计就是将实现组织目标所必须进行的活动逐步分解,划分成若干较小的任务单元。以便于每个人专门从事某一部分的活动,而不是全部活动,这就是劳动分工。

1. 职务设计的原则

(1)因事设职。职务设计要因事设职而不能因人设职。因事设职是指所设计的职务都来自为完成目标任务所不可缺少的业务活动,如不设此职务,无人从事此项活动,就将影响组织目标的实现。相反,因人设职是指根据现有人员的情况来设置职务,有人就得有职,而不问此职是不是完成目标任务所不可缺少的。

(2)分工科学。分工要趋于灵活,即分工不宜过细,必要时还要扩大或丰富工作内容。

(3)职权明确。组织中的每个职位和职务的工作目的、工作任务、工作流程要明确。职务设计的结果表现为职务说明书,它是一种书面文件,简要说明该职务的工作内容、职责与职权、与组织的其他部门或职务之间的关系、担任此职务者须具备的条件等。

2. 职务设计的步骤

（1）工作分析。工作分析是职务设计的前提和依据，工作分析就是对完成组织目标的所有作业活动进行分析、描述和记载。它不仅应对所有工作及其相互关系予以完整、准确的说明，而且应对每一项工作所包含的全部内容予以完整、准确的说明。它要确定每一项工作的性质、任务、责任、工作的前后连贯性、工作量以及工作的难易程度、责任大小、所需任职资格高低等事项，为设定职务服务。

（2）设定职务。对完成组织目标的各种工作，按管理的需要，将其归并组合成一个个的职务，以便寻找适当人员担任。在归并组合中，管理者应注意将性质相同的作业活动尽量组合为一个职务，以便配合专业分工的发展和寻找专业人才任职。管理者应将难易程度、责任大小、任职条件等相当的工作尽可能组合为一个职务，使人力资源得到充分利用；应使职位保持适当的工作量，根据工作量确定职位的数量，以免产生人员闲置的现象。

（3）规范职务内容和运行模式。职务规范也就是职务说明书，建立职务说明书以规范和确定职务内容与运行模式，包括职务名称、职责、职权、工资报酬、所需任职资格条件、职务的纵向领导和横向协作关系等内容。这样，既确定了职务的职责、职权，又确定了工作在职务之间的流程。

3. 职务设计方法

（1）职务轮换。职务轮换也叫岗位轮换，目的是为组织成员提供全面发展的机会，使组织成员能够全面了解和熟悉整个组织或有关专业工作的流程情况，减少长期重复单一工作带来的厌烦和不满，提高组织成员的成就感和自尊心，从而提高组织成员士气和工作效率。同时，它还有利于培养组织发展所需要的管理人才。

（2）职务扩大化。职务扩大化是指横向扩大组织成员的工作范围，将组织成员的工作范围向前后工序扩展，以使组织成员从事较为多样化的工作。职务扩大化可以减少组织成员从事单一工作带来的单调乏味的情绪，提高组织成员的工作积极性和工作效率。

（3）职务丰富化。职务丰富化是从纵向扩大工作范围，增加工作的深度，它可以增强组织成员的责任感、成就感和自主意识。

（4）工作团队。工作团队设计方法是围绕小组来设计职务，而不是围绕个人设计职务，这样的工作团队被授权可以获得完成整个任务所需的资源，包括各种技能的组织成员。团队成员可以自主进行计划、解决问题、决定优先次序、支配资金、监督成果、协调与其他部门或团队的活动。这种设计方法可以充分体现以人为本的管理思想，极大地激发组织成员的工作积极性和创造性。

（二）部门划分

部门划分是组织的横向分工，其目的在于确定组织中各项任务的分配与责任的归属，做到分工合理、职责分明，从而有效地达到组织的目标。

1. 部门划分的原则

（1）有效性原则。部门划分必须以有利于组织目标实现作为出发点和归属。

（2）专业化原则。按专业化分工，将相似职能、产品或服务、业务汇集到一个部门中。

（3）满足社会心理需要原则。划分部门也不宜过度专业化，而应按照现代工作设计的原理，使组织成员的工作实现扩大化、丰富化，尽可能使其满意于自己的工作。

（4）精干高效原则。部门划分要以组织目标为导向，保持适度弹性，力求精简。

2. 部门划分的方法

部门划分可以按组织人数、时间、职能、产品、区域、顾客、生产和服务过程来进行。

（1）按组织人数划分的特点是部门内的人员在同一个领导者的领导下做同样的工作。这种方法主要适用于某些技术含量比较低的组织。按时间划分的特点是可以保证工作的连续性。这种方法通常用于生产经营一线的基层组织。

（2）按职能划分部门，符合分工和专业化原则，有利于发挥各职能领域专家的特长，提高人员的使用效率，有利于使组织的基本活动得到重视和保证，从而有利于对整个组织活动实施严格控制。但是这种部门化方法也存在一些缺点：总体决策需要最高层做出，因而速度较慢；由于人员过度专业化，因此容易形成本位主义，给各部门之间的协调带来一定困难。只有最高层对最终成果负责，因而不利于对各部门的绩效和责任进行考核。这种方法较多用于管理或服务部门的划分。

（3）按产品划分部门，能够充分利用专项资本和设备、发挥个人的技术知识和专长，有利于部门内的协调。利润、责任明确划分到部门一级，易于评价各部门的业绩；可促进组织内部竞争，有利于产品和服务的改进与发展，有利于增加新的产品和服务，有利于锻炼和培养全面的综合性管理人才。但是，这种方法需要具备全面知识和技能的人才来担任部门负责人，总部与分部的职能部门和人员须重复设置，会导致管理成本增加。

（4）按区域划分部门，有利于调动各区域的积极性，适应区域的特殊要求与特定环境，促进区域性活动的协调；有利于促进组织内部竞争，培养能力全面的管理者。但缺点在于，由于机构重复设置而导致管理成本增加，增加了最高主管部门对区域控制的难度，要求区域部门主管人员具有全面的管理能力。这种方法主要是用于空间分布很广的组织部门。

（5）按顾客划分部门，有利于重视和满足顾客的某种需要，针对不同顾客的特点和需要开展组织活动，从而增加顾客的满意度和忠诚度；有利于本组织形成针对特定顾客需求的经营技巧和诀窍。但这种划分方法不能使设备和专业人员得到充分利用。为满足特定顾客需要，可能导致部门间的协调困难。这种方法适用于服务对象差异较大、对产品和服务有特殊要求的组织。

（6）按生产过程划分部门，是在生产过程中，根据技术作业将工作划分成部门。因为它是建立在特殊技能和训练的基础上的，所以在部门内的协调比较简单。但由于生产过程需要将自然的工作流程打断，将工作流程的不同部分交给不同的部门去完成，故要求每个部门管理者必须将自己的任务与其他部门管理者的任务协调起来。

3. 部门间的横向联系

管理学家对部门之间的横向联系的协调方式进行了研究。美国著名管理学家、组织学家汤普森(James Thompson)认为,组织中不同部门存在三种相互依赖的关系:

(1) 波动型相互依赖关系。在此关系中,每个部门都对组织整体独立地做出自己的贡献,并从组织中获得必要支持,但各个部门并非保持直接的互动关系。部门之间的相互协调可以通过标准化程序的建立来解决,最容易建立稳定的协调机制。

(2) 连续型相互依赖关系。在此关系中,各个部门保持直接的互动关系,部门间的横向协调可以通过共同的计划、作业顺序来实现,建立起有秩序的协调机制。

(3) 交叉型相互依赖关系。在这种关系中,每个部门的输出成为其他部门的输入,而其他部门的输出又成为该部门的输入。部门间的横向协调要经过互动和反馈,需要通过各种协调人员、协调小组和协调部门来解决横向冲突。

这三种不同类型的相互依赖关系反映了组织的发展顺序,一般来说,在最简单的组织中,仅存在波动型相互依赖关系;在比较复杂的组织中,波动型和连续型的相互关系兼而有之;在最复杂的组织中,这三种相互依赖关系同时存在。

除了这三种类型的协调方式外,管理学家达福(Richard Daft)提出了组织的六种协调方式:

(1) 通过文书档案工作进行协调。它是指应用报告、通报、简报进行联系、沟通和协调。这种协调手段就是有关部门之间通过交换文件就某个问题或决策达成共识。

(2) 通过直接接触进行协调。就同一问题管理者直接沟通、商谈取得一致性意见。

(3) 设置联络员进行协调。部门中设置联络员,负责与其他部门进行沟通,实现协调。

(4) 设置临时委员会进行协调。某个问题需要由几个部门共同解决,就需要设置临时委员会,成员来自与本问题有关的各部门,通过协商来处理横向之间的联系问题。

(5) 设置专职协调员进行协调。在组织中设置一个专门职位或部门来承担部门之间的横向协调工作,他们不再是联络员,不需要被协调部门报告工作。他们要善于寻找各部门之间的共同利益,保证协调和合作有一定的基础。他们必须站在组织整体利益上考虑问题,以公平、公正又灵活的立场取得各部门的信任。

(6) 设置常设委员会进行协调。该委员会有固定的协调人员、固定的办公场所、稳定的协调机制和比较健全的协调程序,被授予较大的协调权力,权威性较高。

在我国的组织管理中,除了具有上述协调方式,还有一种很常见的方式,就是建立各种协调会议机制。这种协调会议机制既有定期的,也有不定期的,既有短时间的,如交班会,也有较长时间的,如季度协调会。协调会议一般由较高一级的主管领导主持,各部门派代表参加。这种协调会议有明确的主题,有规范的议事规则和机制,能共同协调确定的主题和重大横向协作问题,是一种比较有效的协调方式。

（三）建立层次

部门划分是对组织活动进行横向的分工,在此基础上还需要进行纵向划分,即建立上下级的层次关系,构成多层次结构的组织系统。建立层次需要解决好管理跨度与管理层次的关系问题。

1. 管理跨度

管理跨度(management span),又称"管理幅度"或"管理宽度",是指一名主管人员能有效直接指挥和领导下属的数量,如图 8-8 所示。图中主管人员甲的管理跨度为 3,乙的管理跨度为 5,丙的管理跨度为 7,丁的管理跨度为 8。

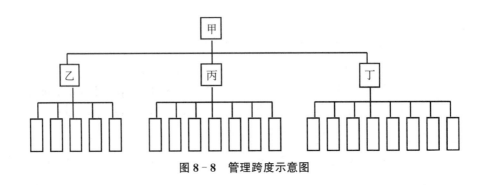

图 8-8 管理跨度示意图

任何组织在进行结构设计时,都必须考虑到管理跨度的问题。一般来说,即使在成功的组织中,每位主管直接管辖的下属数量也不相同。有效管理幅度的大小受到管理者本身素质及被管理者的工作内容、能力、工作环境与工作条件等诸多因素的影响。每个组织都必须根据自身的特点,确定适当的管理幅度。随着信息技术被广泛应用到管理过程中,管理幅度有逐步增多的趋势,特别是对中层和基层管理层的管理跨度有较为明显的影响。

2. 管理层次

管理层次(management level)是指组织内部从最高一级管理组织到最低一级管理组织的职位等级数目。如图 8-8 所示的管理层次为三层。由于主管人员能够直接有效地指挥和监督的下属数量是有限的,因此最高主管的被委托人也需要将受托担任的部分管理工作再委托给另一些人来协助进行。依此类推,直至受托人能直接安排和协调组织成员的具体业务活动,由此就形成了组织中最高主管到具体工作人员之间的不同管理层次。

组织的管理层次受到组织规模和管理跨度两个方面的影响。在管理跨度给定的条件下,管理层次与组织规模大小成正比,组织规模越大,成员数目越多,其所需的管理层次就越多。在组织规模既定的条件下,管理层次与管理跨度成反比,管理跨度越大,其所需的管理层次就越少;反之,管理跨度越小,其所需的管理层次就越多。管理跨度的宽窄对组织形态和组织活动会产生显著的影响,在组织中人员数量一定的情况下,管理跨度越窄,其组织层次就越多,从而组织就表现为高而瘦的结构特征,这种组织被称为高耸型组织;反之,管理跨度越宽,其组织层次就越少,从而该组织被称为扁平型组织。

（四）权责分配

通过建立层次形成的组织结构,还应将组织中的权责分配到各个层次、各个部门和各个岗位,并最终形成组织中从最高领导层一直贯穿到最低操作层的权力线,即通常所说的指挥链。

1. 职权的种类

一个正式组织的职权有直线职权（line authority）、参谋职权（staff authority）和职能职权（functional authority）三种。

（1）直线职权。直线职权是指直接领导下属工作的直线管理人员所拥有的职权,包括决策权、发布命令权和执行权三个部分,也就是通常所说的决策指挥权。直线职权是组织中一种最基本、最重要的职权。缺少了直线职权的有效行使,整个组织的运转就会出现混乱,乃至陷入瘫痪。直线职权是循着组织等级链发生的职权关系。

（2）参谋职权。参谋职权的产生是由于组织规模不断扩大,高层管理者面临的管理问题日益复杂,此时仅凭直线管理人员个人的知识和经验已显得很不够,于是需要借助参谋专家的作用来帮助他们行使直接指挥的权力。参谋职权是指作为主管人员的参谋为直线职权服务的职权,主要是评价直线系统的活动情况,进而提出建议或提供咨询的权力和专业指导权。参谋职权有两种形式:一是个人参谋的形式,如院长助理;二是专业化参谋的形式,如智囊团、顾问委员会等。

（3）职能职权。职能职权是指由直线主管人员授予参谋人员或职能部门的主管人员在一定范围内行使的决策与指挥权。职能职权的设立主要是为了能充分发挥专家的核心作用,减轻直线主管的工作负荷,提高管理工作效率。

在实际运用的过程中,若要发挥好每一类职权的作用,必须认真对待并处理好以上三种职权的关系。一是要注意发挥参谋人员的作用,理顺直线和参谋的关系。分清职责,建立责任制度,充分发挥参谋人员的作用,尊重参谋人员,参谋人员也不要过多地干涉直线主管的决策,双方相互协调,形成共识。二是要适当限制职能职权的使用范围和级别。职能职权最好是运用于解决"怎么做""什么时间做"的问题上,而不要涉及"谁来做""做什么""在哪儿做"的问题,否则直线人员的工作就毫无意义了。职能职权使用的级别最好不要越过直接下属,越级使用会使信息链条中断,带来矛盾和冲突。

2. 职权分配

职权分配是指为有效履行职责,实现工作目标,而将组织的权力在各管理部门、管理层次、管理职位中进行配置。职权分配的类型主要有两种:一是职权横向分配,即依目标需要将职权在同一管理层次的各管理部门和人员之间进行合理配置。二是职权纵向分配,即依目标需要而将职权在不同管理层次的部门和人员之间进行配置。职权纵向分配的关键是解决好集权（centralization）与分权（decentralization）的关系问题。

集权与分权反映了组织的纵向职权关系。集权意味着决策权在很大程度上向处于较高管理层次的职位集中,分权则表示决策权在很大程度上分散到处于较低管理层次的职位上。确定一个组织中职权集中或分散的合理程度,需要考虑如下几个方面影响因素。

(1)组织活动的环境条件和业务活动性质。如果组织所面临的环境具有较高的不确定性,处于经常变动之中,那么组织在业务活动过程中必须保持较高的灵活性和创新性,这种情况就要求实行较大程度的分权。

(2)组织的规模和空间分布广度。组织规模较小时,实行集权化管理可以使组织高效率运行。但随着组织规模的扩大,其经营领域范围甚至地理区域分布可能相应地扩大,这就要求组织向分权化的方向转变。

(3)决策的重要性和管理者的素质。一般而言,涉及较高的费用支出和影响面较大的决策,宜实行集权,重要程度较低的决策可实行较大的分权。组织中若管理人员素质普遍较高,则具备比较好的分权基础。

(4)政策一致性要求和控制手段。集权有利于确保组织方针政策的一致性,所以在面临重大危机和挑战时,组织往往会采取集权的办法。另外,拥有现代信息技术和控制手段的组织,在职权配置上经常会呈现两个方向的变动:一是重要和重大问题的决策可以实行更大程度的集权,二是次要问题的决策则倾向于更大程度的分权。

(5)组织的历史和领导者个性。组织是在自身较小规模的基础上逐渐发展起来的,并且发展过程中亦无其他组织的加入,那么集权倾向可能更为明显。组织中个性较强和自信、独裁的领导者,往往喜欢其所辖部门完全按照自己的意志来运行,这时集权就是该类组织经常会出现的状态。

正确地处理集权与分权关系对于组织的生存和发展至关重要。集权过度会带来一系列弊端,如降低组织决策的质量和速度,降低组织的适应能力。高层管理者陷入日常管理事务中,难以集中精力处理组织发展中的重大问题,同时降低组织成员的工作热情,从而可能对组织的长远发展造成不利的影响。

(五)协调活动

对工作分工与协调关系的处理是组织设计中的一个重要问题。有分工,就需要有协作。分工和协作是组织管理中的两大要素。根据系统论的观点,组织设计的目的是发挥整体大于部分之和的优势,使有限资源形成最佳配置,因此协调是组织设计的重要步骤,也是组织目标得以实现的根本保障。

第三节　组织变革与发展

设计得再完美的组织,在运行了一段时间以后也都必须进行变革,这样才能更好地适应组织内外环境变化的要求。组织变革应该是组织发展过程中一项经常性的活动。

一、组织变革的影响因素

组织变革是指对组织结构、组织关系、职权层次、指挥和信息系统所进行的调整和改变。诱发组织变革的需要并决定组织变革方向和内容的主要因素有以下几点：

1. 战略因素

组织战略就是组织的总目标，涉及一定时期组织的全局方针、主要政策的制定，决定组织的活动方向。新的战略一旦形成，组织结构就应该进行调整、变革，以适应新战略实施的需要。组织战略可以在两个层次上影响组织结构：一是不同的战略要求开展不同的业务和管理活动，由此影响到管理职务和部门的设计；二是战略重点的改变会引起组织业务活动重心的转移和核心职能的改变，从而使各部门、各职务在组织中的相对位置发生变化，相应地就要求对各管理职务以及部门之间的关系做出调整。

2. 环境因素

环境变化是导致组织结构变革的一个主要影响因素。当今环境最大的变化是以信息技术为基础的经济全球化和知识经济时代的来临。环境之所以会对组织的结构产生重大影响，是因为任何组织都或多或少是一个开放的系统，外部环境的发展和变化必然会对组织结构的设计产生重要影响。传统的以高度复杂性、高度正规化和高度集权化为特征的机械式组织，难对迅速变化的环境做出灵敏的反应。为适应新的环境要求，许多组织的管理者开始朝着弹性化或有机化的方向对组织进行变革，以便使组织成员变得更加精干、快速、灵活和富有创新性。

3. 技术因素

组织的任何活动都需要利用一定的技术和反映一定技术水平的特殊手段来进行。技术以及技术设备的水平，不仅影响组织活动的效果和效率，而且会对组织的职务设置与部门划分、部门间的关系，以及组织结构的形式和总体特征等产生相当程度的影响。比如，信息技术在促进传统非程序化决策向程序化决策转化以及组织内外部高强度信息共享和交流的同时，使许多重大问题的决策趋于集中化而次要问题的决策可以分散化，这样就使长期管理实践中很难实现的"集权与分权相结合"问题获得了解决的途径。

4. 组织发展

随着组织的发展，组织活动的内容会日趋复杂，人数会逐渐增多，活动的规模和范围会越来越大。这样，组织结构也必须随之调整，才能适应成长后的组织。组织变革伴随着组织成长的各个时期，不同成长阶段要求不同的组织模式与之相适应。管理者如果不能在组织步入新的发展阶段之际及时地、有针对性地变革其组织设计，就容易引发组织发展的危机，这种危机有效解决的方法就是对组织结构进行变革。

二、组织变革的动力和阻力

（一）组织变革的动力

组织变革的动力，就是指发动、赞成和支持变革并努力去实施变革的驱动力。总的说来，组织变革动力来源于人们对变革的必要性和变革所能带来好处的认识。

1. 外部变革推动力

组织变革的外部推动力包含政治、经济、文化、技术、市场等方面的因素和压力。其中，与变革动力密切相关的有以下几个方面。

（1）社会政治经济变化。国家的经济政策、发展战略和创新思路等社会政治因素，成为各类组织变革的强大推动力。

（2）技术发展。机械化、自动化，特别是计算机和信息技术对于组织管理产生深刻影响，成为组织变革的推动力。高新技术的日益采用、计算机辅助设计、计算机辅助决策以及网络技术等的广泛应用，对组织的结构、体制、群体管理和社会心理系统等提出了变革的要求。

（3）市场竞争。全球化经济形成新的伙伴关系、战略联盟和竞争格局，迫使组织改变原有经营与竞争方式。同时，国内市场竞争也日趋激烈，劳务市场正在发生深刻的变化，使得组织为提高竞争能力而加快重组步伐。

2. 内部变革推动力

组织变革的内部推动力包括组织战略调整、组织再造、人力资源管理、经营决策和组织发展等方面的因素。

（1）组织战略调整的要求。组织机构的设置必须与组织的阶段性战略目标一致，当组织根据环境的变化进行战略调整时，就要求有新的组织结构和方式为之提供支撑。

（2）组织再造的要求。由于外部的动力带来组织的兼并与重组，或者因为战略的调整，要求对组织结构加以改造，这样往往会影响到整个组织管理程序和工作流程，因而组织再造工程也成为管理学与其他学科研究的新领域。

（3）人力资源管理的要求。随着人事制度改革不断深入，组织成员来源和技能背景构成更为多样化，组织需要更为有效的人力资源管理。为了保证组织战略的实现，需要对组织的任务做出有效的预测、计划和协调，对组织成员进行多层次的培训。这些管理活动是组织变革的必要基础和条件。

（4）提高组织效率的要求。组织在运行中可能会出现机能失效的现象，即组织的主要机能不能发挥效率，或不能起到真正的作用。其中的原因可能是由于机构重叠、职责不明，也可能是由于人浮于事、目标冲突，造成信息沟通不良、决策错误或迟缓，这就需要通过及时的组织变革来消除这些导致低效率的因素。

（5）团队工作模式变化。各类组织日益注重团队建设和目标价值观的更新，形成了组织变革的一种新的推动力。组织成员的士气、动机、态度、行为等的改变,对于整个组织有着重要的影响。同时,随着电子商务的迅猛发展,虚拟团队管理对组织变革提出了更新的要求。

(二)组织变革的阻力

组织变革中的阻力,则是指人们反对变革、阻挠变革甚至对抗变革的制约力。这种制约组织变革的力量可能来源于个体、群体,也可能来自组织本身甚至外部环境。

1. 组织变革阻力的主要来源

(1)组织方面的阻力。在组织变革中,组织惰性是形成变革阻力的主要因素。组织惰性是组织在面临变革形势时表现得比较刻板、缺乏灵活性,难以适应环境的要求或者内部的变革需要。此外,组织文化和奖励制度等组织因素以及变革的时机也会影响组织变革的进程。

(2)群体方面的阻力。对组织变革形成阻力的群体因素主要有群体规范和群体内聚力等。群体规范具有层次性,边缘规范比较容易改变,而核心规范由于包含着群体的认同,难以变化。同样,内聚力很高的群体也往往不容易接受组织变革。

(3)个体方面的阻力。一是职业认同与安全感。在组织变革中,人们需要从熟悉、稳定和具有安全感的工作任务,转向不确定性较高的变革过程,其"职业认同"受到影响,产生对组织变革的抵制。二是地位与经济上的考虑。人们会感到变革影响他们在组织中的权力和地位,或者担心变革会影响自己的经济收入。三是出于个性特征、职业保障、信任关系、职业习惯等方面的原因,因而产生对于组织变革的抵制。

2. 组织变革阻力的管理对策

成功的组织变革管理者,应该既注意到所面临的变革阻力可能会对变革成败和进程产生消极的影响,为此要采取措施减弱和转化这种阻力。同时还应当看到,人们对待某项变革的阻力并不完全都是破坏性的,可以在妥善的管理或处理下转化为积极的、建设性的组织变革动力。改变组织变革力量及其对比的策略有三类:一是增强或增加驱动力;二是减少或减弱阻力;三是增强动力的同时减少阻力。在增加驱动力的同时采取措施消除阻力,更有利于加快变革的进程。排除阻力的方法通常有以下几种。

(1)参与和投入。当有关人员能够参与变革的设计讨论时,参与者会对组织变革给予理解与支持,抵制变革的情况就显著减少。参与和投入方法在管理人员所得信息不充分或者岗位权力较弱时使用比较有效。但是,这种方法常常比较费时间,在变革计划不充分时,有一定风险。

(2)教育和沟通。主张变革的管理者通过教育和沟通,分享情报资料,不仅带来相同的认识,而且在群体成员中形成一种感觉,即他们在计划变革中起着作用。这种方法适用于信息缺乏和对未知环境不熟悉的情况。

(3)组织变革的时间和进程。即使不存在对变革的抵制,也需要时间来完成变革。组织成员需要时间去适应新的制度,排除障碍。管理者在条件不成熟时加快速度急于变革,会使下级产生一种受压迫感,产生以前没有过的抵制。同时,若贻误了变革时机,则可能会降低士气,导致变革失败。

(4) 群体促进和支持。这里包括创造强烈的群体归属感,设置群体共同目标,培养群体规范,建立关键成员威信,改变成员态度、价值观和行为等。这种方法在人们由于心理调整不良而产生抵制情绪时使用比较有效。

三、组织变革的内容和类型

(一)组织变革的内容

组织变革是组织根据外部环境和内部情况的变化,及时地改变自己的内在结构,以适应客观发展的需要,更好地实现组织目标。组织变革的内容涉及结构变革、技术变革、物理环境变革、人员变革和组织文化变革等方面,如图8-9所示。

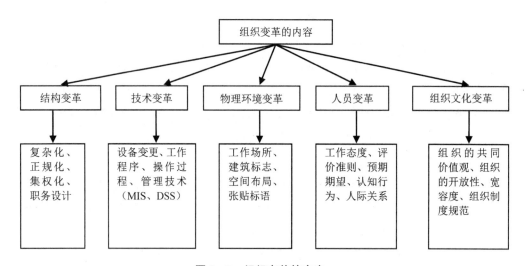

图8-9 组织变革的内容

(二)组织变革的类型

根据不同标准划分,组织变革有不同的类型。如:按照变革的程度和速度分为渐进式和激进式;按环境状况的不同分为主动变革和被动变革;按照变革对象不同分为以人为重点的变革和以技术为重点的变革。根据变革的侧重点不同,我们将其分为以下几种:

1. 战略性变革

战略性变革是组织对长期发展战略和使命所做的变革,依靠持续的、小幅度的变革达到目的状态,但波动次数多,变革持续时间长,这样有利于提高组织稳定性。渐进式变革是通过局部的修补和调整来实现的,对组织产生的震动较小,而且可经常地、局部地进行调整,直至达到目的状态,但容易产生路径依赖,导致组织长期不能摆脱旧机制的束缚。

2. 结构性变革

如果组织环境发生变化,关键目标和核心能力发生变化,组织就要对组织结构进行变革,并重新进行权力和责任的分配,使组织变得更灵活。

3. 以人为中心的变革

组织中人的因素最为重要,在组织发展中伴随人的观念和态度的转变,以人为中心的变革是组织通过对员工培训、教育和引导,使他们在观念、态度和行为方面与组织保持一致,推动组织发展。

现实中经常出现组织变革行动发生了之后,个人和组织都有一种退回到原有习惯了的行为方式中的倾向。为了避免出现这种情况,变革的管理者就必须采取措施,保证新的行为方式和组织形态能够不断地得到强化与巩固。这一强化和巩固的阶段可以被视为一个冻结或者重新冻结的过程。

四、组织的发展

(一)组织发展的特征

1. 高速度

随着信息化和网络经济的发展,规模经济时代正在向"速度经济"时代转变,正如有人所言:"新经济规则不是大鱼吃小鱼,而是快的吃慢的。"因此,未来的竞争在很大程度上依赖于速度,谁能在急速变化的环境中迅速调整,谁就能胜出。

2. 结构扁平化

随着计算机互联网在组织中的应用,组织的信息收集、整理、传递和控制手段的现代化,"金字塔"式的传统层级结构正在向扁平式的组织结构演进。在当今组织结构的变革中,减少中间层次,加快信息传递速度,直接控制是一个基本趋势。

3. 运行柔性化

柔性是指组织结构的可调整性和组织对环境变化、战略调整的适应能力。在知识经济时代,外部环境变化以大大高于工业经济时代变化的速度在发生着变化,因此组织的战略调整和组织结构调整必须及时,应运而生的柔性组织结构使得组织结构运作带有柔性的特征。

4. 组织协作团队化

这里的团队是指在组织内部形成具有自觉团结协作精神,能够独立完成任务的集体。团队组织与传统的部门不一样,它是自觉形成的,是为完成共同任务,建立在自觉信息共享、横向协调的基础上的。在团队中,没有拥有制度化权力的管理者,只有组织者。团队中的成员分工的界限不像传统分工那么明确,相互协作是最重要的特征。

5. 组织管理人本化

知识经济时代,组织中最重要的资源是人。组织的高效率、高效益依赖于组织成员的积极性和创造性。因此,组织要尊重每个成员的合理需要,建立科学有效的激励制度和各项规章制度,为组织成员创造充分发展的机会和环境,使组织成员得到全面、自由地发展。

6. 学习型组织

知识经济时代的组织必须不断地学习,组织要运用能在所有层次上促进学习和实验的知识基础来支持。组织要保持领先的唯一办法就是比对手更快、更好地学习。

(二)组织发展的趋势

1. 扁平化组织

扁平化组织的核心是指组织结构的扁平化,即管理层次的减少和管理幅度的扩大,组织结构形态由标准的金字塔形向圆筒形转化。

扁平化组织的顺畅运作需要具有两个重要条件:一个条件是现代信息处理和传输技术。现代信息技术的飞速发展,特别是网络技术的日臻完善,满足了当代组织环境对信息处理和传输的要求。另一个条件是组织成员的独立工作能力。现代组织中成员的知识、综合素质、工作能力大大提高,管理者向组织成员大量授权,组建各种工作团队,组织成员之间的关系转变为一种新型的团队成员之间的关系。

2. 柔性化组织

柔性化组织是指组织结构的柔性化,即在组织结构上不设置固定的和正式的组织机构,而代之以一些临时性的、以任务为导向的团队式组织。

组织结构柔性化的目的是使一个组织的资源得到充分利用,增强组织对组织环境动态变化的适应能力,它表现为集权和分权的统一、稳定和变革的统一。

(1)集权化和分权化的统一。为了避免过度分权所带来的消极影响,柔性化组织结构在进行分权的同时,要求实行必要的集中。集权和分权统一的关键是上级与下级之间及时进行信息的沟通,适当地调整权限结构,保证组织的战略发展目标和组织的各项具体活动之间形成有机的联系。

(2)稳定性和变革性的统一。适应组织结构不断变革的需要,组织结构分为两个组成部分:一个部分是为了完成组织的一些经常性任务而建立的组织结构,这部分组织结构比较稳定,是组织结构的基本组成部分;另一个部分是为了完成一些临时性的任务而成立的组织机构,是组织结构的补充部分,如各种项目小组,临时工、咨询专家等。

尽管柔性化是集权和分权的统一、稳定和变革的统一,但柔性化更充分地体现在组织结构的权力下放和不断变革上,柔性化的典型组织形式是临时团队和重新设计等形式。临时团队,是指任务单一、人员精干的临时性组织。重新设计把组织结构的不断自我调整看成组织结构存在的常态,而不是偶尔进行的一次组织行为。重新设计的常态化提高了组织结构的弹性应变能力。

3. 分立化组织

分立化组织是指从一个大的组织里再分离出几个小的组织,把总部与下属单位之间内部性的上下级关系变为外部性的组织与组织之间的关系。实质上是对层级制的一部分组织机构用市场联结关系代替行政管理关系。

分立化分为两种方式：一种方式是横向分立，另一种方式是纵向分立。横向分立是企业组织结构与企业的产品结构相对应，按照不同的产品类别分立不同的公司。通过横向分立，组织可以最大限度地提高单个产品经营单位的自主权。纵向分立所形成的各个企业之间的关系是一种同一类别产品内部上下游产品之间的关系，通过纵向分立，可以进一步集中企业的力量，提高企业的专业化生产经营水平。

4. 虚拟化组织

虚拟化组织具有两个根本特点。

一是用特殊的市场手段代替行政手段来联结各个经营单位之间及其与公司总部之间的关系。这种特殊的市场关系是一种以资本投放为基础的包含产权转移、人员流动和较为稳定的商品买卖关系在内的全方位市场关系。

二是在组织结构网络虚拟化的基础上形成了强大的虚拟功能。处于网络制组织结构中的每一个独立的经营实体都能以各种方式借用外部的资源，如购买、兼并、联合、委托和向外发包等。通过这种虚拟功能，可以获得诸如设计、生产和营销等具体的功能，但并不一定拥有与上述功能相对应的实体组织。

【复习与思考】

1. 什么是组织，组织的目标是什么？
2. 常见的组织结构有哪些类型，各种组织结构有何特点？
3. 什么是管理层次，什么是管理跨度，管理跨度与管理层次的关系如何？
4. 什么是职权分配，如何正确处理职权关系？

第九章

领　导

领导是指挥、带领、引导和鼓励组织成员为实现组织目标而努力的过程。本章介绍了领导的概念、简述领导与管理的关系,阐述领导权力的组成和权力的特征,探讨了权力使用。重点介绍领导者行为理论和领导权变理论,简要介绍领导理论的新发展。对领导艺术也进行了相应的探讨。

第一节　领导职能概述

一、领导概述

领导是管理活动的重要职能。但作为一种社会现象领导活动自古有之,从人类社会发展进程看,不同时期的领导活动总会受到当时社会物质条件、生产方式、思想观念、道德标准、社会政治经济关系,文化水平等多个方面的影响和制约,产生了不同历史时期各种不同性质和方式的领导。

在英语中领导(leadership)与领导者(leader)是两个词,很容易区别。领导是引导和影响个人或组织,在一定条件下实现目标的行动过程;领导者是指实施领导行为的主体。在汉语里,"领导"既是名词又是动词。作为名词,领导指的是领导者。领导者有两种类型:一种是居于领导职位的人,组织中所有被称为"上级"的人,包括全部的直线管理人员以及配有下属的职能部门的负责人。另一种是从一个群体中自然产生的,他们虽然并不拥有正式的职位和职权,但却能对他人的活动产生实质性的影响,他们同样也是领导者。作为动词,领导指的是一个领导者的行为,指导和动员他人行为的过程。领导过程包含了确定组织成员应当前进的方向,以及带领人们朝着这个方向前进以实现预期目标两个方面的内容。这是对领导职能的一种广义理解,它在很大程度上与该领导者作为一名正式组织的管理者围绕人的因素所开展的管理全过程相当。

本章所指的领导是管理中一项重要职能。我们将领导定义为:引导和影响个人或组织,在一定条件下实现组织目标的行动过程,致力于实现这个过程的人则为领导者。

这一定义包含以下几个方面的含义:

（1）领导是一个过程。领导是由领导者、被领导者、领导行为、组织目标、行为结果等共同构成的内容体系。领导者是领导行为的主体，是领导的基本要素。领导业绩是通过被领导者群体活动的成效表现出来的。

（2）领导的本质是影响力。包括组织赋予领导者的职位和权力，也包括领导者个人所具有的影响力。权力在组织中的分配是不平等的，领导者拥有相对强大的权力，得以指挥组织中其他成员。领导者也可以通过个人的影响力引导下属，使其表现出某种符合组织期望的行为。

（3）领导者必须有下级或追随者。领导一定要与所领导的群体或组织的其他成员发生联系。被领导者的追随和服从，不完全由组织赋予的职位和权力决定，也取决于追随者的意愿。因此，具有职权的管理者如果没有部下和追随者的服从，也就谈不上是真正意义上的领导者。

（4）领导的目的是实现组织目标。与其他管理职能一样，领导工作也具有明确的目的性。这种目的一是为了使组织目标得以更好地实现，二是使组织成员能在工作中得到发展和进步。有效的领导者应当为组织成员发挥主动性和创造性提供一定的自由度。

二、领导的权力

（一）权力类型

权力泛指控制力和影响力，是领导者施行其领导行为的基本条件。领导者履行职责，就要有一定的权力。从领导科学理论出发，领导权力可概括为两部分：法定权和非法定权。

1. 法定权

领导法定权即平时所说的职权，指组织内各管理职位所固有的法定的、正式的权力。这种权力来自领导者在组织中担任的职务，来自下属传统的习惯观念。领导者拥有的职务权力是合理、合法，得到社会公认的，组织成员必须接受领导者的领导和指挥。

法定权受法律保护，以服从为前提，具有明显的强制性，随着职务的授予开始，以职务的免除而终止，领导法定权在权力构成中居主导地位。法定权包括决策权、组织权、指挥权、人事权、奖惩权等。

2. 非法定权

非法定权包括专长权和人格权力。专长权是指个人在某一领域的特殊技能或专业知识而影响他人的能力，一个人由于具有某种专业知识、特殊技能和经验，因而赢得了其他人的尊敬，其他人就会在一些问题上服从于他的判断和决定。人格权也叫感召权，这是与个人的品质、魅力、经历和背景等相关的权力。人格权对被领导者的心理和行为都会产生很大影响，在心理上体现为对领导者怀有敬佩感、信赖感，在行为上体现为对领导者自觉追随和服从。一个拥有独特的个人特质、超凡魅力和高尚思想品德的人，会使其他人认同他、敬仰他、崇拜他，以至达到要模仿他的行为和态度的地步，这样他就有了个人影响力。

根据权力来源的基础和使用方式的不同,美国管理学家弗兰奇(John R. P. French)和瑞文(Bertram Raven)将权力划分为五种类型:法定权、奖赏权、惩罚权,专家权和感召权。上述五种权力可被归纳为两大类:一类叫职权,包括法定权、奖赏权和强制权;另一类叫个人权力,包括专家权和个人影响力。

（二）职权与个人权力

1. 职权

职权(position power),即与职位有关的权力。这种权力是由上级和组织所赋予的,并由法律、制度明文规定。职权不依任职者的变动而变动,有职者就有职权,无职者就无职权。职权的基本内容包括对组织活动的合法决定和指挥,以及对组织成员的奖赏和惩罚。组织成员往往由于压力而不得不服从于这种权力。职权具有下列特性:

（1）强制性。强制性表现为领导者凭借权力强制别人按照自己的意愿来做事。强制性的好处在于效率高,但容易造成下属对权力的抗拒,权力的强制力是一把双刃剑。

（2）潜在性。职权并非只有通过运用或发生才显示强制性的存在,如足球队教练有解聘本球队队员的权力,即使并没有发生过解聘足球队员的情况,但足球队员都知道他们的教练拥有这样的权力。权力的潜在性要求领导者要在关键时刻使用权力,要用在影响力不起作用的地方。如果凡事都用权力,权力的效力就会变小。

（3）职务相关特性。权力与职务相联系。首先,权力的大小受职务大小的限制,领导者不能超出职务行使权力,也不能在职务范围内不行使权力。用多了叫滥用权力,用少了叫不负责任、不作为。其次,有多大的权力就有多大的责任。领导不仅意味着权力,更意味着责任,即和职务相关的责任。

2. 个人权力

个人权力(personal power),也称统御权,是与领导者个人有关的权力。这种权力不是由领导者在组织中的职位赋予的,而是由于领导者自身的某些特殊条件才具有的。例如,领导者具有高尚的品德、丰富的经验、卓越的专业能力、良好的人际关系、特殊的个人经历和背景,以及善于创造一个激励的工作环境,能满足组织成员的需要等。这种来自个人的权力通常是在组织成员自愿接受的情况下产生影响力,因而易于赢得组织成员长时期的发自内心的敬重和服从。

3. 职权与个人权力的关系

拥有一定职权是领导者发挥影响力的基本因素,是领导者开展领导活动的前提和基础,在领导权力中居主导地位。显然,有效的领导者不仅要依靠职权,还必须具有个人内在的影响力,这样才会使被领导者心悦诚服。职权与个人权力的区别如表9-1所示。

表 9-1 职权与个人权力的比较

项目	职权	个人权力
来源	法定职位,由组织规定	完全依靠由个人素质、品质、业绩和魅力而来
范围	受时空限制,受权限限制	不受时空限制,可以超越权限,甚至超越组织的局限
方式	以行政命令的方式实现,是一种外在的作用	自觉接受,是一种内在的影响
效果	服从、敬畏,也可以调职、离职的方式逃避	追随、信赖、爱戴、自觉
性质	强制性地影响	自然地影响

(三)权力的使用

领导以权力为基础,这是建立在正确和积极使用权力的基础之上,如果一个组织中领导者滥用权力,组织就不可能生存和发展。因此,领导者必须正确对待权力。

1. 追求和使用积极的权力

权力按其属性亦可分为两种:第一种是积极的权力。它是以组织或群体进步为导向,一般产生积极的后果,它能在组织中把个人的长处组合起来,创造一种民主的氛围,促使组织飞速发展。第二种是消极的权力。这种权力的使用是以个人的需要和目标为导向,一般产生消极的后果。消极的权力来源于个人的权力欲,权力欲膨胀的人,会不择手段争权夺利,影响组织的正常运转。以消极的权力为目标的人掌权后还会为一己私利,肆无忌惮地损害组织和集体的利益。

一个领导者必须意识到,权力只是管理活动中的一种工具,是为实现组织目标服务的,而不是为个人利益服务的私人财富。领导者追求权力的动机和使用权力的目的是否正确,衡量的标准就在于他追求和使用的是积极的权力,还是消极的权力。

2. 不滥用权力

领导者一旦滥用权力,不但会阻碍组织目标的实现,还会导致人际关系恶化、组织凝聚力下降,最终会导致领导者权力的丧失。为避免滥用权力,领导者应遵循如下使用权力的原则。

(1)不炫耀自己的权力。各种组织中都存在权力,从学校到医院,从企业到公共场合,领导者应该用一种慎重小心的态度对待权力,该使用时使用,而决不夸大炫耀。

(2)客观一致地使用权力。让大家知道在何种情况下使用权力和始终遵守这种行事方式。这样,权力的使用就成为工作秩序的一部分,这种秩序一旦被接受,下属就不会认为使用权力是领导者主观随意的行为。就能增强领导者使用权力的有效性。

(3)使用权力的目的是建立所期望的行为模式。每一项重大的领导决策都会对群体态度和行为产生影响,使组织内部的结构发生变化。正是在使用权力的过程中,领导者引导下属建立并维持组织期望的行为模式。

三、领导与管理

领导与管理通常是人们容易混淆的两个概念。事实上,领导与管理、领导者与管理者是既相互联系又相互区别的。

管理是由管理者通过计划、组织、领导和控制职能,进而实现组织目标的行为过程。而管理者则是指领导者以及所有从事管理工作的职能人员,例如会计、统计员等。管理是一种个体行为活动的过程,而管理者是指实施管理行为活动过程的主体。

从职能角度来看,管理职能包括计划、组织、领导和控制。领导职能是管理职能的一部分,可以说管理职能的范围要大于领导职能。领导活动与管理活动的特点和着重点有所不同。领导活动与人的因素密切关联,侧重于对人的指挥和激励,更强调领导者的影响力、艺术性和非程序化管理,而管理活动更强调管理者的职责以及管理工作的科学性和规范性。

领导者与管理者有共性的一面。从行为方式看,领导者和管理者都是在组织内部通过影响他人的活动来实现组织目标。从权力的构成看,两者也都是组织层级岗位设置的结果。

领导者与管理者又有区别。①从本质上说,管理者是建立在合法的、有报酬的和强制性权力的基础上从事管理职能工作的人,而领导者则可能是建立在合法的、有报酬的和强制性权力的基础上,也可能更多地是建立在个人影响力和专长权以及模范作用的基础上进行领导的人。②从工作内容上看,领导者是解决组织中带方向性的、战略性的、全局性的问题,管理者的职责是依照规则、程序,采取一定的方法和手段,完成工作任务,是解决管理过程中的效率与效益问题。③从角色差异来看,一般称领导者为"帅才",称管理者为"将才",将才必须过问具体细节,而帅才则不必过问细节。④管理者的人数要多于领导者,领导者是在组织或团体中具有权力、地位(职位)和相当影响力的人物。而管理者除领导者外,还包括从事管理工作职能的人员(如会计员、统计员、劳资员等)。

一个人可能既是管理者,又是领导者,而领导者和管理者两者相分离的情况也会存在。一个人可能是领导者,却并不是管理者,作为非正式组织的领袖,他们并没有正式的职位和权力,也没有义务确立完善的计划、组织和控制职能,但是他们可以不运用正式权力来对其他成员施加影响,起到激励和引导的作用,因此他们是领导者,却不是管理者。一个人可能是管理者,却并不是领导者。现实中的管理者都行使管理职权,拥有合法的权力进行奖励和惩罚,其影响力来自他们所在的职位赋予的正式权力。这类管理者也许会在计划、组织和控制等职能方面做得非常出色,但只要不能有效地发挥对他人的引导、激励等领导作用,那么他就不是名副其实的领导者。

第二节 领导理论

自 20 世纪 30 年代以来,西方领导学研究经历了三个发展阶段:一是领导者特质研究阶段,二是领导者行为研究阶段,三是领导权变理论研究阶段。

一、领导特质理论

特质理论主要研究的是领导者应具备的素质。特质理论认为领导效率的高低主要取决于领导者的特质,那些成功的领导者也一定有某些共同点。根据领导效果的好坏,找出好的领导者与差的领导者在个人品质或特性方面有哪些差异,由此就可确定优秀的领导者应具备哪些特性。

为了选拔和预测的需要,人们期望能确定作为一个领导者所具备的特质,以解决什么样的人当领导最为合适的问题,这也是领导理论早期研究的思路。伯德(Frank Bird)曾总结了关于领导的早期研究,发现用于区别领导者与非领导者的特质有 79 种。但在这些特质中一致性较高的只有智力、主动、幽默感和外向四种,这表明研究者的认识存在很大分歧。另外,对领导特质理论虽然做了大量的研究,但仍没有充分的论据证明领导者与其他人在特质上有非常明显的差异。

二、领导行为理论

由于领导特质理论并不能说明领导的实质,因而从 20 世纪 40 年代后期起,研究者开始转向领导者的实际行为研究。其中,有代表性的研究成果是领导风格理论、领导连续统一体理论和领导方格理论等。

(一)领导风格理论

勒温(Kurt Lewin,1890—1947)提出,领导风格大体上有专权型领导、民主型领导和放任型领导三种类型。

1. 专权型领导

专权型(autocratic)领导是指领导者个人决定一切,布置下属执行,要求下属绝对服从,并认为决策是自己一个人的事情。专权型领导行为的主要特点:①个人独断专行,从不考虑别人的意见,组织的各种决策完全由领导者独自做出。②领导者预先安排一切工作内容、程序和方法,下属只能服从。③除了工作命令外,从不把更多的信息告诉下属,下属没有任何参与决策的机会,只能奉命行事。④主要靠行政命令、纪律约束、训斥惩罚来维护领导者的权威,很少或只有偶尔的奖励。⑤领导者与下属保持着相当大的心理距离。

2. 民主型领导

民主型(democratic)领导是指领导者发动下属讨论,共同商量,集思广益,然后决策,要求上下融洽、合作一致地工作。民主式领导行为的主要特征:①领导者在做出决策之前通常都要同下属磋商,得不到下属的一致同意不会擅自采取行动。②分配工作时,尽量照顾到每个组织成员的能力、兴趣和爱好。③对下属工作的安排并不具体,下属有相当大的工作自由,有较多的选择性和灵活性。④主要运用个人的权力和威信,而不是靠职位权力和命令使人服从。⑤领导者积极参加团体活动,与下属无较大的心理距离。

3. 放任型领导

放任型(laissez-faire,free-rein)领导是指领导者对下属充分授权,下属在工作中拥有较大自由度,领导的职责仅仅是为下属提供信息并与组织外部进行联系,以利于下属的工作。

领导方式的这三种基本类型各具特色,也各适用于不同的环境。领导者要根据所处的管理层次、担负的工作性质以及下属的特点,在不同时空处理不同问题时,选择合适的领导方式。1939 年,勒温和他的同事们以 11～12 岁的男学生为对象进行了实验研究。他们将学生分为三组,让这些学生从事面具的制作活动,轮流采用三种不同的领导风格对他们进行管理。根据实验得出的结论是:放任式的领导方式工作效率最低,只能达到组织成员的社交目标,但不能完成工作目标。专制式的领导方式虽然通过严格管理能够达到既定的任务目标,但组织成员没有责任感,情绪消极,士气低落。民主式领导方式工作效率最高,不但能够完成工作目标,而且组织成员之间关系融洽,工作积极主动、富有创造性。

(二)领导连续统一体理论

1973 年,美国学者坦嫩鲍姆和施密特(W. H. Schemidt)认为,领导行为从以领导者为中心的任务导向型领导到以下属为中心的关系导向型领导,是一个连续的整体。根据这种认识,他们提出了"领导连续统一体理论"(leadership continuum theory)。理论模型如图 9-1 所示,其中列出了七种典型的领导方式。从 A→G 的连续带上,领导者职权的运用逐渐减少,而下属享有的自由度逐渐增大。

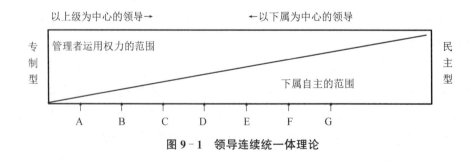

图 9-1 领导连续统一体理论

1. A:领导者做出并宣布决策

在这种方式中,上级确认一个问题,考虑各种可供选择的解决方法,从中选择一个,然后向下属宣布以便执行。一般不给下属参与决策的机会,下属只能服从他的决定。

2. B:领导者"销售"决策

在这种方式中,如同前一种方式一样,领导者承担确认问题和做出决定的责任,但他不是简单地宣布这个决策,而是说服下属接受决策。这样做是表明他意识到下属中可能有某些反对意见,通过阐明这种决策给下属和组织带来利益以争取他们的支持。

3. C:领导者提出计划并允许提出问题

在这种方式中,领导者做出了决策,并期望下属接受这个决策。但他向下属提供一个有关他的想法和意图的详细说明,并允许提出问题。这样,下属可以更好地了解他的意图和计划。这个过程使领导者和下属能深入探讨决策的意义和影响。

4. D:领导者提出可以修改的暂定计划

在这种方式中,允许下属对决策发挥某些影响作用。确认问题和决策的主动权仍操纵在领导者手中。他先对问题进行考虑,并提出一个计划,但只是暂定的筹划,然后把计划交给有关人员征求意见。

5. E:领导者提出问题,征求建议,做出决策

在这种方式中,虽然确认问题和决策仍由领导者来进行,但下属有建议权。下属可以在领导者提出问题后,提出各种解决问题的方案。领导者从自己和下属提出的方案中选择较为满意的决策。该方式是充分利用下属的知识和经验。

6. F:领导者决定界限,让团体作出决策

在这种方式中,领导者把决策权交给团体,他先解释需要解决的问题,并给要做的决策规定界限。

7. G:领导者允许下属在规定的界限内行使职权

在这种方式中,下属有较大的工作自由,唯一的界限是上级所做的规定。如果上级参加了决策过程,也往往以普通成员的身份出现,并执行组织所做的任何决定。

坦嫩鲍姆和施密特认为,上述七种领导方式,人们究竟应当采取哪一种领导方式,不能一概而论,应主要考虑以下三个方面的相关条件:①领导者方面的条件,包括领导者自己的价值观念、对下属的信任程度、领导个性(是倾向于专制的,还是倾向于民主的)等。②下属方面的条件,包括下属人员独立性的需要程度、是否愿意承担责任、对有关问题的关心程度、对不确定情况的安全感、对组织目标是否理解,以及在参与决策方面的知识、经验、能力等。③组织环境方面的条件,包括组织的价值标准和传统,组织的规模,集体的协作经验,决策问题的性质及其紧迫程度等。

领导连续统一体理论给予领导者以一系列不同的选择方式进行团队管理。但领导连续统一体理论仅仅考虑到初期阶段的布置任务以及授权行为,只是描述性的,对后续流程缺乏考虑。

（三）领导方格理论

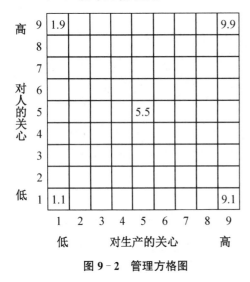

图9-2 管理方格图

管理方格理论（managerial grid theory）是美国得克萨斯大学的行为科学家罗伯特·布莱克（Robert R. Blake）和简·莫顿（Jane S. Mouton）在1964年出版的《管理方格》（1978年修订再版，改名为《新管理方格》）一书中提出的。管理方格理论的提出改变了以往各种理论中"非此即彼"式（要么以生产为中心，要么以人为中心）的绝对化观点，指出在对生产关心和对人关心的两种领导方式之间，可以进行不同程度的结合。该理论可用一幅纵轴和横轴各9等分的方格图来表示，在这张图上，横轴表示领导者对生产的关心（concern for production），纵轴表示领导者对人的关心

（concern for people）。每条轴划分为9小格，第一格代表关心程度最低，第9格表示关心程度最高，整个方格图共有81个方格，每一小方格代表一种领导方式。如图9-2所示，1.9表示乡村俱乐部型，9.9表示团队型，5.5表示中庸之道型，1.1表示贫乏型，9.1表示任务型。

1. 任务型（authority compliance）

只注重任务的完成，不重视人的因素。这种领导是一种专权式的领导，下属只能奉命行事，组织成员失去进取精神，不愿用创造性的方法去解决各种问题，不能施展所有的本领。

2. 乡村俱乐部型（country club management）

与任务型相反，乡村俱乐部型特别关心组织成员。持此方式的领导者认为，只要组织成员精神愉快，工作自然会做好。这种管理的结果可能很脆弱，一旦和谐的人际关系受到了影响，工作成绩会随之下降。

3. 中庸之道型（middle-of-the-road management）

既不过于重视人的因素，也不过于重视任务因素，努力保持和谐和妥协，以免顾此失彼。此种方式比任务型和乡村俱乐部型强些。但是，由于牢守传统习惯，从长远看，此种方式会使组织落伍。

4. 贫乏型（impoverished management）

对组织成员的关心和对生产任务的关心都很差。这种方式无疑会使组织失败，这样的组织很难生存。

5. 团队型（team management）

对生产和人的关心都达到了最高点。在团队型方式下，组织成员在工作上希望相互协作，共同努力去实现组织目标；领导者诚心诚意地关心组织成员，努力使组织成员在完成组织目标的同时，满足个人需要。应用这种方式的结果是，组织成员都能运用智慧和创造力进

行工作,关系和谐,出色地完成任务。

上述对不同方式的分析为我们提供了一种衡量管理者所处领导形态的模式,使管理者较清楚地认识到自己的领导方式并指出改进的方向。应当指出的是,布莱克和莫顿所主张的团队型领导方式只能说是一种理论上的理想模式,现实中要达到这样一种理想状态并不容易。但他们提出的对人的关心与对生产的关心应当结合的观点,在现实工作中具有重要的指导意义。作为一位领导者,既要发扬民主,又要善于集中;既要关心组织任务的完成和组织目标的实现,又要关心组织成员的正当利益。只有这样,才能使领导工作卓有成效。

三、领导权变理论

20 世纪 60 年代,不少学者认为,要找到一个适合于任何组织、任何性质的工作和任务、任何对象固定的领导人格特质、领导风格类型和领导行为方式都是不现实的。因为领导的有效性是由领导者、被领导者及其环境因素等共同决定的,要根据具体情况来确定领导方式。权变理论(contingency theory)也称随机制宜理论,认为领导效果因领导者、被领导者和工作环境的不同而不同,领导方式是领导者特征、追随者的特征和环境的函数。

$$S = f(L, F, E)$$

上式中,S 代表领导方式,L 代表领导者特征,F 代表追随者的特征,E 代表环境。

领导者的特征主要是指领导者的个人品质、价值观和工作经历。如果一个领导者的决断力很强,并且信奉 X 理论,那么他很可能采取专制型的领导方式。追随者的特征主要是指追随者的个人品质、工作能力、价值观等。如果追随者的独立性较强,工作水平较高,那么采取民主型或放任型的领导方式比较适合。环境主要是指工作特性、组织特征、社会状况、文化影响、心理因素等。工作是具有创造性还是简单重复,组织的规章制度是比较严密还是宽松,社会时尚是倾向于追随服从还是推崇个性等,都会对领导方式产生强烈的影响。

(一)费德勒权变理论

美国管理学家弗雷德·费德勒(F. E. Fiedler)在大量实证调查研究的基础上提出了费德勒权变理论(Fiedler's contingency theory),他认为任何领导方式均可能有效,其有效性取决于领导方式与所处的环境是否适应,其模型如图 9 - 3 所示。

为了测定领导者的领导风格,费德勒设计了"最难共事者"(least-preferred co-worker,LPC)问卷。低 LPC 分的领导者趋向于任务导向型的领导方式,高 LPC 分则反映出该领导者的领导方式趋向于关系导向型。费德勒认为,影响领导有效性的环境因素主要有下列三个方面。

1. 领导者与下属的关系(leader-member relation)

领导者与下属的关系指领导者得到下属拥护和支持的程度,如领导者是否受到下属的喜爱、尊敬、信任和追随。如果双方高度信任、互相尊重支持、密切合作,那么上下级关系是好的;反之,则关系较差。

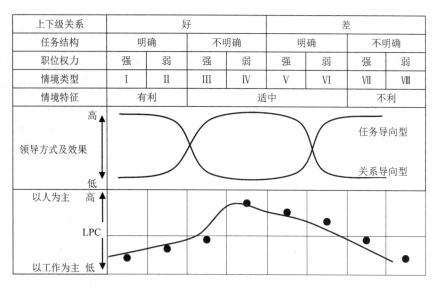

上下级关系	好				差			
任务结构	明确		不明确		明确		不明确	
职位权力	强	弱	强	弱	强	弱	强	弱
情境类型	Ⅰ	Ⅱ	Ⅲ	Ⅳ	Ⅴ	Ⅵ	Ⅶ	Ⅷ
情境特征	有利		适中				不利	

图 9-3 费德勒领导权变模型

2. 任务结构(task structure)

任务结构是指下属所从事工作的程序化、明确化的程度,如工作的目标、方法、步骤等是否清楚。若工作任务是例行性、常规化、容易理解和有章可循的,则这种工作任务的结构是明确的;反之,则属于不明确或低结构化的工作任务。

3. 职位权力(leader position power)

职位权力是指领导者的职位所能提供的权力和权威是否明确、充分,在上级和整个组织中所得到的支持是否有力,对雇用、解雇、纪律、晋升和报酬等的影响程度的大小等。

上述三个环境因素的不同组合形成了八种不同类型的情境条件,费德勒通过对各种情境中持不同领导方式的领导者所取得的组织绩效的实证调查数据进行比较分析,得出了在各种不同情境条件下的有效领导方式,如图 9-3 所示。

费德勒的研究结果表明,任务取向的领导者在非常有利的情境和非常不利的情境中工作得更好。也就是说,当面对Ⅰ、Ⅱ、Ⅶ、Ⅷ类型的情境时,任务取向的领导者干得更好;而关系取向的领导者则在中度有利的情境即Ⅲ、Ⅳ、Ⅴ、Ⅵ类型的情境中干得更好。

费德勒认为领导风格是与生俱来的,领导者难以改变自身的风格去适应变化的情境。因此,提高领导者的有效性实际上只有两条途径:第一种是替换领导者以适应领导环境。例如,如果组织所处的领导环境被评估为十分不利,而目前又是一位关系取向的管理者进行领导,那么替换一位任务取向的管理者则能提高组织绩效。第二种是改变领导环境以适应领导者风格。费德勒提出了一些改善领导者与成员关系、职位权力和任务结构的建议。领导者与下属之间的关系可以通过改组下属组成加以改替,即在上下级关系、任务结构、职位权力等方面做些改变,使下属的经历、技术专长和文化水平更为适合领导风格。任务结构可以通过详细布置工作内容而使其更加定型化,也可以对工作只做一般性指示而使其非程序化。领导的职位权力可以通过变更职位充分授权,或明确宣布职权而增加其权威性。同时,费德勒认为,第一种方法是传统的人员招聘和培训方式。而第二种方法(按照管理者自己固有的领导风格分配他们担任适当的领导工作)可能比第一种方法(让管理者改变自己的领导风格以适应工作)更容易做得到。这说明通过组织设计和变革(改变组织环境)可能成为一种非常有用的工具,使得管理阶层的领导潜能得以更充分地利用和发挥。

(二)赫塞与布兰查德情境理论

1969 年,保罗·赫塞(Paul Hersey)同肯尼斯·布兰查德(Kenneth Blanchard)合著的《组织行为学》一书,提出了情境领导模式(Hersey & Blanchard situational theory),又称领导生命周期理论(leadership life cycle theory)。情境领导理论认为,领导者的行为要与被领导者的成熟度水平相适应,才能取得有效的领导效果。也就是说,领导风格不是一成不变的,而要根据环境及组织成员的变化而改变。

赫塞和布兰查德把成熟度(maturity)定义为:个体对自己的直接行为负责任的能力和意愿。它包括工作成熟度(job maturity)和心理成熟度(psychological maturity)。工作成熟度是下属完成任务时具有的相关技能和技术知识水平。心理成熟度是下属的自信心和自尊心。高成熟度的下属既有能力又有信心做好某件工作。

情境领导模式提出任务行为和关系行为两种领导维度,并且将每种维度进行了细化,从而组合成四种具体的领导方式,用 S 代表四种领导方式。

(1) S1 命令型(telling)领导方式(高工作—低关系)。领导者定义角色,告诉下属应该干什么、怎么干以及何时何地去干。

(2) S2 说服型(selling)领导方式(高工作—高关系)。领导者同时提供指导性的行为与支持性的行为。

(3) S3 参与型(participating)领导方式(低工作—高关系)。领导者与下属共同决策,领导者的主要角色是提供便利条件与沟通。

(4) S4 授权型(delegating)领导方式(低工作—低关系)。领导者提供极少的指导或支持。

赫塞和布兰查德把下属的成熟度分为四个阶段,用 M 代表成熟度,M1 表示低成熟度,M4 代表高成熟度。

(1) M1 第一阶段。这些人对于执行某任务既无能力又不情愿。他们既不胜任工作又不能被信任。

(2) M2 第二阶段。这些人缺乏能力,但愿意执行必要的工作任务。他们有积极性,但目前尚缺足够的技能。

(3) M3 第三阶段。这些人有能力,却不愿意干领导者希望他们做的工作。

(4) M4 第四阶段。这些人既有能力又愿意干领导者让他们做的工作。

情境领导模型概括了各项要素,当下属的成熟水平不断提高时,领导者不但可以不断减少对下属行为和活动的控制,而且还可以不断减少关系行为。在第一阶段(M1),下属需要得到具体而明确的指导;在第二阶段(M2),领导者需要采取高工作—高关系行为。高工作行为能够弥补下属能力的欠缺,高关系行为则试图使下属在心理上"领会"领导者的意图;对于在第三阶段(M3)中出现的激励问题,领导者运用支持性、非领导性的参与风格可获最佳解决。在第四阶段(M4),领导者不需要做太多事,因为下属愿意又有能力担负责任。情境领导模型如图 9-4 所示。

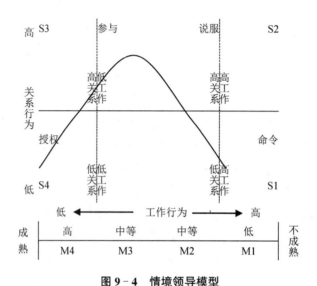

图 9-4   情境领导模型

同费德勒的权变理论相比,领导方式情境理论更加直观和更容易理解,但它只针对了下属的特征,而没有包括领导行为的其他情境特征。因此,这种领导方式的情境理论算不上完善,但它对于深化领导者和下属之间的研究,具有重要的基础作用。

四、领导理论进展

(一) 领导的归因理论

领导归因理论(attribution theory of leadership)是由米契尔(Terence R. Mitchell)于 1979 年首先提出的。这种理论指出,领导者对下属的判定会受到领导者对其下属行为归因的影响,领导者对下属行为的归因可能有偏见,这将影响领导者对待下属的方式。同样,领导者对下属行为归因的公正和准确也将影响下属对领导者遵从、合作和执行领导者指示的意愿。领导者典型的归因偏见是把组织中的成功归因于自己,把组织失败归因于外部条件,把工作失败归因于下属本身,把工作成功归因于领导者自己。因此,克服领导者的归因偏见是有效领导的重要条件之一。领导归因理论的主要贡献在于提醒领导者要对下属的行为做出准确"诊断",并"对症下药",才能达到有效治理的目的。

(二)魅力型领导理论

领袖魅力(leadership charismatic)是指领导者所具有的能对追随者产生巨大、超凡影响的吸引力。魅力型领导理论是归因理论的扩展,是指当下属观察到某些行为时,会把它们归因于伟人式或杰出的领导能力。绝大多数领袖魅力的领导理论研究的是具有领袖气质与无领袖气质的领导者之间的特质差异、对下属影响的差异及领袖魅力的培养。他们的结论是,魅力型领导人具有极高的自信、支配力以及对自己信仰的坚定信念。

大多数学者认为个体可以经过培训而展现领袖魅力,有研究认为一个人可以通过以下三个阶段的学习变成具有领袖魅力的领导者。第一阶段,个体要保持乐观态度,使用激情作为催化剂激发他人的热情,运用整个身体而不仅仅是用言语进行沟通。通过这些方面可以开发领袖魅力的氛围。第二阶段,个体通过与他人建立联系而激发他人追随自己。第三阶段,个体通过调动追随者的情绪而开发他们的潜能。

(三)交易型领导者与变革型领导者

交易型领导者(transactional leaders)把管理看作一系列的商业交易。此时,领导者运用其法定权、奖励权等来发布命令及对已实施的服务来交换奖励。交易型领导者通过明确角色和任务要求指导或激励下属向着既定的目标活动。变革型领导者(transformational leaders)就是把"事情可能是什么样"变成了"事情就是什么样"。也就是说,他们把远景变成了现实,使人们为了组织利益而超越个人利益,为此他们建立起兴奋而富有活力的组织。变革型领导者鼓励下属为了组织的利益而超越自身利益,并能对下属产生深远而不同寻常的影响。变革型领导者与交易型领导者的区别如表9-2所示。

表9-2 变革型领导者与交易型领导者的区别

交易型领导	变革型领导
权变奖励:努力与奖励相互交换原则,良好绩效是奖励的前提,承认成就	领袖魅力:提供远见和使命感,逐步灌输荣誉感,赢得尊重与信任
通过例外管理(主动):监督、发现不符合规范与标准的行为,把它们改正为正确行为	感召力:传达高期望,使用各种方式强调努力,以简单明了的方式表达重要意图
通过例外管理(被动):只有在没有达到标准时才进行干预	智力刺激:鼓励用智力、理性活动和周到细致的问题进行管理
自由放任:放弃责任,回避决策	个别化关怀:关注每一个人,针对每个人的不同情况给予培训、指导和建议

第三节 领导艺术

领导艺术是领导者在履行职责、完成工作的过程中,创造性地运用各种领导策略、资源、方法和原则,有效实现组织目标的技能技巧。领导艺术是领导工作效应的最高层次,是领导者个人内在素质在工作中的最高体现。领导者要充分认识领导艺术的重要性,在实践中不断提高领导艺术水平,领导的实践活动是检验领导艺术的唯一标准。

一、领导艺术的特征

(一)经验性和科学性的统一

领导艺术既有理论性又有实践性,是理论和经验的结合,高于领导经验和领导科学。领导艺术是领导在实践中直接经验和间接经验的积累,但并不仅仅是单纯的经验,而是基于管理理论指导的实践,以科学知识为基础的经验积累,领导者只有根据管理理论和方法,密切结合实际,根据实际情况的变化,运用自身的才智和创造力才能取得良好的领导效果。

(二)原则性和灵活性的统一

原则性是领导工作中的指导思想,是根本遵循,但原则性不是简单地重复照搬,更不是不问实际情况地为原则而原则。原则性是领导工作的方向,但灵活性是工作中的具体措施,领导艺术的原则性和灵活性就是要在坚持原则的基础上,根据变化的形势,采取灵活多变的措施,即具体问题具体分析,既要看到问题的普遍性,又要看到问题的特殊性。

(三)规范性和创造性的统一

任何工作都要稳中求进,既要求稳定又要创新,领导者在工作中会面临很多程序化的工作和非程序化的工作。程序化工作就是按照常规的方式方法去处理,体现一种规范性,而非程序化的工作往往是无先例可循,需要运用创造性方法去解决,对于高层管理者而言,需要把主要精力和时间投入非程序化的工作中。

二、领导艺术的内容

(一)领导授权的艺术

授权是领导者根据工作需要,在职权范围内委托授予下属处理特定事务的权利。领导者只有适当授权,才能使自己从繁多的日常事务工作中解脱出来。领导者要掌握和运用授权艺术,要明确授权的类型,还要把握授权的原则。领导者在运用授权艺术时要掌握几个要点:确保领导目标;了解下属,授予与其能力相当的权力;明确授权职责;坚持指导控制。

（二）人际关系的艺术

人际关系的能力是要求各级管理者都具备的基本能力。领导活动实际上是协调群体行为的活动，领导工作的重要内容就是协调人际关系，优化环境，调动组织人员积极性，巩固组织的稳定性。领导人际关系的艺术包括沟通的艺术、谈判的艺术，如何对待下属、同级和上级的艺术。领导者在协调人际关系时要把握几个原则：实事求是原则、目标导向原则、利益一致原则、沟通及时原则、公开公正原则等。

（三）运筹时间的艺术

管理学家通常把"管理时间"作为卓有成效的管理基础。领导者能否有效利用时间直接影响领导绩效的高低、事业的成败和贡献的大小。领导者运筹时间的艺术不仅包括集中时间、扩大时间容量，还应该优化时间利用，把有限的时间集中于关键工作，优化工作程序。除了优化利用时间，领导者还应掌握节约时间的艺术：制订合理可行的工作计划；精简会议，提高会议质量；有效授权等。

三、领导艺术的基础

领导者的心智模式是体现领导艺术的基础，是领导者基于过去的经历、习惯、知识素养、价值观等所形成的基本固定的思维方式、认识方式和行为习惯。优秀的领导者应有以下心智模式。

1. 远见卓识

远见卓识是领导者心智模式中较重要的方面，它反映了领导者的思维方式和价值观念，使领导者通常对某个问题能有超越一般人的看法，其表现形式有以下几种：

（1）随时掌握当代最新的管理、科技成果、知识和信息。掌握计算机知识和信息技术，并能够将其融会贯通，这是保证潜在领导者具备较高思维起点的关键，也是形成一种良好心智模式的重要方面。掌握最新的管理理论知识、最新的科技动态、最新的文化发展，是领导者对某一问题有超越常人看法或认识的基础。

（2）系统的思维模式。优秀的领导者通常采取一种系统的全方位思维方式，即从系统的具体构造到系统的综合，从局部到全局，从现象到原因的思考方式。系统思维方式既是辩证的思维，又是一种发散式思维，对思考对象的任何相关方面都可能去想一番，事实上许多管理上的创意就是这样产生的。

（3）奋发向上的价值取向。作为领导者，要有追求事业成功和永不满足的价值观。一般的人对事业也有追求，但他们易于满足，而那些有所作为的人对事业的追求则永无止境。也正是在这样的价值取向和心智状态下，他们才能去勇攀管理的高峰，成为优秀的领导者。

2. 健全的心理

心理素质,也可称作心理品质,是指一个人的心理活动过程和个性方面表现出的持久而稳定的基本特点。以下几组心理特征对领导者是非常重要的。

(1) 自知与自信。自知,即自知之明,善于自知是领导者的心法,因为只有自知,才能准确判断自己的长处和短处,准确地了解自己所处的地位,才能扬长避短,充分发挥自己的特长。所谓自信,就是始终对自己抱有充分的信心,保持足够的勇气。自知并不是自卑,自知是建立在自信基础上的,只有自知没有自信不可能有创新,只有自信没有自知也不可能有成功的创新。一个优秀的领导者既要有自知之明,又要有十足的自信。自知使其能够把握自己,自信使其能够有持之以恒的动力。

(2) 情感和情绪。情感是人对现实事物或现象的态度体验。优秀领导者应有良好的理智感、道德感和美感。管理离不开创新,创新本身是一种很有美感的事情,许多伟大的创新者常常把自己的创新工作看作一种追求至善至美的工作,一种最大的美的享受。

(3) 意志和胆识。优秀领导者的意志具体表现为坚定性、果断性、顽强、自制、独立精神以及勇敢大胆、恪守纪律、坚持原则等。所谓胆识是指做决断时的胆略气魄。管理是一件具有较大风险的冒险型事业,失败的可能性很大,如果领导者没有胆识,是很难胜任管理这一颇具挑战性的工作。因此,意志和胆识是保证一个领导者坚定自己的信念,并且走向成功的重要条件。

(4) 宽容和忍耐。宽容和忍耐是领导必备的心理素质。宽容不仅是一种美德,而且是一种技巧,它体现了优秀领导者理智、自信的心理品质。宽容有两层意思:一是对有过失误的人或反对过自己的人要宽容,二是不嫉妒比自己能力强的人,因为管理需要众多人员的配合与协调才可能取得成功。

3. 优秀的品质

优秀的品质是形成一个人良好行为习惯的重要因素和基础,反之,品性不端导致“行为不轨”。领导者良好心智模式的形成离不开优秀品质的养成。优秀领导者的品质应包括以下几个方面。

(1) 勇于开拓。勇于开拓是领导者应具备的最基本品质。这种品质表现为不断进取的精神、胸怀大志的气质、敢于拼搏的勇气、不怕失败的韧劲。

(2) 使命感。领导者如果没有改变现有组织管理面貌的迫切愿望,没有促使组织以及自己所管理的领域取得更大业绩的使命感,管理就不大可能成为其努力从事的工作。

(3) 勤奋好学。领导者不断地学习新东西,不断地使自己站在最新知识的高峰,才会看得更远、更贴切,看出一般人看不出的问题,这样才可能产生更多的创意。

(4) 乐观热情。乐观是一种超脱豁达的心态,为人乐观对人对事业必然热情,这种品质是优秀领导者所必需的品质。管理的过程绝非一帆风顺,困难、挫折和失败的可能性很大,领导者如果没有乐观热情的品质,就很可能丧失信心,从而使管理的工作中断。

（5）诚实与机敏。领导者一定要有诚实的品质,扎扎实实地一步一个脚印地工作,才有可能取得成功。但诚实并不意味着木讷,诚实需要机敏,因为机敏可以帮助领导者敏锐地抓住机会,适时地采取有效行动,使成功的可能性增加。

【复习与思考】

1.什么是权力,领导者的权力来源是什么,如何正确地使用这些权力?

2.领导和管理是一回事吗?

3.领导行为的理论模式有几种类型,各类理论的特点是什么?

4.从所学的领导方式及其理论中,你得到哪些启示?

第十章

控　制

控制是保证组织计划与实际作业动态相适应的管理职能。本章介绍了控制的概念和作用,简述了控制的类型,探讨了控制的必要性和有效控制的特征;详细阐述了控制过程中的内容和方法,对控制的对象做了简要介绍,指出对控制者的控制的意义和控制措施,介绍了预算控制和非预算控制两种控制方法,简述了常用的控制技术。

第一节　控制概述

控制是与管理过程不可分割的内容,是管理工作最重要的职能之一。它能保证组织计划与实际作业动态相适应,控制系统越是完善,组织目标就越容易实现。

一、控制的概念和作用

(一)控制的概念

控制是管理的一项重要职能,它与计划、组织、领导工作相辅相成、互相影响。计划提出了管理者追求的目标,组织提供了完成这些目标的结构、人员配备和责任,领导提供了指挥和激励的环境,而控制则提供了有关纠正偏差的方法以及确保与计划相符的纠偏措施。管理中的控制职能是指为了实现组织目标、以计划为标准,由管理者对被管理者的行为进行检查、监督、调整等的管理活动过程。控制主要包括以下三点内容:

(1)控制有很强的目的性,即控制是为了保证组织中的各项活动按计划进行。

(2)控制是通过监督和纠偏来实现的。

(3)控制是一个过程。

在现代管理活动中,控制既是一次管理循环的终点,是保证计划得以实现和组织按既定路线发展的管理职能,又是新一轮管理循环的起点。要保证组织的活动按照计划进行,控制是必不可少的。

(二)控制的作用

1. 检验作用

控制的基本标准是计划,控制是检验各项工作是否按预定计划进行的手段。控制应随时将计划的执行结果与标准进行比较,发现是否有偏离计划、超过计划允许范围或没有完成计划等问题,使组织内部系统活动趋于相对稳定,实现组织的既定目标。

2. 调节作用

在计划的执行过程中,管理者对没有按照计划开展的活动进行调节,及时采取必要的纠正措施。同时,管理者也检验计划的正确性和合理性,对原计划进行修改和完善,调整整个管理过程。

（三）控制与其他职能的关系

1. 控制与计划

在管理的基本职能中,控制的同时是要确保组织的所有活动与其环境和计划相一致,从而使这些活动更为有效。具体地讲,控制是通过制定衡量计划或业绩的标准以及建立信息反馈系统,检查实际工作的进度和结果,及时发现偏差以及分析产生偏差的原因,并采取措施纠正偏差的一系列活动。控制和计划是一个问题的两个方面,管理人员首先要制订计划,然后计划又成为评定行动及其效果是否符合需要的标准。计划越明确、全面和完整,控制效果也就越好。没有计划就无法衡量行动是否偏离计划,更谈不上纠正偏差。所以从计划职能有效实施的角度来说,控制是指监视各项活动以保证它们按计划进行并纠正各种重要偏差的过程。或者说,控制是依据计划来检查、衡量计划的执行情况,并根据偏差,或调整行动以保证按计划进行,或调整计划使活动与计划相吻合。

简要地说,控制就是强迫事件发生过程与既定计划相符合,控制就是用于确保结果和计划相一致的过程。因此,计划是控制的前提,控制则是完成计划的保证,如果没有控制系统,没有实际与计划的比较,就不知道计划是否完成,计划也就毫无意义。由此可见,计划和控制是密不可分的。

2. 控制和组织

管理者在设计组织结构时面临的首要问题是建立职位结构和报告关系,使资源得到有效利用。但是,单单依靠组织结构并不能激励组织成员按照有助于实现组织目标的方式行事。控制的目的是给管理者提供一个能够激励下属朝着实现组织目标方向努力的手段,并给管理者提供有关组织及其成员完成任务的具体反馈。管理的组织职能和控制职能是不可分割的,有效的管理者必须学会使它们协调地发挥作用。通过控制,管理者监督和评估组织战略与结构是否发挥作用,如何改进。所以从组织控制的角度来说,控制是管理者监督和规范组织及其成员各项活动以保证它们按计划进行并纠正各种重要偏差,使他们有效实现组织目标的过程。然而,控制并不意味着只在事情发生后做出反应,还意味着将组织保持在正常的运行轨道并预测可能发生的事情。由此可见,管理的控制职能是对组织的管理活动及其效果进行衡量和校正,以确保组织的目标以及为此而拟订的计划得以实现。

二、控制的必要性

斯蒂芬·罗宾斯普这样描述控制的作用:"尽管计划可以拿出来,组织结构可以调整得非常有效,组织成员的积极性也可以调动起来,但是这仍然不能保证所有的行动都按计划执行,不能保证管理者追求的目标一定能达到。"[1]其根本原因在于管理职能中的最后一个环节即控制,管理控制的必要性主要由下述原因决定:

(一)环境的变化

如果组织面对的是一个完全静态的环境,其中影响组织活动的因素,如政治环境、政策环境、经济环境、技术水平等永不发生变化,那么组织管理人员便可以日复一日、年复一年地以相同的方式进行管理,工厂工人可以以相同的技术和方法进行生产作业,学校教师运用以往的知识和教材进行教学,不仅控制工作,甚至管理的计划职能都将成为完全多余的东西。事实上,这样的静态环境是不存在的,组织外部的一切每时每刻都在发生着变化,这些变化必然要求组织对原先的计划和组织管理内容做出相应的调整。

(二)管理权力的分散

只要一个组织达到一定规模,决策层就不可能直接地、面对面地组织和指挥全体成员。时间与精力的限制要求他授权给下一级管理者,这便是组织管理层次形成的原因。因此,任何组织的管理权限都制度化或非制度化地分散在各个管理部门和层次。组织分权程度越高,控制就越有必要。控制系统可以为被授予了权力的助手提供工作绩效信息和反馈,以保证授予他们的权力得到正确的利用,促使这些权力组织的业务活动符合计划与组织的要求。如果没有控制,没有为此而建立的控制系统,管理人员就不能检查下属的工作情况,即使出现不负责任的权力滥用或不符合计划的活动等其他情况,管理人员也无法发现,更无法采取及时的纠正行动。

(三)工作能力的差异

即使组织制定了全面完善的计划,组织活动的环境在一定时期内相对稳定,管理者对活动的控制也仍然是必要的。这是由不同组织成员的认识能力和工作能力的差异所造成的。由于组织成员是在不同的时空进行工作的,他们的认识能力不同,对计划要求的理解可能发生差异;即使每个组织成员都能完全正确地理解计划的要求,但由于工作能力的差异,实际工作结果也可能在质和量上与计划要求不符,某个环节如果产生偏离计划的现象,会对整个组织活动造成冲击,因此加强对这些成员的工作控制是非常必要的。

三、控制类型

根据控制工作的需要,我们可以按照不同的划分标准进行分类。例如:按控制目的和对象可划分为纠正执行偏差和调整控制标准两种类型;按采用的手段可划分为直接控制和间接控制;按控制源可分为正式组织控制、群体控制和自我控制三种类型;按问题的重要性和

---

[1]　斯蒂芬·罗宾斯,玛丽·库尔特:《管理学(第13版)》,刘刚、程熙鎔、梁晗译,北京:中国人民大学出版社,2017,第78页。

影响程度可划分为任务控制、绩效控制和战略控制等。

下面重点介绍按照控制过程中控制措施的作用环节来划分,控制工作可分为前馈控制、同期控制和反馈控制。

（一）前馈控制

前馈控制（feed forward control）是控制原因的控制,又被称为事前控制或预测控制,是在组织活动开始之前进行的控制,其目的是防止问题的发生而不是当问题出现时再补救。前馈控制是管理者最希望采取的控制行为,因为它能在工作开始前就对工作执行中可能产生的偏差结果进行预测和估计,并提前采取相应的防范措施,以避免那些预计可能出现的问题。比如,战争爆发前,军队就要准备物资,优化后勤保障。前馈控制的优点是能够防患于未然,前馈控制需要准确及时地获取有关信息并准确地进行预测,而且管理人员应当对控制过程十分了解,尤其是能够理解前馈控制因素与计划之间的关系。因此,这种控制要有及时和准确的信息并进行仔细和反复预测,把预测结果和预期目标相比较,并促进计划的修订,控制的内容包括检查资源的筹备情况和预测其利用效果两个方面。

前馈控制虽然理想,但要准确及时地获取有关信息并非易事,因此管理者往往又不得不借助于同期控制和反馈控制。

（二）同期控制

同期控制（concurrent control）是控制过程的控制,又常被称为现场控制、同步控制、过程控制或事中控制,是指组织对进行之中的人和事的控制。同期控制的主要职能包括监督、指导和纠偏。监督是指按照预定的标准来检查正在进行的工作,以保证目标的实现。指导是指管理者针对工作中出现的问题,根据自己的经验指导下属改进工作,或与下属共同商讨纠正偏差的措施,以便有关人员能正确地完成规定的任务。纠偏是指发现不合标准的偏差时,立即采取纠正措施。

同期控制的作用有两个:一方面,它可以指导下属以正确的方法进行工作。指导下属的工作,培养下属的能力,这是每一个管理者的重要职责。现场监督可以使上级有机会当面解释工作的要领和技巧,纠正下属错误的作业方法与过程,从而提高他们的工作能力。另一方面,可以保证计划的执行和计划目标的实现。通过同期检查,管理者可以随时发现活动中与计划要求相偏离的现象,从而将问题消灭在萌芽状态,或者避免已经产生的问题对组织不利影响的扩散。

但同期控制也存在一些局限,主要表现在:同期控制在很大程度上受管理者时间、精力和业务水平的制约,其应用范围也较窄,并且容易造成控制者与被控制者之间的对立。因此,同期控制不太可能成为日常性的控制方式,而只能作为其他控制方法的补充。随着计算机在管理中应用的日益普及,信息传递的效率大大提高,使同期控制能力明显增加,如在许多管理信息系统中就预先设置好了有关错误提示及纠正错误的措施,一旦错误出现,操作人员可以立即清楚地知道发生了何种错误,下一步该怎么做。信息技术的应用还能在异地之间实现同期控制,突破现场控制的限制,提高管理人员的利用效率。

(三) 反馈控制

反馈控制(feedback control)是控制结果的控制,也称成果或事后控制,是指在工作结束或行为发生之后的控制。反馈控制的优点是:能够真实地了解计划执行效果,便于总结规律,为进一步实施战略目标创造条件,从而形成良性循环,提高工作效率和效果。当反馈结果表明实际情况与预先制定的标准之间的偏差很小时,意味着计划目标已达到;而当反馈结果显示实际情况与标准之间存在很大的偏差时,管理者就应当仔细分析产生较大偏差的原因,是否由于外部环境与内部条件发生了较大变化,或者是做出的计划不够合理,据此总结经验,使新计划更为有效。另外,管理者通过反馈控制能够获取组织成员绩效评价方面的信息,有助于增强组织成员的积极性。因此,反馈控制的主要作用,是通过总结过去的经验和教训,为未来计划的制订和活动的安排提供借鉴。

反馈控制的最大缺点是在采取措施前,偏差已经产生,损失也已造成,进行反馈控制如同亡羊补牢。不论其分析如何中肯,结论如何正确,对于已经形成的经营结果来说都是无济于事的,它们无法改变已经存在的事实。另外,由于从发现偏差到纠正存在一定的时间延滞,因而管理者无法对最新的情况做出应对。但事实上,反馈控制是大多数情况下唯一能采取的控制方式,正因为如此,传统的控制方法也大多是事后控制。

通过对上述三种类型的控制手段的介绍与对比,我们可以得出这样的结论:每种控制类型都各有利弊,实践中管理者应该根据实际情况,借助信息技术,将它们有机结合,不可能完全依赖某一种单一的控制手段。

四、有效控制的特征

如果控制使用正当,无疑将有助于管理者掌控非预期的因素,实现战略目标。一个有效的控制系统应包括如下特征。

(一) 适时控制

适时控制是指控制系统应该及时提供信息,迅速做出管理上的反应。如果反应过于迟缓,那么修正措施将毫无价值。时滞现象是反馈控制的一个难以克服的困难。虽然检查实施结果,并将结果同标准进行比较,找出偏差,可能不会花费很多时间,但分析偏差原因,提出纠正偏差的具体方法也许旷日持久,当真正采取这些办法纠正偏差时,实际情况可能有了很大变化。

解决这种问题较好的办法是建立组织活动的预警系统。为需要控制的对象建立一条警戒线,反映经营状况的数据一旦超过这个警戒,预警系统就会发出警报,提醒人们采取必要的措施防止偏差的产生和扩大。

(二) 适度控制

适度控制是指控制的范围、程度和频度要恰到好处。虽然任何组织都需要控制,但控制系统的大小各异。不管管理者应用怎样的控制,它必须与涉及的工作相适应并是经济的。

对适度控制的要求体现在两个方面:一方面,过多的控制会扼杀组织中成员的积极性、主动性和创造性,会抑制他们的首创精神,从而影响个人能力的发展和工作热情的提高,最终影响组织的效率;另一方面,控制不足将使组织活动不能有序地进行,不能保证各部门活动进度和比例的协调,造成资源的浪费。此外,过少的控制还可能使组织中的个人无视组织的要求,我行我素,甚至利用在组织中的便利地位谋求个人利益,从而导致组织的涣散和崩溃。

（三）客观控制

要进行客观控制,管理者需要注意以下三个方面:第一要尽量建立客观的计量方法,即尽量把绩效用定量的方法记录并评价,把定性的内容具体化。同时组织还应定期检查过去规定的标准和计量规范,使之符合现实的要求。第二是管理人员必须谨慎适当地解释所获得的信息。数字的客观性不能代表一切,管理人员在做决策时还应看到数字背后的真正含义。第三是管理人员要从组织目标的角度来观察问题,避免个人偏见和成见。

（四）弹性控制

组织在管理活动过程中经常可能遇到某种突发的、无力抗拒的变化,如环境突变、计划疏忽、计划变更、计划失败等。这些变化使组织计划与现实条件严重背离。有效的控制系统应在这种情况下仍有足够的灵活性去保持对运行过程的管理控制,即应该具有一定的弹性。例如,在工程项目建设中在对地质进行勘测、工程量测量时经常会发生偏差,导致工程费用急剧上升,因此在做总投资估算时都有预备费的预算。事实上,弹性控制最好是通过弹性的计划和弹性的衡量标准来实现。在制订计划时,管理者应充分考虑到未来组织活动可能出现的不同状况,使预算在一个可接受的范围内变化。

第二节 控制过程

控制是根据计划的要求,设立衡量绩效的标准,然后把实际工作结果与预定标准相比较,以确定组织活动中出现的偏差及其严重程度,在此基础上,有针对性地采取必要的纠正措施,以确保组织资源的有效利用和组织目标的圆满实现。控制过程包括以下四个基本环节。

一、确立控制标准

（一）拟定标准

管理控制过程的第一步就是拟定标准。这里所说的标准,是指评定绩效的尺度。控制的直接目的是确保计划目标的实现,计划是控制的依据。从逻辑上讲,控制的第一步应当是制订计划,再以计划作为控制的标准。但是,由于组织中计划所包含的内容、项目很多,涉及的范围很广,各种计划的详尽程度和复杂程度各不相同,因此在大多数的组织活动中,主管人员没有精力,也不可能直接以计划作为控制的标准,对整个计划执行的全部过程进行全面、具体的控制,于是需要拟定具体的控制标准。标准应当是从整个计划方案中选出的,是对工作绩效进行评价的关键指标,或者是对计划目标的实现发挥关键作用的项目。有了这样的标准,主管人员不必去考察计划执行中的每一个步骤或细节,就能够了解整个计划执行的进展情况,从而使控制起到保证计划目标实现的作用。

拟定标准的意义不仅在于确定一个用于比较管理绩效高低优劣的指标,它在一定意义上还关系到组织绩效的实现。管理实践证明,你测量什么,就得到什么,组织成员会为达到标准而工作。相应地,拟定标准的关键在于"你想得到什么,就测量什么",标准所规定的测量指标必须以实现组织目标和使命为前提来拟定。拟定标准是控制过程中一项重要且难度较大的工作。首先,选择关键控制点就是一种管理艺术,它在很大程度上影响着控制的有效性。其次,各类组织各有其特殊性,其内部的控制对象也是千差万别,因而也就不可能找到一个适合所有组织、所有控制对象的标准。最后,选择或制定的控制标准要具有相对稳定性和一定的权威性。

（二）标准的种类

标准的类型有多种,最理想的标准是以可考核的目标直接作为标准,但更多的情况是需要将某个计划目标分解为一系列的标准。无论采用哪类标准,管理者都必须按照控制对象来决定。

1. 实物标准

这是一类非货币标准,普遍适用于使用原材料、雇用劳动力、提供劳务或产品等操作层。这些标准反映了定量的工作成果,常用的有单位产量工时、货运量的吨公里、日门诊人数等。实物标准也可以反映产品的质量,例如轴承面的硬度、公差的精密度、飞机上升的速率、纺织品的耐久性和颜色牢度等。在某种程度上,实物标准是计划的基石,也是控制的基本标准。

2. 成本标准

这是一类货币标准,也普遍适用于操作层,这些标准是用货币值来衡量经营活动的代价。常用的成本标准有单位产品的直接成本和间接成本、单位产品或每小时的人工成本、单位产品的原材料成本、工时成本、单位销售成本、单位销售费用等。

3. 资本标准

这类标准与投入组织的资本有关,而与组织的营运资本无关,最常用的就是投资报酬率,还有流动比率、资产负债率、应收账款周转率、存货周转率,等等。这类标准主要是与资产负债表有关。

4. 收益标准

这是用货币值衡量提供的产品或服务销售量的标准,例如公共汽车每名乘客每公里的收入、既定市场范围内的人均销售额,等等。

5. 无形标准

主管人员能够以什么样的标准来确定下属的才干? 用什么标准来确定某项工作是否符合组织的短期目标或长期目标? 怎样才能判断出下属人员是否忠诚于组织目标? 要为这类目标确定控制标准是非常困难的,因为既无法用明确的定量标准也无法用明确的定性标准来描述它们。任何一个组织都存在许多无形标准。这类问题的控制仍然不得不以无形的标准、主观的判断、反复的试验,有时甚至是纯粹的感觉等为依据。

6. 以目标为标准

直接以定量目标和定性目标为标准,定量目标大多采用上述各种标准的量化表达形式,它是可以被准确考核的。定性目标虽然也可被考核,但却不能与定量目标一样被准确地考核。不过,我们可以采用详细说明计划或其他具体目标的特征和完成日期的方法来提高其可考核的程度。每个计划都会有很具体的特征,甚至包括有定量的数据,是完全可以考核的非常有用的目标。

(三) 拟定标准的方法

控制的对象不同,建立标准的方法也不一样。一般来说,建立标准的方法有下列三种:利用统计方法来确定预期结果;根据经验和判断来估计预期结果;在客观定量分析的基础上建立工程(工作)标准。

1. 统计性标准

统计性标准也叫历史性标准,是以分析反映组织在历史上各个时期状况的数据为基础来为未来活动建立的标准。这些数据可能来自本组织的历史统计,也可能来自其他组织的经验。据此建立的标准,可能是历史数据的平均数,也可能是高于或低于中位数的某个数,比如上四分位值或下四分位值。

利用本组织的历史性统计资料为某项工作确定标准,具有简便易行的好处。但是,据此制定的工作标准可能低于同行业的卓越水平,甚至低于平均水平。这种条件下,即使组织的各项工作都达到了标准的要求,也可能造成劳动生产率的相对低下、制造成本的相对高昂,从而使竞争能力劣于竞争对手。为了克服这种局限性,在根据历史性统计数据制定未来工作标准时,管理者应充分考虑行业的平均水平并研究竞争组织的经验,这是非常必要的。

2. 评估性标准

并不是所有工作的质量和成果都能用统计数据来表示,也不是所有的组织活动都保存着历史统计数据。对于新从事的工作,或对于统计资料缺乏的工作,组织可以根据管理人员的经验、判断和评估来为之建立标准。利用这种方法来建立工作标准时,组织要注意利用各方面的管理人员的知识和经验,综合大家的判断,给出一个相对先进合理的标准。

3. 工程性标准

严格地说,工程标准也是一种用统计方法制定的控制标准,不过它不是对历史性统计资料的分析,而是通过对工作情况进行客观的定量分析来进行的,它以准确的技术参数和实测的数据为基础。工程方法的重要应用是用来测量生产者个人或群体的产出定额标准。这种测量又被称为时间研究和动作研究,它是由泰勒首创的。今天所谓的"标准时间数据系统"(standard data system,SDS)是一种计算机化的工时分析软件,使用者只要把一项作业所规定的加工方法分解成相应的动作元素,输入计算机,就可以立刻得出完成该项作业所需要的工时。

二、衡量实际绩效

(一)衡量实际绩效的方法

衡量实际绩效就是拿实际的工作效果与上个阶段制定的标准相比较。标准有了,那么这个阶段的重点工作就是要采集实际工作的数据,了解和掌握工作的实际情况,整理为信息,并传递到对某项工作负责而且有权采取纠正措施的主管人员手中。现实中,此阶段信息的载体主要有以下几种形式。

1. 个人观察与讨论

它是指管理者通过现场观察控制对象或者与被控制人员进行面对面的接触与讨论。它为管理者提供最直接、深刻和具体的信息,避免接受二手信息在加工、整理和传递过程中的信息耗散。

2. 统计报告

随着组织规模的扩张,组织内部信息流量也变得越来越大,加上信息技术的普及与应用,管理者面对的不再是信息匮乏而是信息爆炸。利用现代统计技术,有助于管理者对信息的管理。但这种方法不仅要求管理者具有一定的统计知识,而且对于原始数据的精确性提出了很高的要求,大大提高了控制的成本。

3. 口头汇报

口头汇报的形式可以有多种,比如各种会议、一对一的谈话或远程电视、电话会议等。其优点是信息直接、全面。缺点则是信息不易存储和保留,为日后的使用带来了一定的障碍。但随着信息技术的发展,这一缺点也逐渐被消除,利用信息技术的口头汇报形式将成为组织内衡量工作的重要形式。

4. 书面报告

书面报告通常是经过较为仔细的信息加工整理并以正式的书面形式来提交的,因此信息更为精确和全面。其缺点是传递速度较慢,往往造成控制时滞。

(二)衡量实际绩效注意事项

为了及时、正确地提供能够反映偏差的信息,同时又符合控制工作在其他方面的要求,管理者在衡量工作成绩的过程中应注意以下几个问题。

1. 通过衡量成绩,检验标准的客观性和有效性

衡量工作成效是以预定的标准为依据的。但利用预先制定的标准去检查各部门在各个

阶段的工作,这本身也是对标准的客观性和有效性进行检验的过程。

检验标准的客观性和有效性,要通过分析对标准执行情况的测量能否取得符合控制需要的信息。由于组织中许多类型的活动难以用精确的手段和方法加以衡量,建立标准也就相对困难,因此组织可能会选择一些易于衡量但并不反映控制对象特征的标准。在为控制对象确定标准的时候,人们可能只考虑了一些次要的因素,或只重视了一些表面的因素,因而利用既定的标准去检查人们的工作,有时并不能达到有效控制的目的。在衡量过程中对标准本身进行检验,就是要发现能够反映被控制对象的本质特征。

衡量过程中的检验就是要发现最适宜的标准,辨别并剔除那些不能为有效控制提供必要信息、容易产生误导作用的不适宜标准。

2. 确定适宜的衡量频度

控制过多或不足都会影响控制的有效性。这种"过多"或"不足",不仅体现在对控制对象和标准数目的选择上,而且表现在对同一标准的衡量次数或额度上。对影响某种结果的要素或活动过于频繁地衡量,不仅会增加控制的费用,而且可能引起有关人员的不满,从而影响他们的工作态度。而检查和衡量的次数过少,则可能使许多重大的偏差不能及时发现,从而不能及时采取措施。

以什么样的频度,在什么时候对某种活动的绩效进行衡量,取决于被控制活动的性质。管理人员经常在他们方便的时候而不是在需要的时候进行衡量,这种现象必须避免,因为这可能导致行动的迟误。

3. 建立管理信息系统

负有控制责任的管理人员只有及时掌握反映实际工作与预期工作绩效之间偏差的信息,才能迅速采取有效的纠正措施,不精确、不完整、过多或延误的信息将会严重地妨碍他们的行动。通常,并不是所有衡量绩效的工作都由主管直接进行,有时需要借助专职的检测人员。然而,管理人员所接收的信息通常是零乱的、彼此孤立的,并且难免掺杂着一些不真实、不准确的信息。因此,组织应该建立有效的信息管理网络,通过分类、比较、判断、加工,提高信息的真实性和清晰度,同时将杂乱的信息变成有序的、系统的、彼此紧密联系的信息,并使反映实际工作情况的信息适时地传递给适当的管理人员,使之能与预定标准相比较,及时发现问题。这个网络还应能及时将偏差信息传递给与被控制活动有关的部门和个人,以使他们及时知道自己的工作状况、偏差原因,以及改善策略。建立这样的管理信息系统,不仅更有利于保证预定计划的实施,而且能防止基层工作人员把衡量和控制视作上级检查、惩罚的手段,从而避免产生抵触情绪。

三、分析偏差原因

如果在衡量阶段发现实际工作的绩效与所设定的标准存在差距,那么就必须找出症结之所在。现实当中,由于通常仅在关键环节设置控制点,而控制点发现的问题可能是前某个

（或几个）工作环节造成的，因而必须通过理性分析找出偏差的根本原因，并加以解决。伴随计算机技术和通信技术的发展，借助决策支持系统（decision-making support system，DSS）、数据挖掘（data mining）系统，很多组织已经实现了这个阶段工作的自动化、电子化，无疑对提高管理者分析的准确性和有效性带来了很大的帮助。

利用科学的方法，依据客观的标准，通过对工作绩效的衡量，可以发现计划执行中出现的偏差。纠正偏差就是在此基础上，分析偏差产生的原因，制定并实施必要的纠正措施，使得控制过程得以完整，并将控制与管理的其他职能相互联结。通过纠偏，管理者能够使组织计划得以遵循，使组织机构和人事安排得到调整，使领导活动更加完善。

为了保证纠偏措施的针对性和有效性，管理者应注意下列问题：

1. 找出偏差产生的主要原因

在采取纠正措施以前，必须首先对反映偏差的信息进行评估和分析。首先，要判断偏差的严重程度，是否足以构成对组织活动效率的威胁，从而值得去分析原因，采取纠正措施；其次，要探寻导致偏差的主要原因。纠正措施的制定是以对偏差原因的分析为依据的。而同一偏差则可能由不同的原因造成。不同的原因要求采取不同的纠正措施。要通过评估反映偏差的信息，分析影响因素，透过表面现象找出造成偏差的深层原因，在众多的深层原因中找出最主要者，为纠偏措施的制定指导方向。

2. 确定纠偏措施的实施对象

产生偏差的原因可能是组织的实际活动出现问题，也可能是组织的工作计划本身有问题，还有可能是衡量这些活动的标准出了问题。针对不同的情况，管理者应该采取不同措施。实际管理控制过程中，管理者经常需要对衡量这些工作的标准或指导工作的计划进行调整。预定计划或标准的调整是由两种原因决定的：一是原先的计划或标准制定得不科学，在执行中发现了问题。二是原来正确的标准和计划，由于客观环境发生了预料不到的变化，因而不再适应新形势。负有控制责任的管理者应该认识到，外界环境发生变化以后，如果不对预先制定的计划和行动准则进行及时的调整，那么即使内部活动组织得非常完善，组织也不可能实现预定目标。

四、采取纠偏行动

（一）纠偏的方法

控制过程的最后一项工作就是采取管理行动，纠正偏差。从管理的角度看，只有采取了必要的纠正行动之后，控制才是有效的。偏差的产生来源于标准与实际的工作绩效，纠正偏差的方法可以从两个方面入手。

1. 改进工作绩效

如果分析过程表明，计划和标准不存在问题，问题在于工作本身，那么管理者就需要采取纠正行动。按照行动效果的不同，可采取立即纠偏和彻底纠偏两种模式。显然，两者之间互有利弊：对于时间紧迫的问题，前者为宜；而对于反复出现、涉及范围广的问题则需要借助后一种模式的指导。实践中，两种模式共存，但是作为组织的管理者，不应该仅仅满足于"救火队长"的角色，而应当成为组织中的"系统思考者"，善于用后一种模式来解决问题，纠正偏差。

2. 修订标准

有的时候偏差的主要原因在于标准设计得不甚合理，脱离了实际。只有当标准是可以通过努力达到时，才是有效的标准。

（二）注意事项

针对产生偏差的主要原因，就可能制定改进工作或调整计划与标准的纠正方案。在纠偏措施的选择和实施过程中，管理者要注意以下几个方面：

1. 使纠偏方案双重优化

纠正偏差，不仅在实施对象上可以进行选择，而且对同一对象的纠偏也可采取多种不同的措施。是否采取措施，要视采取措施纠偏带来的效果是否大于不纠偏的损失而定，如果行动的费用超过偏差带来的损失，最好的方案也许是不采取任何行动。这是纠偏方案选择过程中的第一重优化。第二重优化是在此基础上，通过对各种经济可行方案的比较，找出其中追加投入最少、解决偏差效果最好的方案来组织实施。

2. 充分考虑原先计划实施的影响

由于对客观环境的认识能力提高，或者由于客观环境本身发生了重大变化而引起的纠偏需要，可能会导致对原先计划与决策的局部甚至全局的否定，从而要求组织活动的方向和内容进行重大的调整。这种调整有时被称为"追踪决策"，即"当原有决策的实施表明将危及决策目标的实现时，对目标或决策方案所进行的一种根本性修正"。在制定和选择追踪决策的方案时，管理者要充分考虑到伴随着初始决策的实施已经消耗的资源，以及这些消耗对客观环境造成的种种影响。

3. 注意消除人们对纠偏措施的疑虑

任何纠偏措施都会在不同程度上引起组织的结构、关系和活动的调整，从而会涉及某些组织成员的利益，特别是纠偏措施属于对原先决策和活动进行重大调整的追踪决策时，不同的组织成员会因此而对纠偏措施持不同态度。原先反对初始决策的人幸灾乐祸，甚至夸大原先决策的失误；原先决策的制定者和支持者因害怕改变决策标志着自己的失败，从而会公开或暗地里反对纠偏措施的实施；执行原决策、从事具体活动的基层工作人员则会对自己参与的已经形成的或开始形成的活动结果怀有感情，或者担心调整会使自己失去某种工作机会，影响自己的既得利益，而极力抵制任何重要纠偏措施的制定和执行。因此，控制人员要充分考虑到组织成员对纠偏措施的不同态度，特别是要注意消除执行者的疑虑，争取更多人理解、赞同和支持纠偏措施，以避免在纠偏方案的实施过程中可能出现的人为障碍。

第三节　控制方法和技术

一、控制的对象

1. 对人员的控制

"管理就是通过他人实现一定目标的活动",从这个基本的定义中可以看出,本质上对任何对象的控制,最终都可以落实到对人的行为的控制上。因此掌握对人员的控制方法、技巧是管理者最基本的素质之一。方法包括两类:一是直接巡视、观察,发现问题,现场解决;二是对组织成员进行系统评估,找出原因,寻求系统解决方案。具体对组织成员行为的控制手段包括以下几点。

(1) 甄选。识别和雇用那些价值观、态度和个性符合组织期望的人。

(2) 目标。为组织成员设定工作目标,用目标指导和限制他们的行为。

(3) 职务设计。通过职务设计决定人们的工作内容、节奏、权责范围,从而影响其行为。例如,为减少组织内部舞弊现象的发生,常常使某些职务分离以达到相互牵制的效果。

(4) 直接监督。监督人员现场观察员工的工作并纠正偏差。

(5) 培训与传授。通过正规的培训以及组织成员间非正式的交流,向组织成员传递组织所期望的工作方式。

(6) 制度化。利用组织正式的规章制度来规定可以的行为和禁止的行为。

(7) 绩效评估。动态保证组织成员行为方式与组织目标相一致。

(8) 报酬系统。利用奖勤罚懒的报酬机制来强化和鼓励期望行为,弱化甚至消除非期望行为的发生。

(9) 组织文化。通过组织的故事、仪式和高层的表率作用,影响组织成员的价值观和行为模式。

对人员的控制中,其中对控制者的控制是组织控制系统的重要构件。现实当中,企业内部股东会、董事会与总经理之间的权力制衡安排,以及组织设计中的职位安排等都说明了对控制者的控制是组织控制系统的重要构件。

完善的控制系统必须是一个封闭的系统,组织中的任何人包括各个层次的控制人员本身都不应该游离于这个系统之外。而系统中最重要的组成构件莫过于对组织高层领导者的控制机制,即对控制者的控制机制。原因在于控制者一旦失控,其导致的问题可能是组织生存的重大问题。另外,对控制者的控制往往由于控制者(组织领导者)的特殊作用被忽视。因此,一个组织成熟完善的最重要标志是是否建立了对控制者的控制机制。对控制者的控制机制主要由以下几个方面构成:第一是内部控制机制,具体包括组织内部的规章制度、各职位人员之间的权力分配和职权界定、组织的激励机制等。第二是外部控制机制,具体包括政府有关法律的威慑与调节作用、各类竞争机制以及竞争机制为控制控制者提供的必要的信息。

实际上对控制者的控制不是单靠一两项措施就能解决的,而要靠建立健全组织内外部控制系统,运用多种方式的综合作用来加以实现。

2. 对财务的控制

任何组织要生存发展,投入和产出之间要实现一种平衡关系,而这种投入和产出平衡关系的实现要依赖对组织财务的控制。主要包括控制会计记录信息的准确性、定期审核财务会计报告、保证财务目标的实现等几个方面的工作。当然财务控制不仅仅局限于营利组织,对非营利性组织同样适用,如预算控制对于学校、医院和政府也是极为重要的控制手段。

3. 对作业的控制

所谓作业,就是指从劳动力、原材料等原始资源到产品或服务的转换过程。组织的作业效率和效果很大程度上决定着组织是否能够成功,作业控制为此提供了保证。典型的作业控制包括以下几种:

(1)生产控制。监督生产活动以保证其按计划进行。

(2)采购(库存)控制。评价购买能力,以尽可能低的价格提供所需的原材料。

(3)质量控制。监督组织所提供的产品或服务的质量,以满足预定的标准。

(4)维护控制。对组织生产所使用的设备质量加以控制,保证生产的顺利进行。

近些年,作业控制中出现了很多新技术和新工具,如全面质量管理、精益生产(lean production)等,甚至成为一些组织竞争优势的直接源泉。

4. 对信息的控制

以往对信息的控制强调的往往是财务会计信息的控制,但随着人类进入信息时代,信息(包括组织内部的信息和组织外部的信息)在组织运行中发挥着越来越大的作用。对信息的控制就是要建立一整套运转有效的管理信息系统,解决组织内部对各类信息的获取、加工、传递和存储之要求。知识经济的来临,组织对知识管理的水平提出了较高的要求,管理信息系统转换为知识管理系统是每一个学习型组织的必由之路。当前很多学者的研究表明,对信息和知识的有效控制和利用是形成组织核心能力的重要保障。

5. 对组织绩效的控制

组织绩效是反映组织效能的一系列指标体系。但是如何衡量,进而更好地促进组织目标的实现,始终是组织上层管理者所遇到的难题。显然单一的利润指标、生产率、产量指标、组织成员士气指标都不足以全面衡量组织的绩效,合理的方法是通过较为完整的指标体系加以衡量。如哈佛大学教授罗伯特·卡普兰(Robert S. Kaplan)提出了平衡计分法(balance score card,BSC)。卡普兰认为,组织要想能够获得长足发展,必须从财力、顾客、内部经营过程、学习和成长等四个方面来构建衡量组织绩效的指标。此外很多组织效仿的标杆学习法(benchmarking),用组织所在行业最好组织的各项绩效指标来作为控制的标准,争取做到行业中的最好。

二、控制的方法

控制的方法可以有很多种划分,一般而言可以分为预算控制(budget control)和非预算控制(no-budget control)。

1. 预算控制

预算是以数字表述计划,并把这些计划分解成与组织相一致的各个部分,使预算与计划工作相联系,并授权于各部门而不致失去控制。按照其控制对象的不同,我们可以将预算分为以下几种。

(1) 收入预算(revenue buckets):是收入预测的一种特殊形式,是对组织未来收入的预测和规划。例如,就企业而言表现为销售收入预算,就医院而言表现为医疗收入预算,就政府而言则表现为各种税收预算。收入预算为组织从事各项活动提供了基本的框架。

(2) 费用预算(expense budgets):是将组织单位从事的各项活动列出,并将费用额度对应分配。对于一定数量和质量的产出,较低的费用意味着较高的效率。费用预算为组织活动的成本控制提供了依据。

(3) 利润预算(profit budgets):将收入与成本费用预算合二为一,常常应用于组织或是大型组织的"利润中心",是考虑组织投入与产出的综合型控制手段。

(4) 现金预算(cash budgets):用于预测组织还有多少库存现金,以及在不同时期对现金支出的需要量。不管是否可以称之为预算,这都是组织最重要的一项控制。

(5) 投资预算(investment budgets):是对组织固定资产的购置、扩建、改造、更新等在可行性研究的基础上编制的预算。它具体反映在何时进行投资、投资多少、资金从何处取得、何时可获得收益、每年的现金净流量为多少、需要多少时间回收全部投资等。该预算使管理者可以预测未来的资本需求,区分出最重要的投资项目,以及保证有适当数量的库存现金可以满足到期由投资引发的现金支出。

与一般控制程序相类似,预算控制的基本步骤包括以下几个方面。

(1) 编制预算:从确定预算方针开始,接着编制部门预算和综合预算。

(2) 执行预算:要根据预算,及时或定期地检查预算的执行情况,观察其实际工作效果是否在预算范围内。

(3) 衡量预算:衡量预算差异,并采取一些措施纠正偏差。

(4) 评估预算:对预算控制结果进行分析总结,评价和考核预算控制的绩效。

预算作为一种控制手段,其最大的价值在于它对改进协调和控制的贡献。当为组织的各个职能部门编制了预算时,就为协调组织的活动提供了基础。同时,对预期结果的偏离更容易被查明和评定,预算也为控制工作中的纠正措施奠定了基础。当然,由于预算控制一方面需要投入相当的人力、物力和财力,另一方面它的实施往往会影响到组织内部一些既得利益者的权利,招致他们的反对和阻碍,所以是否实行预算控制往往需要管理者,尤其是高层管理者的谨慎、决心和魄力。

2.非预算控制

非预算控制,顾名思义,是指并不利用预算进行控制的控制手段,其中较重要的一些方法如下。

(1)程序控制。程序是对操作或事务处理流程的一种描述、计划和规定。它通过文字说明、格式说明和流程图等方式,把一项业务的处理方法标准化,从而既便于执行者遵守,也便于管理人员进行检查和控制。组织中常见的程序很多,例如决策程序、投资审批程序、主要管理活动的计划与控制程序、会计核算程序、操作程序、工作程序等,凡是连续进行的、由多道工序组成的管理活动或生产技术活动,只要它具有重复发生的性质,就应当为其制定程序。

(2)专题报告和分析。如果说程序控制是对常规例行的作业或活动的控制,那么专题报告则恰恰相反,它更着眼于非常规的具体问题。例行的会计和统计报表虽然能提供不少必要的信息,但有关某些业务的信息往往还是不足的。一名从事复杂的业务经营且富有成就的主管,聘用数名训练有素的分析人员组成一个参谋小组,只让他们在自己的控制下从事调查研究和分析,而不委派其他任务,这个小组就能培养出一种令人惊奇的辨别力,可辨别不正常的工作情况。

(3)统计数据资料。当组织规模逐渐扩大,组织外部环境的不确定性和复杂性日益增加,各种因素相互交织在一起时,仅仅凭借管理者经验有时很难发现导致偏差的原因。如果能使用一些统计学知识,建立分析模型,对把握控制关键点会有很大帮助。组织各个方面所做的统计分析和明确提出的统计数据资料,对于控制来说都是十分重要的。

(4)亲自观察。有人把这种方式称为"走动管理"。无论凭借上述哪一种方式,管理者面临的一个最大的问题都是信息真实性的问题。因为有可能下属人员投其所好,将管理者不愿意见到的信息加以过滤;或者在采集信息时,由于采集人员的主观判断能力而误解了信息,因而产生记录上的偏差。鉴于上述情况,管理者决不应忽视通过亲自观察进行控制的重要性。对于组织成员的态度、士气、工作的环境等一些难以量化的信息,管理者有时只有通过自己的现场观察,才能得到丰富、准确的信息。因此,即使在目前信息技术应用已相当普遍的时代,很多组织也依然很强调这种管理方式。

三、控制的具体技术

随着组织规模的扩大,组织中的管理活动也日趋复杂,表现出两个显著的特点:一是时间成为做任何事都必须考虑的重要因素;二是协作关系十分复杂。例如,大型的军事工程、大型水坝的建设工程、大城市交通枢纽工程等,都对控制工作提出了很高的要求,需要有一套科学的计划与控制方法。管理控制中采用了许多不同种类的控制技术。有些方法属于传统的控制技术,如零基预算控制。另外一些方法,例如计划评审法,信息管理等则代表了新一代的计划和控制技术。这说明科学技术的进步、社会活动规模的扩大必然伴随着管理理论的发展和管理技术的进步。此外,许多控制的技术方法同时也是计划方法。下面我们简要介绍两种在管理实践中常用的控制技术。

1. 网络计划技术

网络计划技术最早源于美国,当时包括两项技术,分别称之为关键路线法(critical path method,CPM)和计划评审法。两者虽名称不同,但它们主要的概念、基本原理都是相同的。运用网络计划技术可以找出关键路径,找出关键路径的最大好处在于明确了控制的重点,只要在关键路径上的作业活动改善就可以控制工期。另外,当项目投入资源发生矛盾时,可以适当调动非关键路径上的力量来支持关键路径上作业的活动,以保证项目有效地完成。

2. 平衡计分卡

平衡计分卡是由财务、顾客、内部经营过程、学习和成长四方面构成的衡量组织、部门和人员的卡片。目的在于平衡,兼顾战略与战术、长期和短期目标,财务和非财务衡量方法等。平衡计分卡作为控制工具优点主要体现在:将组织战略置于核心地位,与各部门和个人的目标联系起来,平衡计分卡不仅是一种控制手段,也是战略管理方法。

【复习与思考】

1. 什么是控制?

2. 在管理中控制的作用是什么?

3. 有效控制系统应有哪些特征?

4. 在管理实践中计划与控制有什么联系?

5. 简述控制的过程。

6. 控制者需要控制吗,有哪些方法?

第十一章

创　新

组织、领导和控制等职能是保证组织目标实现的关键,但当管理环境发生变化时,要适应变化的要求,组织必然要创新。本章介绍了创新的概念和特征;阐述了创新的原理和创新的原则;介绍了创新的相关内容。

第一节　创新概述

一、创新的概念与特征

(一)创新的概念

创新(innovation)的概念是美籍奥地利经济学家约瑟夫·熊彼特(Joseph Alois Schumpeter,1883—1950)于 1912 年提出的。他在《经济发展理论》一书中将创新解释为对生产要素和生产手段的重新组合。他所说的创新实际指的是企业创新,包括五种情况:①采用一种新的产品,或一种产品的一种新的特性;②采用一种新的生产方法;③开辟一个新的市场;④获取或控制原材料和半成品的一种新的来源;⑤实现任何一种工业的新组织。创新与发明不同,创新是根据客观的需要,把已有的生产要素,已有的条件、技术组合起来产生一个新的飞跃,创新不一定是发明,但它必须能够组合起来产生一个新的东西,能够提高效率。熊彼特通过创新来描述出组织发展的原动力,并由此得到了社会的广泛承认,也使更多的人认识到创新不但是组织深层次的竞争,也是组织发展的核心动力。

在管理领域,创新是指组织为适应环境的变化,以新的方式整合组织内外资源去实现组织目标的管理活动。它包括管理体制和机制的创新、管理方法和手段的创新等。

当今世界最大的特点就是变化速度快,经济全球化的趋势日益高涨,组织的内外经营环境不断变化,组织是否具有变革能力决定其命运。以往组织都是按一条较平滑的生命曲线发展,生命周期也相对较长,而现在组织基本上是沿着一条波浪线发展,随时须以创新为支撑,将组织推向新的彼岸,随时又可能被竞争对手的创新浪潮吞噬,迅速衰落下去,因为创新竞争已成为竞争的焦点,市场竞争只不过是创新竞争的变现。信息技术的发展和世界经济一体化进程的加快,给创新传播带来了更大的便利,使得创新竞争在世界范围内展开,为敢于创新的组织提供了前所未有的机遇,对因循守旧的组织提出了更为严峻的挑战。

（二）创新的特征

1. 创造性

创新是创造性的思想观念及其实践活动。创新者必须勇于开拓进取、变革和革新,反对因循守旧、故步自封,创新活动的成果是创造性劳动的结晶,它是前人或别人没有能够认识或没有加以利用的,即使是同类性成果也有质的提高或得到更好的利用。

2. 相对性

作为实践活动的创新具有相对性,这表现在范围和程度两个方面。在范围方面,它包括组织内的创新、地区性的创新、行业性的创新、全国性的创新、世界性的创新等。在程度方面,它包括局部性的创新、整体性的创新,也有对旧事物、老产品调整改革的创新,还有创造新产品、新事物的创新。

3. 动态性

新与旧是相对的、发展变化的,不同时期有着不同水平的创新。在组织的发展过程中,前一个时期低水平的创新,总是要被后一个时期高水平的创新取代。创新活动的不断进行和创新水平的不断提高,正是推动组织发展的动力。

4. 风险性

创新是否成功以及获得多大程度的成功,存在着不确定性,因而具有风险性。从总体上讲,创新获得成功并收到预期的效果往往不是多数而是少数,有些创新活动的成功甚至是极少数。当然,创新充满风险并不是说它比守旧的风险还大,因循守旧、故步自封存在着使组织萎缩甚至被淘汰的风险。因此,只有创新,组织才有希望,才有生机和活力。认识创新的风险性,充分考虑到创新成功的不确定性,其目的是要采取多方面的措施减少风险,增大创新的成功率,这是管理的创新职能所在。

5. 效益性

创新一旦成功,能获得极高的甚至是意想不到的效益。创新的风险性高,但效益更高。从总体上讲,创新获得的效率和效益要大于创新的投入和风险造成的损失。具有远见卓识的管理者,总是不断追求创新。

熊彼特在《经济发展理论》一书中提出,创新和技术进步是经济发展最重要的驱动力。1957年,麻省工学院经济学家罗伯特·索洛（Robert Solow）曾计算出经济增长中的大约80%归功于技术进步,而不是因为资本和劳动力的增加。在经济学中,技术进步并不是指技术自身的变化发展,而是指一定量的投入能有更多的产出,或者一定量的产出只需用更少的投入。

当然,技术进步的主要过程是技术创新。从经济学角度来说,市场创新能形成暂时的卖方市场,而技术创新和管理创新则可形成质量和成本优势。

医学科技是当今世界高科技竞争的重要领域,医学技术进步不仅是提高人类健康之善举,而且具有超值回报的效应,已经成为经济发展新的增长点。美国医学科研投入一直遥遥领先于其他学科,美国医学科技高投入高回报的现实,对我们不无启示。正如美国管理家米切尔·拉伯夫所说:任何行业里最重要的资本不是金钱、建筑物或设备,而是创意。

二、创新的环境

创新是现代组织的活力源泉,创新是经济发展和生产率增长的基本驱动力,但创新不是孤立进行的,要依赖创新的环境。创新环境是创新潜力转化为实际创新能力的决定性因素及动力所在,创新与创新环境是相互作用、相互联系的。创新环境又分为外部环境和内部环境。

(一)外部环境

1. 政府调控

政府调控是组织创新至关重要的外部环境之一。政府的干预和调控影响着组织创新的趋向和动力,决定着组织创新的活跃程度。政府对组织创新的调控往往决定了国家对创新的投资和管理动向,指明组织创新的大方向和基本领域,以避免重复投资和过度建设。此外,政府调控对组织创新的影响还表现在各种政策和法规的作用。政府调控是保持组织创新适度性和合理性的一个重要前提,也是组织创新得到技术支撑、社会支撑、人才支撑的重要保障。

2. 市场环境

创新需要一个公平、统一、开放、竞争有序的市场环境,靠组织自身的努力去获得市场机会,靠市场机制去优胜劣汰,而不是靠政府行政力量去分配市场机会和决定存亡。同时,为了不断地开展技术创新活动,健全发育的要素市场也发挥着重要作用,其中包括金融市场、劳动力市场、信息市场、技术市场等。

3. 资源环境

创新应在有序的资源环境中进行。组织创新需要的主要是人才、资金、技术、信息等方面的资源,较为公平的资源获取机会和开放的资源配置机制可为组织提供良好的创新环境。组织通过市场机制或采取市场手段来获取所需的各种资源,通过公开竞争的方式使资源得到高效率的配置和使用。

4. 投入机制

资金是进行组织创新的前提和基础。政府和组织本身是两个最主要的科技资金来源,在实际技术创新活动中,政府对技术创新拨款所占份额较低、组织自筹资金能力差等多方面的原因,造成组织技术创新资金短缺,这已成为普遍性的问题。因此,建立多渠道、多层次的投入机制已成为解决技术创新资金短缺问题的当务之急。

5. 制度基础

制度基础包括组织创新的产权制度和法律环境。建立自主产权能够激励组织管理者、研究人员及广大组织成员的创新积极性和自主能动性,通过完善健全的制度体系,加强对技术创新的政策倾斜,使组织进行规范的市场竞争和创新活动。

(二)内部环境

1. 创新意识

创新意识是创新最重要的价值观之一,从大的方面来看,它可分为战略创新意识和过程创新意识,有了管理者和全体组织成员的创新意识,才能增强创新的紧迫感和使命感,才能解放思想,大胆创新。

2. 体制和机制

创新需要一整套相应的组织机构和运行机制,建立符合组织自身的所有制形式,有利于生产力的发展。组织应建立技术创新体制和机制,推动整个组织的创新积极性,促进创新更好地进行。

3. 素质和实力

创新能力是组织素质和实力的体现,是创新的内部条件和环境,主要包括研究开发结构、科技人员素质、经费、手段、装备、技术引进消化吸收、成果推广、市场营销等许多方面。加强管理者和组织成员的素质建设,应增强组织创新实力,加大对人员培训的资金投入,强化技术开发和创新。

4. 生存与发展目标

创新是与组织的生存和发展紧密地联系在一起的,应把创新纳入组织的发展战略规划。制定发展规划是创新的必要前提。只有通过制定创新战略目标,规划实施步骤和措施,才能使创新有组织、有步骤、系统地、有效地进行下去。

5. 组织的创新氛围

组织内部需要一个良好的创新氛围,包括学术文化环境、科技人员的工作条件、设备及其管理、物质生活待遇等。组织应培育民主、科学的学术环境,为建立学习型组织营造良好的创新氛围。

第二节 创新的原理与类别

一、创新的原理

创新原理(innovative principle)是指人们在创新思维的指导下,对创新活动过程本质认识的反映,是创新规律的结晶和概括,是最基本的创新规律。

1. 组合原理

将研究对象进行简单叠加,或先将对象中的各个因素进行分解,然后将分解出来的有关部分根据需要再进行叠加,这就是组合。组合原理可以形成新思想、新方法、新产品。根据参与组合要素的性质、主次顺序以及组合的方式,分为同类组合、异类组合、主体附加、重组组合和选择组合五个类型。

运用组合原理时,思维的分析与综合起着关键作用。比如,中西医的结合不是把中医和西医简单地叠加,而是经过仔细分析后分别选取中医、西医中合理和适用的部分再加以综合。所以,科学的组合是在深入分析的基础上再择优而进行的综合。

2. 移植原理

移植原理是指在创新活动中,把一个已知对象的概念、原理、内容、方法或部件等运用在有待研究对象之中,从而使研究对象产生新突破的原理。

移植需要联想,还需以类比为前提。已知对象用作类比的属性越接近研究对象的本质,移植成功的可能性就越大。因此,在运用移植原理实施创新时,思维的联想与类比起着关键作用。

3. 变向原理

变向原理是指在创新活动中,把研究对象的顺序、原理、属性、结构、大小等因素通过改变常规思考和处理方向来引发创新的原理。在实际创新中,变向原理又可以划分为逆变和侧变两种类型。所谓逆变,是指通过逆向思索,有意进行与常规想法和做法完全相反的想法与做法。完全颠倒已有事物的构成顺序、排列位置或安装方向、操纵方向以及完全颠倒处理问题的方法等,都属于顺序逆变。所谓侧变,是指通过"左思右想",有意进行与常规想法和做法部分改变思考方向的想法和做法。

4. 还原原理

任何发明创新都必定有创新的起点和原点。从事物的某一创新起点按人们研究创新的方向,反向追溯到创新原点,再以创新原点为中心进行多项发散,并寻找新的创新方向。这种先回到原点,再从原点出发进行创新的原理就是还原原理。

管理者在运用还原原理时,分析思维和发散思维起着关键作用。首先要善于从起点追溯(还原)到事物的原点(本质)上,然后再进行多个方向上的发散性思考。

5. 迂回原理

所谓迂回原理,是指当创新活动遇到某个难题时,创新者不妨暂停僵持状态或转入下一步行动,或从事另外的活动,或试着改变一下观点,或注意与该问题相关的另一个侧面,其他问题解决以后,该难题或许就迎刃而解了。

人们在运用迂回原理时,需要思维的灵活性和广阔性。当创新活动处于困境时,创新者应当善于在困境中迂回。在不能直接达到目标的条件下可以适当做"战略转移"甚至"战略退却",以便在迂回中发挥自己的优势,得到有益的启发,创造有利的条件,从而逐步接近目标,取得创新的成功。

6. 完满原理

所谓完满原理,即完满充分利用原理,凡是在理论上认为未被充分利用的事物或场合,都可以成为人们创造发明的对象,都可以从中发现创新的目标。运用完满原理对现存事物进行分析,可以从整体完满充分利用分析和部分完满充分利用分析两个层次上来进行。

完满原理是指对一个事物或产品的整体利用率进行分析,了解该事物或产品是否在时间上和空间上均被充分利用了。完满原理是引导人们对某一事物或产品的整体属性加以系统分析,从时间和空间角度审视还有哪些属性可以再被利用。每一个事物或产品都可以按一定的层次分解为各个部分,因此,人们便可以在分解之后对其各部分进行完满充分利用分析。只有在其各部分的利用率大致相当的情况下,才能尽量保证充分的利用。

运用完满原理时,我们需要思维的批判性、广阔性与合理性,创新学习中常见的"列出某某事物尽可能多的缺点""列出某某事物尽可能多的用途"等训练,就是基于对事物进行属性完满充分利用分析的一种方式。

二、创新类别

1. 局部创新和整体创新

从创新的规模以及创新对系统的影响程度来考察,可将其分为局部创新和整体创新。局部创新是指在系统性质和目标不变的前提下,系统活动的某些内容、某些要素的性质或其相互组合的方式,系统社会贡献的形式或方式等发生变动。整体创新则往往改变系统的目标和使命,涉及系统的目标和运行方式,影响系统社会贡献的性质。

2. 消极防御型创新与积极攻击型创新

从创新与环境的关系来分析,可将其分为消极防御型创新与积极攻击型创新。防御型创新是指由于外部环境的变化对系统的存在和运行造成了某种程度的威胁,为了避免威胁或由此造成的系统损失扩大,系统在内部展开的局部或全局性调整。攻击型创新是在观察外部世界运动的过程中,敏锐地预测到未来环境可能提供的某种有利机会,从而主动地调整系统的战略和技术,以积极地开发和利用这种机会,谋求系统的发展。

3. 系统初建期的创新和运行中的创新

从创新发生的时期来看,可将其分为系统初建期的创新和运行中的创新。系统组建就是社会的一项创新活动。系统的创建者在一张白纸上绘制系统的目标、结构、运行规划等蓝图,这本身就要求有创新的思想和意识,创造一个全然不同于现有社会(经济组织)的新系统,寻找最满意的方案,取得最优秀的要素,并以最合理方式组合,使系统进行活动。但是"创业难,守业更难",在动荡的环境中"守业",必然要求积极地以攻为守,要求不断地创新。创新活动更大量地存在于系统组建完毕开始运转以后。系统的管理者要不断地在系统运行的过程中寻找、发现和利用新的创业机会,更新系统的活动内容,调整系统的结构,扩展系统的规模。

4. 自发创新与有组织的创新

从创新的组织程度上看,可将其分为自发创新与有组织的创新。任何社会经济组织都是在一定环境中运转的开放系统,环境的任何变化都会对系统的存在和存在方式产生一定影响,系统内部与外部直接联系的各子系统受到环境变化的信号以后,必然会在其工作内容、工作方式、工作目标等方面进行积极或消极的调整,以应付变化或适应变化的要求。同时,社会经济组织内部的各个组成部分是相互联系、相互依存的。系统的相关性决定了与外部有联系的子系统根据环境变化的要求自发地做了调整后,必然会对那些与外部没有直接联系的子系统产生影响,从而要求后者也做相应调整。系统内部各部分的自发调整可能产生两种结果。

(1)各子系统的调整均是正确的,从整体上说是相互协调的,从而给系统带来的总效应是积极的,可使系统各部分的关系实现更高层次的平衡——除非极其偶然,这种情况一般不会出现。

(2)各子系统的调整有些是正确的,而另一些则是错误的——这是通常可能出现的情况。因此,从整体上说,调整后各部分的关系不一定协调,给组织带来的总效应既可能为正,也可能为负,系统各部分自发创新的结果是不确定的。

与自发创新相对应的有组织的创新包含两层意思。

(1)系统的管理人员根据创新的客观要求和创新活动本身的客观规律,制度化地研究外部环境状况和内部工作,寻求和利用创新机会,计划和组织创新活动。

(2)系统的管理人员要积极地引导和利用各要素的自发创新,使之相互协调并与系统有计划的创新活动相配合,使整个系统内的创新活动有计划有组织地展开。只有有组织的创新才能给系统带来预期的、积极的、比较确定的结果。

鉴于创新的重要性和自发创新结果的不确定性,有效的管理要求进行有组织的创新。但是,有组织的创新也有可能失败,因为创新本身意味着打破旧的秩序,打破原来的平衡。因此,具有一定的风险,更何况组织所处的社会环境是一个错综复杂的系统,这个系统的任何一次突发性的变化都有可能打破组织内部创新的程序。当然,有计划、有目的、有组织的创新取得成功的机会无疑要远远大于自发创新。

三、管理创新原则

管理创新原则是指在管理创新活动中所应遵循的行为准则。它在创新的行为中起到一种判定和筛选管理创新意念的作用,也对创新行为具有导向作用。管理创新原则主要有以下几点:

1. 调查研究原则

创新活动是一项既有理论,又要付诸实践的工作。为了获得真知灼见,管理者必须在理性思考的基础上,进行认真的调查研究,针对创新对象所涉及的范围,到实践中去了解客观事物的真相、顾客的需要、期望和价值观。

2. 分析综合原则

创新的过程是一个系统地分析综合、探索事物运动规律性的过程。因此,管理者必须在调查研究的基础上,对创新的每一个机会和来源进行有目的、系统的分析,不放过任何蛛丝马迹,洞察秋毫,从中发现事物之间的内在联系和相互关系。

3. 突出重点原则

要想成效快,决不可搞烦琐哲学,而只能以一件事、一个问题为中心解决。

4. 大处着眼、小处着手原则

有成效的创新大多数是从小处着手的,但是从长远来看,又要有明确的目标。从小处起步,不追求一时的辉煌,认真做好每一件小事,积累起来,就是大成就。我国渐进式改革的实践就是这样一个过程,所谓"摸着石头过河"是其最形象的写照。

5. 可行性原则

一是客观条件的可行性,主要是指为完成某项创新必须具备的诸如设备、仪器、工具等各种物质手段,以及必要的资金、人才和信息等条件。二是主观条件的可行性。这是指从事管理创新的人员为完成某个特定目标所必须具备的科学知识和研究能力。可以这么说,只要组织善于运用知识和信息及其科学仪器、设备等各种手段,重视知识资源的开发,就能加快自身发展,屹立于创新事业的前沿。

第三节　创新的内容

创新的实质是为顾客创造新的价值,同时也为组织创造更多的价值。其主要内容包括技术创新、管理创新、制度创新和市场创新等。

一、技术创新

技术创新是指新的技术的成功运用,包括对现有技术要素进行重新组合而形成的新的技术能力。技术创新是创新的核心,其类型如下:

1. 自主创新

又称原始创新、源头创新。它指科学研究的思想、研究方法是研究者首先提出的,研究结果将开拓一个新的领域,为科学带来新的发展。我国科技成果多,但自主创新少,一定程度上制约了国家发展。

2. 模仿创新

模仿创新是通过模仿而进行的创新活动,优势在于可节约研发和市场培育方面的费用,降低投资风险和市场开发风险。模仿创新一般包括完全模仿创新和模仿后再创新两种形式。模仿创新具有以下几个特点:一是积极跟随。在技术方面,模仿创新不做新技术的研发,而是做新技术的追随学习和改进者。在市场方面,模仿创新不是去开拓全新市场,而是充分利用已开辟的市场。二是学习积累性。模仿创新的技术积累来源于多方面,通过观察、选择、模仿创新者的行为,在模仿中吸取大量外知识,培养自身技能,有投资少、时间短、效率高的特点。

3. 分裂创新

分裂创新(disruptive innovation)是哈佛商学院教授克里斯坦森(Clay M. Christensen)等提出的新概念,与熊彼特数十年前提出"创造性毁灭"(creative destruction)有异曲同工之妙。他们认为,分裂创新可以促进创造性毁灭,使得分裂性企业取代既有大企业。所谓分裂性创新,是指新技术使得落后地区技术水平较低、不太富裕的人们可以从事过去只有专家才有能力做的事,被这些技术改造的产业因而出现急速增长,与此同时,传统大企业则效益下滑甚至倒闭。这种技术为消费者带来了物美价廉的商品与服务。

4. 合作创新

合作创新是一种资源共享、优势互补的技术创新,合作创新战略对技术竞争、技术发展和技术扩散都起到重要的作用。从技术竞争的角度来讲,合作创新在一定程度上使技术竞争结构发生了变化。因此合作可以降低创新的重复投资和重复研究,加快创新速度,提高组织创新能力,改善市场竞争和技术竞争地位。从技术进步的角度来讲,合作创新是群体创新,其创新能力会大大高于单体组织,从而可能对技术进步产生直接影响并实现重大技术创新。从技术扩散的角度来讲,因为不同主体合作的过程也是一个技术、经验和知识的交流过程。而且比起一般的技术转让,合作创新群体中的交流范围更广,促进了技术扩散速度及效率的提高。

二、管理创新

创新本身就是管理的重要职能之一。管理创新就是在计划、组织、领导、控制等管理职能方面,通过采用新的更有效的方法和手段对系统资源进行再优化配置。比如:在计划工作中运用运筹学;创建新的标准,创造合作环境,提高工作效率等。

三、制度创新

管理制度是设计和应用新的更有效率的体制,也称为组织创新。是对组织资源整合行为的规范,管理制度的变革会给组织行为带来变化,进而有助于组织资源的有效整合,提高组织的绩效,实现组织目标。

四、市场创新

市场创新是指组织从微观角度促进市场构成的变动和市场机制的创造以及伴随新产品的开发对新市场进行开拓占领,从而满足新需求的行为。市场创新包括两个方面内容。

1. 开拓新市场

它是指以一种崭新的、独具一格的项目和服务来开拓新的市场。它包括需求意义上的新市场、地域意义上的新市场、产品意义上的新市场三种。需求意义上的新市场主要是指现有的产品和服务不能满足潜在需求,要以新产品满足消费者需求,如向工薪层提供低价位的汽车。地域意义上的新市场是指产品以前不曾进入过的市场,如农村市场、社区市场、外地城市市场,甚至国外市场。产品意义上的新市场是指市场上原有的产品通过创新变为在价格、质量、性能等方面具有不同档次、不同特色的产品,以满足不同消费群体的需求。

2. 创造市场新组合

创造市场新组合指市场各要素之间的创新,既包括产品创新和市场领域的创新,也包括营销手段的创新和营销观念的创新。市场营销组合是哈佛大学提出的一个概念,指综合运用企业可控制的因素,实现最优化组合,达到企业经营的目标。该创新组合可用在各类组织中。

【复习与思考】

1. 什么是创新,发明是创新吗?

2. 创新原理有哪些?

3. 创新包括哪些内容?

4. 谈谈创新与其他职能的关系。

第四部分 管理拓展

第十二章

决　策

决策是管理的核心,本章介绍决策的概念和分类,简要介绍决策的过程以及影响决策的因素。常用的决策方法较多,本章选择性地介绍常用的集体决策方法和选择活动方案的决策方法。集体决策方法包括头脑风暴法、德尔菲法。选择活动方案的决策方法分为确定型、风险型和非确定型三类。常用的确定型决策方法有线性规划和盈亏平衡分析法,风险型决策方法有决策收益表法、决策树法,非确定型决策方法有乐观准则法、悲观准则法、折中准则法和后悔值准则法等。

第一节　决策概述

一、决策的含义

有关决策的概念,不同的管理学派从不同的角度给出了不同的描述。综合各学派的内容,我们将决策定义为:决策是为了实现一定的目标,提出解决问题和实现目标的各种可行方案,依据评定准则和标准,在多种备选方案中,选择一个方案进行分析、判断,并付诸实施的管理过程。简单地说,决策就是针对问题和目标,分析问题、解决问题的一个管理过程。决策的含义实际上包含了以下几个方面的内容。

（一）决策具有明确的目标

决策前必须明确所要解决的问题和所要达到的目标。决策的目标有时是一个,有时是相互关联的几个目标,而且目标是具有一定层次的。如果决策前缺乏明确的目标,就会导致整个决策过程偏离方向,最终导致决策的失败。

（二）决策有多个可行方案

决策必须在两个或两个以上的可行方案中选择。如果只有一个方案,就不需要选择,也就不存在决策问题。这些方案应该平行或互补,能解决设想的问题或达到预定的目标,并且可以加以定性和定量分析。

（三）决策是对方案的分析和判断

决策所面临的多个可行方案中,每个都具有不同的优缺点,有的方案还带有较大的风险。决策的过程就是对每个可行方案进行分析、评判,从中选出较好的方案并加以实施的过程。因此,决策者必须掌握充分的信息,进行逻辑分析,才能在多个备选方案中,选择一个较为理想的方案。

（四）决策是一个整体性过程

决定采用哪个方案的决策过程,是一个连续统一的整体性过程:从搜集信息到分析、判断,再到实施、反馈活动,没有这个完整的过程,就很难合理地决策。实际上,经过执行活动的反馈,又将进入下一轮的决策。决策是一个循环过程,贯穿于整个管理活动的始终。

二、决策的类型

决策在组织中是一种普遍性的活动,但不同的管理部门和不同的管理层次,其决策活动有所不同。按不同的分类原则,决策可以有以下几种划分。

（一）集体决策与个人决策

按决策的主体划分,决策分为集体决策与个人决策。

集体决策是指多个人一起做出的决策,个人决策则是指单个人做出的决策。相对于个人决策,集体决策的优点是:①能更大范围地汇总信息。②能拟定更多的备选方案。③能得到更多的认同。④能更好地沟通。⑤能做出更好的决策等。但集体决策也有一些缺点:①集体决策耗费时间。②问题来源于组织中团体的服从压力。③责任不明确等。

（二）战略决策、战术决策与业务决策

按照决策的重要程度划分,决策可以分为战略决策、战术决策和业务决策三种。

1. 战略决策

战略决策是对涉及组织目标、战略规划等重大事项进行的决策活动,是对有关组织全局性、长期性、关系到组织生存和发展的根本问题进行的决策。例如,确定或改变组织发展方向和经营目标,组织的高层管理的人事变动等,这些都是战略决策。战略决策具有全局性、长期性和战略性的特点。

战略决策面临的问题错综复杂,主要是协调组织与内外部环境的关系。决策过程所需考虑的环境变化多端,决策方案的设立、研究、分析以及最后的选择,都需要决策者具有高度的洞察力和决策判断能力。在进行战略决策的过程中,有时可聘用组织外部人员对方案进行设定和分析,借助"外脑"进行有效决策。

2. 战术决策

战术决策是指对组织的人力、资金、物资等资源进行合理配置,以及对组织机构加以改变的一种决策。它是执行战略决策过程中的具体决策,具有局部性、中期性的特点。与战略

决策相比,战术决策是管理中的主要业务决策。例如,组织资金的筹措、使用和控制,业务计划的编制和实施,市场营销的策划活动,管理人员的配备和调整等。

3. 业务决策

业务决策,也称之为执行性决策,是涉及组织中的一般管理和处理日常业务的具体决策活动,具有琐细性、短期性和日常性的特点。例如,一般的设备维护和保养,日常的物资采购和保管,市场调查表的发放和搜集,岗位职责的制定和执行等。业务决策是组织所有决策中范围最小、影响最小的具体决策,是组织中所有决策的基础,也是组织运行的基础。业务决策的有效与否,很大程度上依赖于决策者的经验和常识。

(三)程序化决策和非程序化决策

按决策所要解决的问题的重复程度来划分,决策可以分为程序化决策和非程序化决策两种。

1. 程序化决策

程序化决策是指能够运用常规的方法解决重复性的问题,以达到目标的决策。组织运行中面临的问题极其繁多,但许多问题是管理者日常工作中经常遇到的,在处理这类问题时,管理者凭借以往的经验就能找出问题所在,并提出解决问题的方法。组织可以把这些经验和解决问题的过程用程序、规范等规定下来,将这些包含了管理实践的规则作为日后处理类似问题的依据和指导准则。

程序化决策使管理工作趋于简化和便利,可以降低管理成本,简化决策过程,缩短决策时间,也使方案的执行较为容易。程序化决策具体规定了决策的过程,能使大量的重复性管理活动授权到下一级管理层,使最高管理层能避免陷入日常琐碎的事务堆里,有时间考虑组织的重大问题,有精力处理与组织的生存和发展相关的非常规的重大战略问题。

2. 非程序化决策

非程序化决策是指为解决偶然出现的、一次性的、无前例的问题所做出的决策。对于组织来说,应对偶然出现的问题加以辨别,确定这些问题是偶然的还是第一次出现的重复性问题。如果是后者,就应加以注意,当这类问题再次出现或出现频率增加时,及时制定出程序文件来加以控制,并归到程序化决策范围内。作为管理者,特别是组织的高层管理者,要把主要时间和精力投入非程序化决策中并认真分析,及时发现共性部分和重复性的问题,将非程序化决策转化到程序化决策。

(四)初始决策与追踪决策

按决策需要解决的问题来划分,决策可以分为初始决策和追踪决策两种。

初始决策是指组织对从事某种活动或从事该种活动的方案所进行的初次选择;追踪决策则是在初始决策的基础上对组织活动方向、内容或方式的重新调整。如果说初始决策是在对内外环境的某种认识的基础上做出的话,追踪决策则是由于这种环境发生了变化,或者是由于组织对环境特点的认识发生了变化而引起的。显然,组织中的大部分决策属于追踪决策。

与初始决策相比,追踪决策具有如下特征。

(1) 回溯分析。追踪决策是在原有决策已实施但环境条件有了重大变化或与原先的认识有重大差异的情况下进行的。因此,追踪决策必须从回溯分析开始。回溯分析,就是对初始决策的形成机制与环境条件进行客观分析,列出需要改变决策的原因,以便有针对性地采取调整措施。

(2) 非零起点。主要表现在两个方面:第一,随着初始决策的实施,组织与外部协作单位已经建立了一定的联系。第二,随着初始决策的实施,组织内部的有关部门和人员已经开展了相应活动。在这些活动中,有关部门和人员不仅对自己的劳动或初步的劳动成果以及对这种劳动本身产生了一定的感情,而且他们在组织中的命运也可能在很大程度上与这些活动的继续进行密切相关。

(3) 双重优化。首先,追踪决策所选的方案要优于初始决策,这是第一重优化。因为只有在原来的基础上有所改善,追踪决策才有意义。其次,要在能够改善初始决策实施效果的各种可行方案中,选择最优或最满意的决策方案,这是第二重优化。可以说,第一重优化是追踪决策的最低要求,第二重优化则是追踪决策应力求实现的根本目标。

(五) 确定型决策、风险型决策和不确定型决策

按决策问题的可控程度来划分,决策可以分为确定型决策、风险型决策和不确定型决策三种。

1. 确定型决策

确定型决策是指各种决策方案未来的各种情况都非常明确,决策者确切知道需要解决的问题、环境条件、决策过程及未来的结果,在决策过程中只要直接比较各种备选方案的执行结果,就能做出精确估计的决策。事实上,在组织中,确定型决策并不多,特别是对高层管理者来说,这是一种理想化的决策活动。一般来说,这种确定性决策问题可以用数学模型求最优解,如库存决策、盈亏平衡决策等。

2. 风险型决策

风险型决策是指决策者不能预先确切地知道环境条件,各种决策方案未来的若干种状态是随机的,但面临明确的问题,解决问题的方法是可行的,可供选择的若干个可行方案已知,各种状态的发生可以从统计中得到一个客观概率。在每种不同的状态下,每个备选方案会有不同的执行后果。所以,不管哪个备选方案都有一定的风险。对于这类决策,决策者应该在计量化基础上进行辨别、筛选。如组织中新产品开发、新的服务项目推广、扩大规模的投资决策等,都属于风险型决策问题。

3. 不确定型决策

不确定型决策是指决策者不能预先确切地知道环境条件,可能有哪几种状态和各种状态的概率无从估计,解决问题的方法大致可行,供选择的若干个可行方案的可靠程度较低,

决策过程模糊,方案实施的结果未知,决策者对各个备选方案的执行后果难以确切估计,决策过程充满了不确定性。不确定型决策也可以采用数学模型来帮助决策。实际上,组织中大多数的决策,都属于不确定型决策。对于不确定型决策,关键在于尽量掌握有关信息资料,根据决策者的直觉、经验和判断进行决策。

(六)经验决策和科学决策

按决策的方法划分,决策可以分为经验决策和科学决策。

经验决策是依靠过去的经验和对未来的直觉进行决策。在这种决策中,决策者的主观判断与个人价值观起重大作用。因此,所做出的决策感性成分较多,而理性成分较少。科学决策是指决策者按科学的程序,依据科学的理论,用科学的方法进行决策。科学决策有一套严密程序:首先是进行大量的调查、分析和预测;其次在行动目标的基础上确定各种备选方案,再从可行性、满意性和可能后果等多方面分析、权衡各备选方案,最后进行方案择优,执行该方案,并收集反馈信息。在整个决策过程中,使用现代化的决策技术,如运筹学、结构分析、计算机模拟等。有时还借助现代化的决策工具,如电子数据处理系统、管理信息系统、决策支持系统等。在现代社会,随着环境变化速度的加快,涉及的问题越来越复杂,经验决策往往导致失误,因此科学决策越来越受到人们的重视。但是在许多时候,由于决策者无法获得充分的信息,因而经验决策仍起着重要作用。

三、决策的特点

(一)目的性

任何决策都是为了达到一定目标,这个目标既是决策活动的目的,也是进行决策的判断标准。没有目标就无从决策,正确的目标是产生决策的前提。

(二)可选择性

决策是对多个可行方案进行比较和判断,从中选择一个满意方案,没有比较和选择的过程就不能称其为决策。

(三)满意性

决策的原则是满意原则,而不是最优化原则,最优化原则是理想状态,仅在理论上有可能,因为对决策者来说,要想确定最优决策,必须了解组织活动的全部信息,正确辨识全部信息的价值,并拿出没有疏漏的方案,并能准确计算每个方案在未来的执行结果,但人们对未来的认识是不全面的,因此在现实决策中,应遵循符合实际条件的满意原则。

(四)动态性

组织的外部环境处在不断变化中,决策者要根据环境变化不断调整组织活动,这就决定了决策是一个动态的过程,决策方案必须在实施过程中不断进行反馈和调整,才能更好地符合客观实际,更加完善。

第二节 决策过程与影响因素

一、决策过程

管理者为了提高决策水平,避免冒险性决策,必须了解决策的过程,按照科学化、合理化的要求进行有效的决策。决策过程可分为以下七个步骤,如图 12-1 所示。

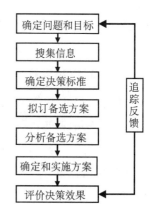

图 12-1 决策过程示意图

（一）确定问题和目标

决策过程往往是从问题开始。首先是发现问题,并分清问题的主次,即明确该问题是战略决策还是一般业务决策,由哪些决策者承担任务等,必须了解该问题的关键点,问题出在哪里、何时解决,以及解决这一问题的利弊如何。其次,在确定问题的同时,确定目标。合理的目标是有效决策的前提,是决策活动的出发点,也是评价决策效果的依据。分清长期与短期目标、主要目标和次要目标,并注意目标之间的衔接,明确目标间的优先顺序,确定资源分配的重点,尽量排除偶然性和主观因素的影响。

（二）搜集信息

确定了问题和目标后,决策者必须着手调查研究,搜集信息,并加以整理和分析;根据既定的目标,积极地搜集和整理情报,建立数据库,进行比较,找出差距,发现问题。信息是决策的基础,是进行有效决策的保证。对于组织内外部的相关信息,决策者都应加以搜集和整理,尤其是对于一些关键信息,应倍加关注。

（三）确定决策标准

确定决策标准就是运用一套合适的标准分析和评价每一个方案。决策按照确定的目标和问题,把目标分解为若干层次的价值指标,同时指明实现这些指标的约束条件。这些指标实现的程度就是衡量达到决策目标的程度。在决策时,决策者可按照确定的评判标准和方法,给每一个可行方案进行打分评比,并按每一个方案的得分高低进行排列,为决策工作的顺利进行奠定基础。

（四）拟订备选方案

拟订备选方案主要是寻找达到目标的有效途径,因此,必须制订多种可供选择的方案,反复比较。每个方案必须有原则性的差异。对于有关组织发展的战略性决策,决策者必须通过各种相互冲突的意见争辩、各种不同可行方案的评判,才能做出满意的决策。拟订各种不同类型的可行方案,可运用头脑风暴法,或采用数学模型,也可建立随机模型和模糊模型。无论用何种方法拟订可行方案,决策者应同时给出这些方案实施后可能产生的结果,包括有利的和有害的结果,以及这些结果出现的概率,指出其中发展演变的趋势,并进行利弊比较。

(五)分析备选方案

决策者必须认真地对待每一个方案,仔细地加以分析和评价。根据决策所需的时间和其他限制性条件层层筛选。可以进行重要性程度的评分加权,也可以对其中某些关键处的缺点加以修改、补充,对一些各有利弊的备选方案进行优势互补,使最终的结果更加优化。在这一阶段中,决策者可以运用决策树、矩阵汇总决策、统计决策和模糊决策等方法。

(六)确定和实施方案

确定方案时,决策者根据各种可供选择的方案权衡利弊,然后选取其一,或综合成一个方案,这是决策者的重要工作。有时会在方案全面实施之前,进行局部试行,验证在真实条件下是否可行。若方案不可行,为了避免造成更大的损失,则需要再次考察上述各个活动步骤,修正或重新拟订方案。当方案确定后,就要实施,这是决策的最重要的阶段。实施阶段所花费的时间和成本,远大于前几个阶段的总和。

(七)评价决策效果

方案的评价必须是全方位的,并要在方案实施过程中不断进行追踪。如果在新方案运行过程中发现重大差异,决策者应查明原因,根据具体情况区别对待。若是执行有误,决策者应采取措施加以调整,以保证决策的效果;若是方案本身有误,决策者应会同有关部门和人员修改方案;若方案有根本性错误或运行环境发生不可预计的变化,使得执行方案产生不良后果,决策者则应立即停止方案的执行,待重新分析、评价方案后,再考虑执行。

反馈也是决策过程中的一个重要环节。通过反馈可对原方案不断地再审查和再改进。当原有决策实施活动出现意外,或者环境突然发生重大变化时,决策者需要将方案推倒重来。实施一个时段后,需要对方案运行及预测的结果做出评价。评价可以由个人或专家组负责,目的是审核方案是否达到了预定目标,随时指出偏差的程度并查明原因。评价和反馈应体现在每一阶段的工作上,而不仅仅是在方案的实施阶段。特别是重大决策,决策者必须时刻注意信息的反馈和工作的评价,以便迅速解决突发问题,避免造成重大损失。

二、影响决策的因素

在决策过程中,影响决策的因素有很多,但主要因素可以归纳为以下几类:

(一)决策的重要性因素

决策对一个组织的重要性程度会影响决策的过程。一项决策所需投入的人力、物力、财力和时间越多,对组织的影响范围越广,影响越深远,决策的重要性程度就越大,在决策时所花费的时间、人力、费用也就越多。相反,一项决策如果相对不重要,一般所花费的时间、人力、费用也就较少。

（二）决策者的因素

在决策活动中起决定性作用的是决策者。虽然，决策应按严格的科学程序进行，但是决策者素养的高低仍是决策成败的关键。决策者是决策活动的主体，决策者的个人行为特征和组织成员相互影响所产生的群体行为，对决策具有重要的影响。影响决策过程的行为特征有多种，但下列三个特征是最重要的：

1. 对问题的感知方式

人们对问题的相关资料进行处理，是借助于知识、经验来进行判断和分析的一种连续过程。由于人们的知识和经验不同，对相同情况的感知会得出不同的认识。例如，某组织由于管理不善而出现亏损，不同的管理者由于其知识和经验不同，就可能产生不同的认识：市场营销专家可能更多地认识到营销方面的问题，如产品的包装、广告、促销渠道、组织形象等方面的问题；生产管理专家可能更多地认识到生产效率的问题，如产品的设计、生产设备的选择和布置、生产流程的合理性、生产效率等方面的问题；财务专家可能更多地认识到资金的筹集和使用的合理性、成本控制等方面的问题。

管理者的知识和经验的有限性，在决策过程的其他阶段也会带来影响。如在拟定可供选择的方案时，由于强调某一方面的重要性就会在这方面拟定可行方案，因而忽视其他的可行方案。如果在拟订方案时，过早地认为某一方案比其他方案更为理想，其他可行方案就很可能得不到充分发展。

2. 处理信息的能力

人们对所收集到的各种原始资料进行加工、处理，形成有用的信息。由于每个人的知识结构、经验以及思维方式的不同，因而在处理信息资料时会有很大的差别。某些人的知识结构不完善，或个人经验较少，或思想比较保守，对于新的、不熟悉的资料就感到无所适从，并尽量逃避，在拟订方案和评价方案的过程中就会有偏颇，甚至采取极端的态度。一个人知识结构越完善、经验越丰富、思想越开放，就越乐于接受新的观点，越容易理解新的问题，搜集到的有用资料就越多，处理信息资料的能力就越强，拟定的备选方案也就越多。

3. 个人价值系统

个人价值系统是一系列概念，而每一个概念都有一定程度的个人价值和意义。个人的价值观在认识问题、搜集信息、评价各备选方案和选择方案的决策过程中，都具有重要的影响。如果一个群体内，个人价值观念比较一致，就比较容易产生一致的看法，也较易协调。如果个人价值观差异较大，就有可能引起许多冲突。

（三）其他有关人员

决策并非决策者个人的主观行为，它还受到来自各方面人员的影响，其中包括决策者上级、下属、同事、有关监督人员、观察人员等。决策者的上级对决策的影响体现在决策者对该项决策的权力和责任是否一致，决策是作为个人决策还是由集体共同进行决策等。决策者的同事和下属在决策中的影响主要体现在决策方案的提出阶段,能否激发决策群体的创造性和想象力,充分考虑各种可行方案,是实现决策全面优化的关键。监督人员和观察人员对决策的影响则主要体现在方案实施后的调整中。此外,决策者在做出决策时,往往会考虑组织中有关人员的看法,从而改变和修改计划,特别是在群体决策中,每个人的地位不一样,地位较高、权力较大的决策者对决策过程有较大的影响。

(四) 环境因素

环境对决策的影响是双重的:一方面,环境的特点影响着组织的活动选择。比如说,对于稳定的市场,今天的决策主要是昨天决策的延续,如果市场急剧变化,就需要对经营方向和内容进行调整。另一方面,对环境的习惯反应模式也影响着组织的活动选择,即使在相同的环境背景下,不同的组织也可能做出不同的反应。而这种调整组织与环境之间关系的模式一旦形成,就会趋向固定,限制着人们对行动方案的选择。

(五) 组织文化

组织文化制约着组织及其成员的行为和行为方式。在决策层次上,不同的组织文化对决策的制定有着不同的影响。在民主氛围浓厚的组织中,民主决策让更多的人参与决策过程,在一定程度上克服少数人决策的理性局限。民主决策主要有组织专家参与决策和组织成员参与决策两种途径与方式。

组织专家参与决策,建立决策"智囊团"或"思想库",这是目前国内外许多组织以及政府部门普遍采用的方法。智囊团中集中了一批掌握与组织活动有关的各方面知识的专家,利用他们的知识帮助组织分析问题,拟定和评价方案,为决策提供依据。这样可以克服决策者知识不完备的局限,使组织在决策时对环境等方面问题考虑得更加全面,从而有利于提高决策的科学性。

组织成员参与决策,不仅可以发挥他们对基层各部门和各环节的充分了解以弥补决策者信息不足的优势,而且有利于组织成员对组织决策的认同,从而在决策实施过程中,自觉地为自己参与制定的决策及其目标而积极努力地工作。此外,组织中更多的成员参与决策过程,还将在客观上加强组织成员之间的思想交流和信息沟通,有利于人际关系的协调发展,促进决策方案的顺利实施。

第三节 决策的方法

现代决策的具体方法很多,概括起来有两类,即"硬方法"和"软方法"。硬方法是指决策时采用基本属于自然科学方面的方法,是现代迅速发展起来的数字化、模型化、计算机化的方法,如各种定量分析方法、仿真技术等。软方法是指决策时采用基本属于社会科学方面的方法,是现代社会越来越受到重视、能发挥人的智慧和创造力的方法,如专家会议法、头脑风暴法等。同时,在决策全过程中,人们还采用某些"软""硬"兼施的综合方法,如系统分析法和系统设计等。

一、集体决策方法

(一)头脑风暴法

1. 基本概念

头脑风暴法(brain-storming)又称畅谈会议法,由美国学者阿历克斯·奥斯本(Alex F. Osborn)于1938年首次提出。这种方法通过召开小型的专家会议,创造一个轻松、融洽的会议气氛。利用集体的思考,引导每个参加会议的人围绕中心议题激发灵感,广开言路。在自己的头脑中掀起风暴,毫无顾忌、畅所欲言地发表独立见解,从而获得创造性的意见和方案。头脑风暴法可以用来识别管理中存在的问题并寻求解决的办法,还可用来识别潜在质量改进的机会,在质量改进活动中的用途很大,并且可以为决策提供方向和备选方案。

2. 实施步骤

(1) 准备阶段。①准备会场,安排时间。会议时间以一小时为宜,不要超过两小时。时间过长,与会人员会疲倦,失去兴趣,创新性降低。②确定会议主持人和参与者。会议的主持人最好由对问题的背景比较了解并熟悉头脑风暴法的处理程序和处理方法的人担任。主持人的发言应能激起参加者的思维灵感,促使参与者感到急需回答会议提出的问题。经验证明,参与者规模以10~15人为宜,所有参与者都应具备较高的联想思维能力,应包括本领域的专家,以及一些学识渊博、对所涉及问题有较深理解的其他领域专家。③明确会议议题和目的。头脑风暴的目的在于为与会者创造一个激发思想火花的氛围,让与会者都能积极发表自己的看法和意见,做到"知无不言,言无不尽"。事先由会议组织者对议题进行调查,将内容做成说明资料,将限定范围、问题细则等在会议的前一天交给参与者,让大家有充裕的时间来思考。④准备必要的用具,如白纸、笔,并选定记录人,在开会时将大家的创意要点迅速记录下来。

(2) 引发和产生创造思维阶段。在这个阶段,主持人组织与会者讨论,产生创新思维。在这个阶段要注意以下几点:①与会者都是平等的,无领导和被领导之分,与会的成员依次发表意见。②不要批评发言者的发言内容或创意的正误及好坏,如果创意或意见被批评,与会者就不会提意见了。开会时,如有批评者,会议主持人要暗示制止。③欢迎提出不同的想法,甚至是奔放无羁的创意,因为能够脱离习惯上的想法,才能产生突出的创意。④要当场把每个人的观点毫无遗漏地记下来,持续到无人发表意见为止,将每个人的意见重复一遍。

(3) 整理阶段。主持人将每个人的观点重述一遍,使每个成员都知道全部观点的内容,去掉重复的和无关紧要的,对各种见解进行评价和论证,最后进行集思广益,按问题进行归纳,评论归纳时要注意以下几点:①是否还有其他更好的方法。想出新的工作方法或新的改进手段固然有益,但要考虑是否还有更为有效的方法,头脑风暴法的目的是考虑现有的手段或方法,来发现新的手段或方法。因此,虽然已有改进了的创意,但再想想有无更完善的创意。②是否可借用过去相似的创意。会议产生了新的创意,可能少不了与过去的某些创意有相似之处,完全独创者不多。所以,创意经常会有相类似的地方,对于过去的创意要多借、多用。③是否可以变更。新的创意提出来后,考虑其中某一部分可否用其他创意的一部分来代替。

3. 注意事项

(1) 自由畅谈。参加者不应该受任何条条框框的限制,要放松思想,让思维自由驰骋。从不同角度、不同层次、不同方位,大胆地展开想象,尽可能地标新立异,与众不同,提出独创性的想法。

(2) 延迟评判。必须坚持当场不对任何设想做出评价的原则。既不能肯定某个设想,又不能否定某个设想,也不能对某个设想发表评论性的意见。一切评价和判断都要延迟到会议结束以后才能进行。这样做一方面是为了防止评判约束与会者的积极思维,破坏自由畅谈的有利气氛;另一方面是为了集中精力先开发设想,避免把应该在后阶段做的工作提前进行,影响创造性设想的产生。

(3) 禁止批评。绝对禁止批评是头脑风暴法应该遵循的一个重要原则,因为批评对创造性思维无疑会产生抑制作用。同时,发言人的自我批评也在禁止之列。有些人习惯用一些自谦之词,这些带有自我批评性质的说法同样会破坏会场气氛,影响自由畅想。

(4) 追求数量。头脑风暴会议的目标是获得尽可能多的设想,追求数量是它的重要任务。参加会议的每个人都要抓紧时间多思考,多提设想。设想的质量问题留到会后的设想处理阶段去解决。在某种意义上,设想的质量和数量密切相关,设想越多,其中的创造性设想就可能越多。

头脑风暴法在管理决策中得出了较广泛的应用。但是,该方法也存在一些缺点。首先,与会者人数有限,专家的代表面不可能很广,使问题的讨论受到一定的限制;其次,少数权威人士的意见可能会左右其他人的意见和看法,达不到相互启发、畅所欲言的效果;最后,有些与会者在发表个人意见后,往往顾及面子,不能冷静地考虑其他人的意见,即使明知自己的观点有不妥之处,也不愿意修正,对结果产生不利的影响。

(二) 德尔菲法

1. 基本概念

德尔菲法(Delphi method),又称专家咨询法,是在 20 世纪 40 年代由赫尔姆(Olaf Helmer)和达尔克(Norman Dalkey)首创,经过戈尔登(T. J. Gordon)和兰德公司进一步发展而成的。德尔菲法作为一种主观、定性与定量相结合的方法,可以被广泛应用于各种评价指标体系的建立和具体指标的确定过程,用于管理方案的评价与改进。

2. 实施步骤

(1) 筹划阶段。在筹划阶段,首先明确所要解决的问题,设计专家咨询问卷,将需要咨询的内容设计成若干条含义明确的问题,并规定对这些问题的估判标准,以便准确地获得所需要的信息。其次,按照问题所需要的知识范围来确定专家。专家人数的多少,可根据问题的大小和涉及面的宽窄而定,一般不超过 20 人。参加人员应由从事相关学科研究的专家、该领域具有丰富经验的专业技术人员以及管理专家等组成。在年龄、职称、专业等方面结构合理,以提高收集信息的全面性和准确性。

(2)专家咨询。将问卷寄给各位专家,说明有关要求。专家根据收到的问卷,以匿名方式独立做出判断,同时说明自己做出判断的主要理由,并做出书面回答。在此过程中一定要严格采用背靠背的形式,相互之间不存在对此问题任何形式的交流,确保各位专家独立地提出自己的看法,消除专家之间的不良影响。

(3)统计反馈。收集和分析咨询调查表,将各位专家的意见收回后,对每个问题进行统计分析。一般可采用中位数来反映专家的集体意见,用上下四分位数来描述意见的分布状况。然后,综合统计分析后的结果,设计新的调查表,再以信函的形式反馈给每位专家,请他们再次慎重地考虑自己的意见。第二轮的咨询调查意见收回后,再进行统计分析,再反馈,如此反复多次。一般经过 3～4 轮的征询,就可以取得相对一致的意见。

(4)得出结论。经过若干轮专家咨询后,获得相对一致的意见,将这些意见整理成相对直观的图或表,以做出预测与决策方案,如图 12-2 所示。

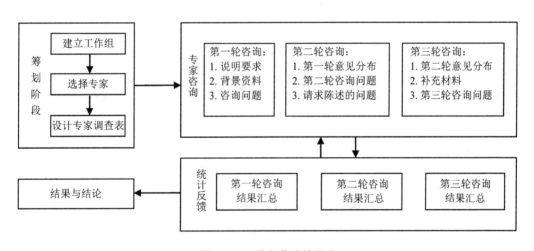

图 12-2 德尔菲法的程序

3. 注意事项

(1)咨询问题设计。咨询调查表格设计要合理、科学,每一个问题都必须概念清楚、明了,以免使专家产生误解,致使回答的结果十分离散。问题的数量不应过多,一般以在两小时之内可以答完为宜。过多的问题会使专家产生厌烦情绪,不愿回答,或是不经考虑,随意回答。

（2）专家选择。专家的选择应基于其对研究问题的了解程度,专家可以是第一线的,也可以是管理人员、科研人员,甚至可以是其他领域对此有专攻的专家,在知识构成、人员类别上尽可能合理。对由于种种原因而感到参加该项活动有困难或者不感兴趣的专家,不要勉强,以防止该专家中途退出或是请别人代劳,影响预测结果的正确性。

（3）组织形式与过程。由于专家组成员之间存在身份和地位上的差别以及其他社会原因,有可能使其中一些人因不愿批评或否定其他人的观点而放弃自己的合理主张。要防止这类问题的出现,必须避免专家们面对面的集体讨论,而是由专家单独提出意见。否则,这一方法就失去了它的本质意义。具体要经过几轮咨询可以视情况而定,可能有的项目在第二轮就达到统一,而不必在第三轮出现。事实上,专家对各项目的意见也不一定都达到统一,不统一也可以用适当的统计描述方法得出结论。同时,在组织过程中,组织方应给每位参与的专家适当的物质和精神方面的奖励,以提高积极性,保证结果的准确性。

德尔菲法具有以下特征:一是资源利用的充分性。吸收不同的专家参与,充分利用了专家的经验和学识。二是最终结论的可靠性。由于采用匿名或背靠背的方式,能使每一位专家独立地做出自己的判断,因而不会受到其他繁杂因素的影响。三是最终结论的统一性。整个过程必须经过几轮的反馈,使专家的意见逐渐趋同。正是由于德尔菲法具有以上这些特点,使它在诸多判断预测或决策手段中脱颖而出。这种方法的优点主要是简便易行,具有一定科学性和实用性,可以避免会议讨论时产生的因害怕权威而随声附和,或固执己见,或因顾虑情面不愿与他人意见冲突等弊病;同时也可以集思广益,参加者也易接受结论,具有一定程度综合意见的客观性。但是,德尔菲法毕竟带有许多主观因素,而且德尔菲法是以专家意见的集中趋势作为结果的。在有些情况下,真理恰恰在少数人手里,而这些人的意见却在集中趋势中被湮没了。因此,对那些专业性较强、带有创造性的问题,德尔菲法并不一定完全适用。

（三）名义小组技术

1. 基本概念

名义小组技术（nominal group technique,NGT）又称名义群体法,是管理决策中的一种定性分析方法,在决策过程中对群体成员的讨论或人际沟通加以限制,让成员独立思考,进行个体决策,小组只是名义上的。一般在群体决策时,如对问题的性质不完全了解且意见分歧严重,则可采用名义小组法。

2. 实施方法

管理者先选择一些对要解决的问题有研究或有经验的人作为小组成员,并向他们提供与决策问题相关的信息,小组成员互不通气,独立思考,每个人就问题制订备选方案,再让他们阐述自己的方案和意见,最后小组成员对所有备选方案进行投票,赞成人数多的备选方案为所要方案,但管理者有权决定是接受还是拒绝该方案。

二、选择活动方案的决策方法

根据决策方案在未来实施的经济效益的确定程度,可将评价方法分为确定型、风险型和非确定型三类。

(一)确定型决策方法

所谓确定型决策就是在进行这类决策时,决策者对未来情况已有完整的资料,没有不确定的因素。在确定型决策下,对决策方案的选择被简化为对每一个方案结果值进行直接的比较。一般常用的决策方法有线性规划、盈亏平衡分析、非线性规划、整数规划、动态规划、投入产出数学模型、确定型贮存技术、网络分析技术等。下面介绍线性规划和盈亏平衡分析法。

1. 线性规划法

线性规划法用于组织经营决策,实际上是在满足一组已知的约束条件下,使决策目标达到最优。也就是在满足一组约束条件下,求目标函数的最大值(或最小值)的问题。它是一种为寻求单位资源最佳效用的数学方法,常用于组织内部有限资源的调配问题,参见本书相关章节。

2. 盈亏平衡分析

盈亏平衡分析法也叫量本利分析法,盈亏平衡分析是在生产总成本划分为固定成本和变动成本的基础上,分析成本、产量和利润三者关系的计量方法。盈亏平衡分析的关键在于找出盈亏平衡点。所谓盈亏平衡点,是指在直角平面坐标系中组织利润为零的点,也即组织销售收入总额与成本总额相等的点。

例:某机械厂的管理人员正在考虑对一种新产品甲进行投资,新产品预计售价为每件125元,单位变动成本预计为75元,每年固定成本总额预计为60万元。管理人员想要知道销售多少件产品,单位才能达到盈亏平衡?

根据上述条件,我们可以制作盈亏平衡分析图,图12-3描述了企业利润、生产成本和销售收入之间的关系。

获得利润的前提是生产过程中的各种消耗能够得到补偿,即销售收入至少要等于生产成本。为此,组织必须确定保本点产量和保本点的收入。计算过程如下(假设生产的产品全部售出,即产品产量等于产品的销售量)。

销售收入＝产量×单价

生产成本＝固定成本＋变动成本

盈亏平衡点产量＝固定成本/(单价—单位成本)

　　　　　　　＝固定成本/单位产品贡献值

本例盈亏平衡点产量为 600000/(125－75)＝12500(件)

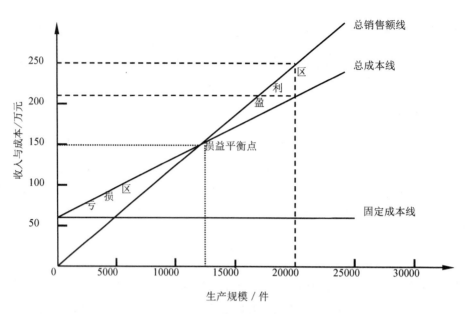

图 12-3 盈亏平衡分析图

（二）风险型决策方法

风险型决策方法主要用于人们对未来有一定程度的认识，但又不能肯定的情况。这时，实施方案在未来可能出现几种不同情况，被称为自然状态。每种自然状态均有可能出现，人们目前无法确知，但可以根据以前的资料来推断它们出现的概率。在这些条件下，人们计算的各方案在未来的经济效果，只能是考虑到各自然状态出现的概率的期望收益，与未来的实际收益会有一定差异，因此据此而制订的决策方案具有一定的风险。

风险型决策方法主要有两种：决策收益表法和决策树法。

1. 决策收益表法

决策收益表法是一种以决策收益为基础的，在表中进行计算并确定决策方案的方法。我们通过以下例题来掌握这种方法的具体运用。

例：某企业生产的是季节性产品，销售期为 90 天，产品每台售价 1.8 万元，成本 1.5 万元，利润 0.3 万元。但是，若存货每天增加一台，则损失 0.1 万元。预测的销售量和相应发生的概率如表 12-1 所示，问企业应怎样安排日产量计划才能获得最大利润？

根据表 12-1 的资料，计算出收益值和预计利润，编入决策收益表 12-2 中。

根据预测的销售量，企业的生产计划的可行方案为日产 200 台、220 台、240 台、270 台。

关于收益值的计算方法，我们以日产 220 台为例。当日销售量为 200 台时，收益值＝0.3×200－0.1×20＝58（万元）

假设当日销售量为 220 台、240 台、270 台时，收益值＝0.3×220＝66（万元）。

预计利润＝58×0.1＋66×0.4＋66×0.3＋66×0.2＝65.2（万元）

表 12‑1 预测的销售量和发生概率

日销售量/台	完成该销售量的天数	相应概率
200	10	0.1
220	35	0.4
240	25	0.3
270	20	0.2
合计	90	1.0

依此方法,可以计算出日产 200 台、240 台、270 台的各个收益值,并计算出各产量的预计利润,把这些数据填入决策收益表中,见表 12‑2 所示。

表 12‑2 决策收益值表

日产量(方案)/台	日销售量				预计利润 /万元
	200 (概率 0.1)	220 (概率 0.4)	240 (概率 0.3)	270 (概率 0.2)	
200	60	60	60	60	60.0
220	58	66	66	66	65.2
240	56	64	72	72	67.2
270	53	61	69	81	66.6

从表 12‑2 中可知,日产 240 台时,预计利润最大为 67.2 万元。所以决策的最优方案为日产 240 台。

2. 决策树法

决策树法是现代管理中常用而有效的决策方法之一。决策树法是一种用树形图来描述各方案在未来收益的情况,并通过计算、比较来选择方案的方法。树状图由一系列决策环节构成,决策树中的决策环节可分为两种:一种是决策者可以凭借主观意志选择的环节,称为主观决策环节;另一种是不能由决策者主观意志决策的环节,称为客观决策环节。为了对决策树进行科学的系统分析,首先确定每一环节的概率估计,包括主观概率与客观概率。客观概率是指那些有明确历史先例和经验的概率,是对大量随机时间进行统计分析得到的。主观概率是根据个人的知识和经验对某事件发生的可能程度进行的猜测。

决策树由四个要素组成。第一是决策点,表示决策的结果。第二是方案支,表示决策时可采取的方案。第三是收益点,表示各自然状态所能获得的收益值。第四是概率支,表示各种自然状态。绘制决策树时,首先要绘出决策结点,用方块表示;其次,按照不同方案数从决策结点绘出数根方案分枝;再次,在各方案分支末梢画出状态结点,用圆圈表示;最后,由各个状态结点绘出若干概率分支,每一根概率分支代表一种自然状态,用三角表示。决策树的典型结构如图 12-4 所示。

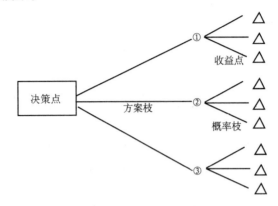

图 12-4 决策树的典型结构

用决策树方法比较和评价不同方案的经济效果,我们需要进行以下几个步骤的工作。

第一步,根据可替换方案的数目和对未来市场状况的了解,绘出决策树形图。

第二步,计算各方案的期望值。

第三步,考虑到各方案所需的投资,比较不同方案的期望收益值。

第四步,剪去期望收益值较小的方案分枝,将保留下来的方案作为被选中的方案。

若是多阶段或多级决策,则需要重复第二、三、四步工作。

例:某保健品生产企业准备扩大生产规模,有三种方案。第一种是新建一条生产线,需要投资 120 万元。第二种是扩建原生产线,需要投资 80 万元。第三种是收购现存生产线,需要投资 40 万元。三种方案在不同自然状态下的年收益值如表 12-3 所示。

表 12-3 三个方案收益值和概率

可行方案	市场需求的收益值/万元		
	高需求	中等需求	低需求
	0.2	0.5	0.3
新建生产线	200	80	0
扩建生产线	120	60	5
收购生产线	100	30	10

(1)绘制决策树。根据条件绘制决策树,如图 12-5 所示。

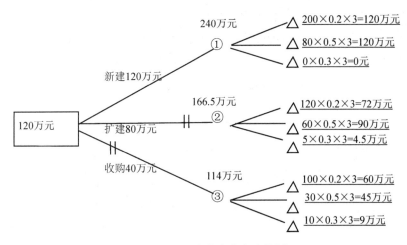

图 12–5　扩大生产方案决策树

（2）求出三种方案中的三年净收益值。

新建生产线：240 万元－120 万元＝120 万元

扩建生产线：166.5 万元－80 万元＝86.5 万元

收购生产线：114 万元－40 万元＝74 万元

（3）比较各结点的期望收益值。

从计算出的值可知，新建生产线的方案收益值最大，其余两个方案枝应剪去。

（4）结论

如果以最大净收益值作为评价标准，那么应选择新建生产线的方案。

（三）非确定型决策方法

非确定型决策方法是用来解决人们只知道未来可能出现的多种自然状态，但不知道其出现的概率的决策问题。在这样的情况下比较不同方案的经济效果，就只能根据决策者的主观判断，从而进行决策。因此，最终决策结果与决策者对待风险的态度和所采取的决策准则有直接关系。决策者可采取的决策准则有乐观准则、悲观准则、后悔值准则、等概率准则和折中准则。下面举例说明各种决策准则在实际中的具体运用。

例：设某工厂以批发方式销售其产品，每件产品成本为 0.3 元，批发价格为 0.5 元/件。如果每天生产的产品当天销售不完，每天要损失 0.1 元/件。已知该厂每天的产量可以是 1000、2000、3000、4000 件；根据市场需要，每天销售的数量可以是 1000、2000、3000、4000 件，则该工厂的决策者应如何安排每天的生产量才能获得满意的收益？

设产量为 Q、销量为 S、收益为 R、则：

当 $Q > S$ 时，$R = S \times (0.5 - 0.3) - (Q - S) \times 0.1$

当 $Q \leqslant S$ 时，$R = Q \times (0.5 - 0.3)$

若该厂的产量 Q 为 3000 件，销售量 S 为 3000 件，则收益 $R = 3000 \times (0.5 - 0.3) = 600$

（元）；若销售量 S 为 2000 件，则收益 $R = 2000 \times (0.5 - 0.3) - (3000 - 2000) \times 0.1 = 300$（元）。以此类推，可算出该工厂的收益矩阵，如表 12-4 所示。

表 12-4 工厂的收益矩阵

单位/元

产量 Q/件	销售量 S/件			
	1000	2000	3000	4000
1000	200	200	200	200
2000	100	400	400	400
3000	0	300	600	600
4000	−100	200	500	800

1. 乐观准则

乐观准则也被称为大中取大准则。乐观法在实施时会具有一定的风险，故又被称为冒险法。采用这种决策准则的人，对未来充满信心，认为未来会出现最好的自然状态。所以，不论采用何种方案，都可能取得该方案的最好结果。在进行决策时，决策者从每个方案中选择一个最大值，在这些最大值中再选择最大值，把这个最大值对应的方案作为决策的依据，如表 12-5 所示。

表 12-5 乐观准则决策表

产量 Q/件	销售量 S/件				乐观值收益/元
	1000	2000	3000	4000	
1000	200	200	200	200	200
2000	100	400	400	400	400
3000	0	300	600	600	600
4000	−100	200	500	800	800

按照乐观准则，选择的方案是每天的产量为 4000 件，其收益为 800 元。

2. 悲观准则

悲观准则，也称为小中取大准则。悲观法又可以被称为保守决策方法。决策者对未来比较悲观，认为未来会出现最差的自然状态，因此，组织不论采取何种方案，均只能取得该方案的最小收益值。所以，决策时决策者从每个方案中选择一个最小的收益值，然后再从这些最小的收益值中选取最大值，把这个最大值对应的方案作为最佳方案，如表 12-6 所示。

表 12-6 悲观准则决策表

产量 Q/件	销售量 S/件				悲观值收益/元
	1000	2000	3000	4000	
1000	200	200	200	200	200
2000	100	400	400	400	100
3000	0	300	600	600	0
4000	−100	200	500	800	−100

按照悲观准则,选择的方案是每天的产量为 1000 件,其收益为 200 元。

3. 后悔值准则

后悔值准则,也被称为最小最大后悔原则。决策者在选择方案并组织实施时,如果遇到的自然状态表明采用另外的方案会取得更好的收益,组织就会遭到机会损失,决策者将为此而感到后悔。采用后悔值准则就是力求使后悔值尽量小的原则。决策时决策者先计算出各方案在各种自然状态下的后悔值,它是用方案在某种自然状态下的收益值与该自然状态下的最大收益值相比较的差,然后找出每一种方案的最大后悔值,并据此对不同方案进行比较,选择最大后悔值中最小的方案作为实施方案。

如每天销售的状态是 1000 件时,各种方案中最高收益是 200 元,200 元就是在这种销售状态下的理想值。在这种销售状态下,理想收益值与各方案的收益值之差称为后悔值。在产量 Q 为 1000 件的方案中,收益是 200 元,后悔值为 0 元;产量 Q 为 2000 件的收益是 100 元,则后悔值为 100 元;产量 Q 为 3000 件的收益是 0 元,则后悔值为 200 元;产量 Q 为 4000 件的收益是 −100 元,则后悔值为 300 元。同理,可分别算出其他状态下各方案的后悔值,填入后悔值决策表。如表 12-7 所示,括号中的数据为后悔值。

表 12-7 后悔值准则决策表

产量 Q/件	销售量 S/件				后悔值收益/元
	1000	2000	3000	4000	
1000	200(0)	200(200)	200(400)	200(600)	600
2000	100(100)	400(0)	400(200)	400(400)	400
3000	0(200)	300(100)	600(0)	600(200)	200
4000	−100(300)	200(200)	500(200)	800(0)	300

比较每种方案的最大后悔值,在产量 Q 为 1000 件的方案中,最大后悔值为 600 元,产量 Q 为 2000 件的最大后悔值为 400 元,产量 Q 为 3000 件的最大后悔值为 200 元,产量 Q 为 4000 件的最大后悔值为 300 元。最后选择每个方案中最大后悔值的最小者为决策方案,本

例中,各方案最大后悔值中的最小者为 200 元,故对应产量 3000 件的方案为决策方案。

按照最大最小后悔值的标准,选择的方案是每天的产量为 3000 件,因为在最大后悔值列表中,它的后悔值最小。

4. 等概率准则

等概率法是在假设各种自然状态出现的概率相等的情况下,选取期望收益值最大的经营方案为最优经营方案的方法。本例中,指销售 1000 件、2000 件、3000 件、4000 件的概率相等,均为 0.25。例如产量 Q 为 2000 件时,其收益见下式。

$$100 \times 0.25 + 400 \times 0.25 + 400 \times 0.25 + 400 \times 0.25 = 325(元)$$

以此类推,可算出其他产量下的等概率收益,如表 12 - 8 所示。

表 12 - 8　等概率准则决策表

产量 Q/件	销售量 S/件				等概率收益/元
	1000	2000	3000	4000	
1000	200	200	200	200	200
2000	100	400	400	400	325
3000	0	300	600	600	375
4000	−100	200	500	800	350

按照等概率准则的标准,选择的方案是每天的产量为 3000 件,因为在等概率收益中,它的期望收益值最大。等概率准则非确定型决策方法,其实质是通过主观假设自然状态的概率,而将非确定型决策转化成风险决策。

5. 折中准则

这种方法是在决策中,既不乐观,也不悲观,而是认为自然状态出现最好和最差的可能性都存在。因此,决策者根据自己的判断,给最好自然状态以一个乐观系数,给最差自然状态一个悲观系数,两者之和为 1。然后,用各方案在最好自然状态下的收益值与乐观系数相乘所得的积,加上各方案在最差自然状态下的收益值与悲观系数的乘积,就得出各方案的期望收益值,比较各方案的期望收益值,做出选择。

在上例中,假设乐观系数为 0.6,则悲观系数为 0.4,四种产量的折中收益值如下。

产量 Q 为 1000 件:$200 \times 0.6 + 200 \times (1-0.6) = 200(元)$

产量 Q 为 2000 件:$400 \times 0.6 + 100 \times (1-0.6) = 280(元)$

产量 Q 为 3000 件:$600 \times 0.6 + 0 \times (1-0.6) = 360(元)$

产量 Q 为 4000 件:$800 \times 0.6 + (-100) \times (1-0.6) = 440(元)$

如表 12 - 9 所示,通过计算可知,选择的方案是每天的产量为 4000 件,折中期望值为 440 元,高于其他方案。

表 12 - 9 折中准则决策表

产量 Q/件	销售量 S/件				折中收益/元
	1000	2000	3000	4000	
1000	200	200	200	200	200
2000	100	400	400	400	280
3000	0	300	600	600	360
4000	−100	200	500	800	440

【复习与思考】

1. 什么是决策,它有哪些类型?

2. 在一个组织中,决策是否具有普遍性,为什么?

3. 为什么说决策是个过程,它有哪几个重要环节?

4. 在组织决策过程中会受到哪些因素的影响?

5. 确定型决策、风险型决策、非确定型决策有何区别,在实践中如何运用各种方法?

第十三章

沟　通

有效沟通是管理者基本的技能。本章概述沟通的概念和作用,阐述沟通的原则和沟通的过程;介绍了有效沟通的标准及常见的沟通障碍,探讨了有效沟通的技巧和方法;并从应用的角度简述了谈判的策略;阐述了医患沟通的特点,并对医患沟通的技巧进行了介绍。

第一节　沟通概述

一、沟通的含义与分类

(一)沟通的含义

沟通就是沟通双方为了设定的目标,信息发送者通过一定通道或媒介,以语言、文字、符号等形式为载体,与接收者进行信息、思想、情感等交流、传递和交换,并获得其反馈以达到相互理解的过程。

具体来说,沟通包括以下内涵:

1. 沟通首先是意义的传递

如果信息和想法没有传递到接收者,就不能构成沟通。沟通中传递的信息包罗万象,包括事实、情感、价值观和意见观点,既可以是信息、知识与情报交流,也可以是思想、情感、态度和价值观的综合交流。一个良好的沟通者会谨慎区别基于推论的信息和基于事实的信息。另外,沟通者也要完整地理解传递来的信息,既要获取事实,又要分析发送者的价值观、个人态度,只有这样,才能达到有效的沟通。

2. 信息要被充分理解

在沟通过程中,传递于沟通者之间的只是一些符号,而不是信息本身。发送者要把传递的信息翻译成符号,接收者则要进行相反的翻译过程。由于每个人的"信息—符号"储存系统各不相同,对同一符号常常存在不同的理解,由此导致沟通障碍。因此,在传递过程中,还必须注意所传递的信息能否被双方准确理解,才能达到沟通的目的。

3. 沟通是一个双向的、互动的反馈和理解过程

沟通不是一个纯粹单项的活动,沟通的目的不是行为本身,而在于结果。如果预料结果

并未出现,接收者并未对你发出的信息做出反馈,就没有达成沟通,就要反思沟通的方式与方法。实际上,沟通双方能否达成一致意见,对方是否接受你的观点,往往并不是沟通有效与否这个因素决定的,它还涉及双方根本利益是否一致、价值观是否相似等其他关键因素。

(二)沟通的分类

按照功能,可以将沟通分为工具式沟通和感情式沟通。工具式沟通是影响和改变接收者的行为,目的是为实现组织目标服务。感情式沟通是双方表达情感、改善相互间关系的行为。按照方法,可以将沟通分为口头沟通、书面沟通、语言沟通等;按照组织系统,可以将沟通分为正式沟通和非正式沟通;按照是否进行反馈,可以将沟通分为单向沟通和双向沟通。下面重点介绍正式沟通和非正式沟通。

1. 正式沟通

正式沟通是指通过组织正式渠道进行的信息传递。优点是沟通效果好,有较强的约束力,易于保密,一般重要的信息通常都采用这种沟通方式。缺点是因为依靠组织系统层层传递,沟通速度比较慢。

2. 非正式沟通

非正式沟通是指通过组织非正式渠道进行的信息传递。优点是信息交流速度快;非正式沟通中信息的失真是由于形式上的不完整,非正式沟通不能与谣言混为一谈。缺点是信息较难控制,有一定的片面性。

不论人们怎样看待非正式沟通,它都是客观存在的,并且扮演重要角色,管理者要认识到它是一种重要的沟通方式,否认、阻止是不可取的。管理者要充分利用非正式沟通为自己服务,对非正式沟通中的错误信息可通过非正式渠道进行更正。

(三)沟通的作用

沟通在管理中举足轻重,未来竞争将是管理的竞争,竞争的焦点在于每个社会组织内部成员之间及其与外部组织的有效沟通上。沟通的作用主要体现在以下几个方面。

1. 沟通是组织协调各方面活动、实现科学管理的手段

要达到科学管理,管理者必须了解组织内部的信息,即管理对象的各个方面或部门在管理过程中的活动特点及其变化的各种信息、情报和资料。通过这些信息,管理者可以了解组织成员的需求、士气、态度与意见,了解各部门之间的关系和工作效果,借此进行有效控制,指挥整个组织的活动,协调各环节的关系。

2. 沟通是组织与外部环境之间建立联系的桥梁

任何组织在生产经营活动中都要与政府行政管理部门、供应商、债权人、投资者、竞争者、顾客和服务对象等发生各种各样的关系。组织必须了解他们的需要和要求,然后才能采取措施予以满足,而这只有通过沟通才能实现。尤其是在市场竞争中各种环境不断变化,更要求组织不断与外界保持经常性的沟通,以便于把握成功的机会。

3. 沟通是领导者激励下属、履行领导职能的基本途径

领导者运用领导艺术、采取各种符合组织成员心理和行为规律的激励措施来调动其积极性,这一切行之有效的前提是一方面领导者要了解下属的需要,另一方面下属也要了解领导者的意图和想法,这就需要通过沟通来实现。

4. 沟通有利于创造和谐氛围,改善人际关系

和谐的人际氛围是指组织成员友好相处、人际关系和谐。经常的沟通和交流可以使人们彼此了解,消除隔阂和误会,进而调整自己的行为,解决矛盾与纠纷,有利于形成良好的人际关系。

二、沟通的过程与本质

(一)沟通的主要过程

任何沟通都是一个复杂的过程。信息沟通过程涉及发送者、接收者、编码和解码、目标、背景或环境、信息、管道或媒介、反馈和噪声等九大要素,以及两个黑箱操作过程,如图 13 - 1 所示。

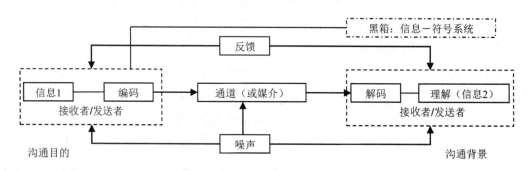

图 13 - 1　沟通过程与要素

1. 发送者

消息发送者,又称信息源(source),他在实施沟通前需要确定沟通的对象和沟通的目的,并选定沟通的信息。发送者的动机、态度及其可靠性对沟通效果有重要作用。

2. 接收者

接收者(receiver),又称听众,是指信息沟通所指向的对象。信息的接收者要接收传递过来的信息符号,接收者会根据信息符号传递的方式,选择相应的接收信息的方式。接收者还要将接收的信息进行翻译。

3. 编码和解码

编码(encoding)是指发送者把自己的思想、观点、情感等信息根据一定的语言、语义规则翻译成可以传递的符号形式的过程,发送者的词语和知识在这里起着重要的作用。解码

(decoding)是信息接收者的思维过程,是信息接收者根据自己已有的经验和参考框架把所接收的符号进行翻译、解释的过程。编码和解码是两个黑箱过程,编码前的信息与解码后的信息不一定完全吻合。

4. 目标

目标是指沟通寻求的结果,分析整个沟通过程所要解决的最终问题。在沟通之前,沟通发送者要对目标及其实现的成本进行比较,然后思考目标的价值,它是否与同等重要或更重要的目标相冲突,沟通双方将如何评价沟通的风险和成果。

5. 背景

沟通总是在一定背景中发生的,任何形式的沟通,都要受到各种环境因素的影响,分为内部环境(包括组织文化、组织历史和竞争状况等)和外部形势(如客户、潜在顾客、当地媒体等)。在制订沟通战略之前,沟通发送者要确保了解这些背景。

6. 信息

信息是一个广义的概念,它既包括一般的信息、知识和情报,也包括观点、想法、资料等内容。发送者需要向接收者传递信息或者需要接收者提供信息。

7. 管道或媒介

管道(channel)是指信息从传播者到接收者的渠道或途径,它是传递信息的中介,发送者对此有选择权。如面谈、会议、书面告知、手机短信、电子公告、电报、电话、E-mail 等。不同的管道或媒介有不同的特征,面对面的沟通是必不可少的,它能减少信息损失及被曲解的现象。

8. 反馈

反馈就是接收者对于发送者传来的信息所做出的反应。如果接收者能充分解码,并使信息真正融入信息交流过程中的话,就会产生反馈。通过反馈,沟通主体之间的信息交流变成一种双向或多向的动态过程。

9. 噪声

噪声是指通道中除了所要传递的信息之外的任何干扰,即影响接收和理解信息的任何障碍因素。噪声作为一种干扰源,其本质也是一种信息。只不过这种信息通过增加信息编码和解码中的不确定性,导致信息传递和接收时的模糊和失真,并将进一步干扰沟通主体之间的信息交流。

两个黑箱操作过程是指发送者对信息的编码过程和信息接收者对信息的解码过程。这两个子过程之所以被称为黑箱过程是因为无法被检测也难以被控制,这是人脑的思维和理解过程。前者是反映事实、事件的数据和信息如何经过发送者的大脑处理、理解并加工成双方共知的语言的过程;而后者是接收方如何就接收到的表述数据和信息的语言经过搜索大脑中已有的知识,并与之相匹配,从而将其理解和还原成事实、事件等的过程。

（二）沟通的本质

建设性沟通的本质是换位思考，即以客体为导向的沟通思维，无论何时、何地、何种环境以及采取何种方式进行沟通，均必须站在沟通对象的立场上去考虑问题，以"对方需要什么"作为思考的起点，不但有助于问题的解决，而且能更好地建立并强化良好的人际关系，达到建设性沟通的目标。在换位思考的基础上，要进一步把这样的思考方式贯彻到自己的沟通语言和沟通过程中，就应在沟通信息组织、沟通语言表达等方面加强理念和技能提升。

沟通中要坚持建设性沟通的思想，在不损害甚至在改善和巩固人际关系的前提下，帮助管理者进行确切、诚实的人际沟通。建设性沟通具有以下三个方面的重要特征：一是实现了信息的准确传递；二是沟通双方的关系因为交流得到巩固与加强，从而形成积极的人际关系；三是建设性沟通的目标是为了解决现实的问题。建设性沟通是强化积极人际关系的一种实用管理工具。比如，没有建设性沟通，就不可能为顾客提供完善的服务，不可能建设性地解决好顾客的抱怨与误解等问题。因此，管理者不仅要培养熟练的建设性沟通技巧，而且要帮助下属学习这种技巧。

三、沟通的原则

沟通既要遵守完全性和对称性原则的信息组织原则，也要遵守对事不对人、责任导向、事实导向的三个合理定位原则。

1. 完全性原则

所谓完全性原则，是指沟通信息的发出者在沟通中是否提供全部必要信息；是否根据听众的反馈回答了询问的全部问题；是否为了实现沟通的目的在需要时提供额外的信息。

这里的必要信息的含义，就是要向沟通对象提供六个方面的信息，即谁（who）、什么时候（when）、做什么（what）、为什么（why）、在哪里（where）和如何做（how）等。信息的完全性，就是要求沟通者回答全部问题，以诚实、真诚取信于人。必要时提供额外信息，就是要根据沟通对象的要求，结合沟通的具体策略向沟通对象提供原来信息中不具有的信息或不完全信息。

2. 对称性原则

所谓对称性原则，是指提供的信息对于沟通双方来说应该是准确对称的。如果说全面性原则要求信息源提供全部的必要信息，那么对称性原则就是信息源提供准确的信息。沟通信息的精确性要求沟通者根据环境和对象的不同采用相应的表达方式，从而帮助对方准确领会全部的信息。

首先要注意，信息来源对于沟通双方来说都应该是准确和可靠的。这是对称性的基本要求。在沟通过程中，出现信息不准确现象的一个重要原因是原始数据的可靠性不符合沟通需要。这时，就必须使用双方都能够认可的信息源所提供的信息。例如，员工甲和员工乙之间有矛盾，如果管理者以员工甲提供的信息为依据对员工的怠工行为提出批评，就容易遭到员工乙的排斥。即使这种情况是客观的,这样的沟通也无法达到应有的效果。

对称性原则的另一要求是沟通者采用沟通双方都能接受的表达方式。其一,要采用双方都能理解的媒介手段;其二,要采用恰当的语言表达方式。媒介手段包括会谈、书面报告、电子公告栏等各种各样的形式。沟通者在选择媒介时不能仅凭信息发出者的意愿,而要根据沟通对象的特征、沟通的目的以及各方面的环境因素等进行综合考虑。语言表达方式包括恰当的词语和恰当的语言风格两个方面。

3. 对事不对人的定位原则

在谈到批评的方式时,"对事不对人"是一个常见的说法。与之对应的是人们在沟通中存在两种导向:问题导向和人身导向。问题导向指的是沟通关注问题本身,注重寻找解决问题的方法;而人身导向的沟通则更多地关注出现问题的人而不是问题本身,将问题归咎于人,甚至常常导致一定程度的人身攻击。建设性沟通中"对事不对人"的原则就要求沟通双方应针对问题本身提出看法,充分维护他人的自尊,不要轻易对人下结论,从解决问题的目的出发进行沟通。

4. 责任导向的定位原则

所谓责任导向就是在沟通中引导对方承担责任的沟通模式。与责任导向相关的沟通方式有自我显性的沟通与自我隐性的沟通两种模式。典型的自我显性沟通使用第一人称的表达方式,而自我隐性的沟通则采用第三人称或第一人称复数,如"有人说""我们都认为"等。自我隐性的沟通通过使用第三者或群体作为主体避免对信息承担责任,因而也就逃避真正的交流。如果不能引导对方从自我隐性转向自我显性的方式,则不能实现责任导向的沟通,这样的沟通不利于实际问题的解决。如有可能,管理者可以通过连贯性的提问引导下属从"人们如何如何认为"的说法转变到"我如何如何认为"的说法上来。这样一来,组织成员自然而然地开始对自己的行为承担责任。

5. 事实导向的定位原则

遵循事实导向的定位原则能够帮助克服轻易对人下结论的倾向。人们通过对事实的描述来避免对人身的直接攻击,也能避免对双方的关系产生破坏性的作用。特别是在管理者向组织成员指出其缺点和错误时,更应该恪守这一原则。管理者可以遵循三个步骤进行描述性的沟通。首先,管理者应描述需要修正的情况。这种描述应基于事实或某个特定的、公认的标准。例如,管理者可以说"你在这个季度的病历质量检查中处于全院最后一名的位置"。这种描述能够在很大程度上避免组织成员的抗拒心理。其次,在描述事实之后,管理者还应该对这种行为可能产生的后果做一定的描述。例如,"你的工作业绩出乎我的意料,这将对我们整个部门的销售业绩产生不良的影响","这个月你已经受到了两次有关医疗服务质量的投诉,这对医院造成了不良影响,严重影响了医院的声誉"等。最后,管理者可以提出一个具体的解决方式,或者引导组织成员主动寻找可行的解决方案。

第二节　有效沟通

一、有效沟通的标准

有效的沟通对组织的成功是至关重要的。有学者提出了有效沟通的 7 个"C"准则。

1. 可依赖性(credibility)

沟通的发送者与接收者之间建立彼此信任的关系。沟通应该从彼此信任的气氛中开始。这种气氛应该由作为发送者的组织创造,这反映了他们是否具有真诚地满足接收者愿望的要求。接收者应该相信发送者传递的信息并相信发送者有足够的能力解决他们共同关心的问题。

2. 一致性(context)

沟通的方式与组织内外环境相一致。沟通计划必须与组织的环境要求相一致,必须建立在对环境充分调查研究的基础上。

3. 内容(content)

信息的内容必须对接收者具有意义,必须与接收者原有价值观具有同质性,必须与接收者所处的环境相关。一般来说,人们只接受那些能给他们带来重大回赠的信息,信息的内容决定了接收者的态度。

4. 明确性(clarity)

沟通的语言是双方共同认可的,避免模棱两可、含糊不清、容易产生歧义的语言。传递信息所用词语对发送者与接收者来说都代表同一含义。复杂的内容要采用列出标题的方法,使其明确与简化。信息需要传递的环节愈多,则愈应该简单明确。一个组织对公众讲话的口径要保持一致,不能有多种口径。

5. 持续性与连贯性(continuity and consistency)

通过反馈机制,重复与强化传送的内容。沟通是一个没有终点的过程,要达到渗透的目的必须对信息进行重复,但又必须在重复中不断补充新的内容,这是一个持续沟通的过程。

6. 渠道(channel)

选择能够充分提高沟通目的和效率的渠道。沟通者应该利用社会生活中已经存在的日常习惯使用的信息传送渠道。在信息传播过程中,对不同目标公众传播信息的作用不同,人们的社会地位及其他背景不相同,对各种渠道也都有自己的评价和认识,这一点沟通者在选择渠道时应该牢记。

7. 接收者的接受能力(capability of audience)

沟通必须考虑接收者的接受能力。用来沟通的材料对接收者能力的要求愈小,也就是沟通信息最容易为接收者接受时,沟通成功的可能性就愈大。接收者的接受能力主要包括其接收信息的习惯、解读能力与知识水平。

二、有效沟通的障碍

沟通是信息由发送者向接收者传递的过程。在此过程中,任何环节出现障碍,都会导致沟通无法有效地进行。沟通障碍是指由于沟通过程中某些干扰因素的存在,使沟通无法进行或者使沟通的结果违背人的本意。根据信息的传递过程,沟通中障碍产生的来源分为以下五种。

1. 发送者方面的障碍

发送者方面出现的沟通障碍也被称为原发性障碍。这类障碍一般是由于对信息的含义理解不同、表达不够清楚、编码失误等造成的。信息发送者可能用了不恰当的符号来表达自己的思想,或者在将思想转化为信息符号时出现了技术上的错误,或者使用了矛盾的口头语言和形体语言导致别人误解等,这些都会造成信息传递困难,或译码困难或理解困难,从而造成人际信息沟通的障碍。

2. 沟通渠道中的障碍

信息沟通一定要通过媒介,在一定的渠道中进行。因此,沟通过程的障碍可能由于信息传播时机不当,媒介选择与信息信号选择不匹配而导致无法有效传递,或信息传递渠道过于差、负荷过重等导致传递信息的速度下降以致丧失迅速决策的时机,或因为传递的技术有问题导致信息传递失误等。

3. 接收者方面的障碍

接收者在接收信息时会因为自身的问题造成沟通中的障碍。例如:接收者接收信息时,会按照自己的需要对信息进行过滤;接收者接收信息过程中心神不定导致接收的信息不完整;接收者自身的价值观、理念不同于他人导致对信息意思的不准确理解;即使是同一个人,由于其接收信息时的情绪状态或者场合不同,也可能对同一信息有不同解释,进而采取不同的反应。此外像接收信息的技术失误、接收者的心理状态、行为习惯等均有可能导致信息沟通过程中出现障碍。

4. 反馈过程中的障碍

反馈在沟通的有效性中扮演着极为重要的角色,因为沟通过程中不可能完全没有障碍,故而需要沟通双方建立一个信息反馈渠道,及时修正大家的行为。一般而言,不设反馈的沟通称之为单向沟通,设有反馈的沟通称之为双向沟通。有研究表明:单向沟通速度较快,较有规律,对发送者威胁不大;双向沟通更准确,更能有效沟通。

反馈过程中可能出现的障碍有反馈渠道本身设置的障碍、反馈机制不能有效运作等。反馈过程中还可能出现信息失真、传递技术和编译码存在问题等,如有人利用反馈渠道将虚假信息反馈过去造成许多麻烦,现实中的"打小报告"就是这种情况。

5. 组织内部固有的障碍

一个组织内部结构以及组织长期形成的传统与气氛,对内部的沟通效果会有直接影响。如果组织结构不合理,例如,组织机构过于庞大、中间层级太多,就容易产生信息的失真,导致信息沟通的障碍;一个组织的气氛对信息接收的程度也会产生影响,信息发自一个相互高度信赖的组织,被接收的可能性要比来源于气氛不正、相互猜忌和提防的组织大得多。

三、有效沟通的技巧

(一) 信息沟通的准则

为提高沟通的效果,管理学家哈罗德·孔茨(Harold Koontz)提出了七项信息沟通的准则,帮助克服信息沟通中的障碍。

(1)信息发送者对发送的信息有清晰的想法,沟通的第一步是阐明信息的目的,制订实现预期目的的计划。

(2)不能脱离实际制订信息沟通计划。信息的内容应和信息接收者的知识水平相适应。

(3)要考虑信息接收者的需要。

(4)注意沟通中的语言、语调及讲话方式。由于语言可能成为沟通障碍,因此发送者应该选择沟通媒介、措辞并组织信息,以使信息清楚明确,易于为接收者所理解。发送者不仅需要简化语言,还要考虑到信息所指向的听众,以便所用的语言适合于接收者。有效的沟通是信息被准确理解。比如,医院的管理者在沟通时应尽量使用清晰易懂的词语,并且对患者及其家属传递信息时所用的语言应和对医务人员所用的不同。

(5)运用反馈。很多沟通问题是直接由于误解或用语不准确造成的。如果在沟通过程中使用反馈回路,提供反馈或为接收者提供寻求确认和澄清信息的机会,有利于增强沟通的有效性。这里的反馈可以是言语的,也可以是非言语的。

(6)信息沟通不仅传递信息,还涉及感情问题。信息沟通在营造激励人们为组织目标工作的同时,也为实现人们之间的感情沟通做贡献。

(7)有效的信息沟通不仅是发送者的职责,也是接收者的职责。

(二) 积极倾听

倾听不同于听。"听"是人体感官对声音的一种生理反应,是感官对外界声音的接受。而"倾听"虽然也以听到声音为前提,但它更多地体现在对所听到的声音的反应。也就是说,"听"是一种人体感官的被动接受,"倾听"是人体感官的有选择接受。通过倾听,人们不仅可以获得信息,而且还能了解情感。有效沟通在很大程度上取决于倾听。因此,积极倾听是组织中每个成员尤其是管理者需要并且能够开发的沟通技能。美国著名管理学家斯普芬·罗宾斯(Stephen P. Robbins)提出了四项基本要求。

1. 专注

专注就是倾听者要精力非常集中地听说话人所说的内容。人的大脑容量能接受的说话速度是人们说话速度的六倍,那么在大脑空闲的时间里,倾听者干什么呢? 他应该关闭分散注意力的念头,积极地概括和综合所听到的信息,不断地把每一个细微的新信息纳入先前的框架中,并留意需反馈的信息内容。

2. 移情

移情要求倾听者把自己置于说话者的位置,应努力理解说话者想表达的含义,而不是自己想理解的意思。也就是要求倾听者暂停自己的想法与感觉,而从说话者的角度调整自己的所见所闻,这样可以进一步保证自己对所听到信息的解释符合说话者的本意。

3. 接受

倾听者要客观地、耐心地倾听发言者内容,而不立刻做判断。事实上,说话者所言常常会引起听者分心,尤其是对于所说内容存在不同看法时,倾听者可能在心里形成自己的看法,这样一来就会漏掉余下的信息。此刻,把自己的判断推迟到说话人说完之后,是对积极倾听者的挑战。

4. 对完整性负责的意愿

倾听者要千方百计地从沟通中获得说话者所要表达的信息。达到这一目标最常用的两种技术是在倾听内容的同时倾听情感,以及通过提问来确保理解的正确性。

(三)倾听的技巧

学会倾听是管理者的基本素质。有许多学者对积极倾听的技巧展开了研究,具体来说,以下方法可以提高倾听的效果。

1. 营造良好的倾听环境

倾听环境对倾听的质量有巨大的影响。例如,讲话人在喧闹的环境中讲话要比在安静的环境中讲话的声音大得多,以保证沟通的顺利进行。有效倾听的管理者必须意识到这些环境因素的影响,尽量选择安静平和的环境,使传递者处于身心放松的状态,从而提高倾听的质量。

2. 明确倾听目的

倾听的目的越明确,就越容易掌握它。事先为谈话进行大量的准备,这样可以提前对谈话可能涉及的问题或出现的意外有个解决思路;同时可以围绕主题进行讨论,记忆将会更加深刻、感受更加丰富。

3. 使用开放性的姿态

人的身体姿势会暗示出他对谈话的态度,自然开放性的姿态,代表着接受、兴趣和信任。积极的倾听者往往会通过眼神、点头或摇头等身体语言,对所听到的信息表现出兴趣,进而鼓励信息传递者传递信息。

4. 避免分心的举动

听者在倾听时,注意不要进行一些非言语活动:看表、心不在焉地翻阅文件、拿着笔乱写乱画等,这是没有集中精力听的表现,由此很可能遗漏一些说话者想传递的信息,同时,这些举动也是对说话人的不尊重,使人有话也不想再说下去,欲言却止。

5. 适时适度地提问

在倾听过程中,恰当地提出问题,往往有助于双方的相互沟通。沟通目的是为获得信息,是为了知道彼此在想什么,要做什么,通过提问的内容可获得信息。同时听者也从回答的内容、方式、态度、情绪等方面获得信息。积极的倾听者会分析自己所听到的内容并提出问题。

6. 复述

复述是指用自己的话重述说话者所说的内容。进行复述是核查倾听者是否认真倾听的最佳监控手段,如果倾听者的思想在走神或在思考接下来要说的内容,那么他肯定不能精确复述出完整的内容。另外,复述还是精确性的控制机制,用自己的话来复述说话者所说的内容并将其反馈给说话的人,可以检验倾听者理解的准确性。

7. 避免中间打断说话者

保持耐性,让对方讲述完整,不要打断他的谈话,也不要去猜测他的想法,当你心中对某事已做了判断时,就不会再倾听他人的意见,沟通就被迫停止。

8. 必要的沉默

沉默就像乐谱上的休止符,运用得当,含义无穷,可以达到以无声胜有声之效。必要的沉默,可以松弛彼此情绪的紧张,沉默片刻能给双方真正思考的时间,同时保持沉默可克制自己的激动情绪,保持良好的形象。

9. 使听者与说者的角色顺利转换

大多数工作情境中,听者与说者的角色在不断转换。有效的倾听者能够使说者转换为听者,并且能使听者再回到说者的角色,转换十分流畅。从倾听的角度来说,这就要求听者全神贯注地听说者所表达的内容,即使有机会也不去想自己接下来要说的话。

四、反馈技能

大多数管理者都不情愿成为坏消息的传递者,因为他们害怕冒犯或面对接收者,下述内容有助于我们明确积极反馈与消极反馈具备同样的重要性,并提供具体的技术以使反馈更有成效。

(一)积极反馈和消极反馈

积极反馈是指管理者对组织成员的行为结果给予肯定和赞扬。积极反馈有积极的效应,可以提高组织成员的工作热情和效率,使传播与接受之间产生一种良性循环。

消极反馈是指管理者对组织成员的行为结果给予批评性的、否定性的意见。这种消极反馈往往会引起消极作用,抑制组织成员的积极性和创造性。但是,如果善意地指出组织成员错误发生的原因,并引导其矫正,或者组织成员能够正确对待消极反馈,那么消极反馈也会产生积极作用。

管理者要正确认识积极反馈与消极反馈的作用,并学会在组织成员最易于接受的情境中使用消极反馈。研究表明,当消极反馈来自可靠的信息源时,最容易被接受,当消极反馈来自地位很高或很值得依赖的人时,有可能被接受。有数据支持(如数字、统计报表、具体实例等)的消极反馈很有可能被接受。对于有经验的管理者,尤其是那些在组织中地位很高、赢得组织成员尊重的管理者来说,消极反馈可以成为一种有效手段。而对于那些经验较少、在组织中地位不高,或威信尚未树立起来的管理者来说,消极反馈显然不太可能被很好地接受。

(二) 开发有效的反馈技能

1. 强调具体行为

反馈应具体化而不是一般化。因此,应尽量避免下面这样的陈述:"你的工作态度很不好。"或者说:"你的出色工作留给我深刻印象。"它们过于模糊。在提供这些信息时,并未告诉接收者足够的资料以改正"他的态度",或你以什么基础判定他完成了"出色的工作"。

2. 使反馈不对人

反馈,尤其是消极反馈,应是描述性的而不是判断或评价性的。不要因为一个不恰当的活动而指责个人,这常常会导致相反的结果,会激起对方极大的情绪反应。进行批评时,指责的是工作相关行为,而不是个人。

3. 使反馈指向目标

不应该把反馈完全"倾倒"或"卸载"到别人身上。如果是反馈一些消极的内容,就应确保其指向接收者的目标。

4. 把握反馈的良机

当接收者的行为与获得对该行为的反馈相隔时间非常短时,反馈最有意义。比如,当新成员犯了一个错误时,最好紧接在错误之后或在一天工作结束时就能够从上级管理者那里得到改进的建议,而不是要等到几个月后的绩效评估阶段才获得,拖延对不当行为的反馈会降低反馈的预期效果。

5. 确保理解

反馈应清楚、完整,使接收者能全面准确地理解。为了使反馈有效,应确保接收者理解它,与倾听技术一样,接收者应复述反馈内容,以了解发送者本意是否被彻底领会。

6. 使消极反馈指向接收者可控制的行为

消极反馈应指向接收者可以改进的行为。比如,责备组织成员上班迟到是有价值的,但责备她因为地铁出了电力故障,而迟到则毫无意义,这种情况是她自己无法改变的。

另外,如果消极反馈强调接收者可以控制的方面,那么要指明如何做才能够改进局面,给那些知道自己存在问题却苦于不知如何解决的接收者提供指导。

第三节 沟通在管理中的应用

一、沟通在谈判中的应用

（一）谈判的含义与分类

1. 谈判的含义

所谓谈判,就是有关组织或个人对涉及切身利益的分歧或冲突在遵循兼顾双方利益原则的基础上进行反复磋商,寻求解决途径和达成协议来满足各自需要的沟通协调活动。谈判是以满足自身的利益同时兼顾对方需要为目的,通过谈判,可以改善原来的社会关系,建立起和谐的氛围。同时谈判也是信息的传递和沟通过程,是谈判双方彼此交流思想的过程,是一门语言艺术。

对管理者来说,谈判已经成为一种极为重要的活动。无论是制订下一年度的工作计划、建立新的组织管理架构,还是控制一项工作任务的进度,人们都会有不同的意见,而管理者必须找到一种有效的方法,使持有不同意见的人彼此合作,相互沟通,达成共识。

2. 谈判的分类

根据双方输赢导向的不同,谈判通常分为分配型谈判和综合型谈判两种类型。

（1）分配型谈判,是指对一份固定数量的资源应如何分配进行协商。常见例子是劳资双方的工资谈判。这种谈判的本质是对于一份固定利益的分配进行协商。每一方都有自己希望实现的目标点,也有自己最低可接受的水平,即抵制点。目标点与抵制点之间的区域为愿望范围。如果双方在愿望范围中有一定的重叠,就存在一个解决范围使双方的愿望都能够实现。在进行分配型谈判时,双方的战术都是试图使对方同意接受自己的具体目标点或尽可能接近它。其主要特点如下。第一,想要一切。分配型谈判者通常要价极高,而又很少让步。往往最初的提议很不合理,在谈判中让步幅度很小,要求对方做出明显让步,但是即使对方做出让步,也不回应。第二,操纵时间。分配型谈判者通常把时间当作一个重要武器。往往是在谈判中提议只在有限的时间内才有效,并强迫对方接受最近期限。分配型谈判者在谈判中控制谈判进程,并要求对方迅速答复。第三,运用情绪。分配型谈判者通常利用发脾气、吵架、离开会场等手段迫使对方屈服。第四,最后通牒。分配型谈判者通常运用威胁等手段逼迫对方接受自己的全部条件。

（2）综合型谈判。综合型谈判是指双方寻求一种或多种解决方案以达到双赢目标的谈判。这种谈判将谈判双方团结在一起,并使每一方在离开谈判桌时都感到自己获得了胜利,因此它建筑的是长期的关系并推进将来的共同合作。但综合型谈判需要一些条件:信息的公开与双方的坦诚、一方对另一方需求的敏感性、信任别人的能力和双方维持灵活性的愿望。其主要特点如下:第一,分清人际关系与要解决的问题。将人际关系与要解决的问题区别开来,直截了当地处理每一个具体问题。不进行人身攻击,只集中精力寻求解决问题的方案。第二,注重利益,不墨守立场。谈判的基本问题不是彼此冲突的立场,而是彼此不同的需要与利益。因此,在谈判中致力于弄清、承认对方的利益,并寻求协调双方利益的方案。第三,谋求互惠的方案。在谈判中尽可能开发多种方案,并从中选出能达到双赢目的的最佳方案。使用客观的评判标准。在谈判中双方寻求客观、公正的标准,如法律、效率、市场价值等作为谈判的基础。

(二)谈判的策略

1. 分配型谈判的策略

分配型谈判的主要目的是达到自己的要求,实现自己的既定目标,可以使用以下策略。

(1)心理战术。它是以造成对方不舒服或采用情感方法促使对方让步的谈判策略。如以眼泪等软方法来博得对方的同情与怜悯,恭维虚荣心比较强的对手使其冲昏头脑而失去正常的判断力与控制力,激怒对方以打乱对方正常的思维等。如果对手采取心理战,应注意保持清醒的头脑,当情绪不稳、思绪不宁、急躁冒进等情况出现时,应设法终止会谈,或提出休息以平静自己的情绪;时刻提醒自己不要感情用事,应理智地处理问题;时刻提醒自己谈判要解决的主要问题,不要因为其他因素而忽略了核心问题。

(2)声东击西策略。为了达到自己的真正目的,谈判者故意将议题引向对自己来讲并不重要的问题上去,以分散对方的注意力。这种策略可以表明己方对讨论的问题很重视以表示谈判诚意。在谈判中,做出一定的让步会让对方感到满意和高兴;通过目前问题的谈判摸清对方的虚实,为正式谈判铺平道路;将主要问题的讨论暂时搁置起来以便有更多的时间做充分的准备。

(3)拉锯战。故意拖延时间,通过许多回合的辩论、较量甚至斗争使对方疲劳生厌,产生急躁情绪,等对方精疲力竭时再展开反攻。这种策略对急功近利、盛气凌人的对手比较有效,可以挫败对方的锐气。

(4)白脸红脸策略。谈判小组的成员分别扮演白脸与红脸等不同的角色,白脸向对方提出苛刻的条件并且在谈判中寸步不让。当谈判中双方争得不可开交时,红脸谈判者出面缓解气氛,促进相互谅解以达成协议。

(5)最后期限策略。提出签约的最后期限会给对手施加压力,尤其是对方有签约使命时。这样有利于促成双方加快谈判的进程,可能会忽略一些细节,从而带来对己方有利的效果。

(6)出其不意,攻其不备策略。为打乱对方的计划,谈判者采取对手预想不到的措施。如提出对方毫无准备的问题,突然改变谈判的时间和地点,突然亮出我们所掌握的对对方不利的信息等。

(7)以林遮木。故意给对方介绍一些毫不相关的情况或提供一大堆琐碎的资料,分散对方的注意力,隐藏自己的真实目标。但如果对方使用此策略,己方就应该保持清醒的头脑,谈判之前尽可能多地了解问题的本质,以便能够对信息有较强的分辨力。

(8)以退为进策略。为了以后更有力地进攻或实现更大的目标,暂时退让或妥协。如先提出温和的要求,或接受对方的一些条件,然后以此为砝码,提出更苛刻的条件,发动更猛烈的进攻。

(9)得寸进尺策略。在对方做出一定让步的基础上继续进攻,提出更多的要求,以逐渐接近己方的谈判目标。

2. 综合型谈判策略

综合型谈判的最终目的是双赢或多赢,常用的策略如下。

(1)开诚布公策略。在谈判过程中,谈判人员持诚恳、坦率的态度向对方袒露自己的真实思想和观点,实事求是地介绍自己的情况,客观地提出己方的要求,以促使对方通力合作,以便在诚恳、坦率的气氛中达成协议。这种策略成功的前提是双方都开诚布公,都以合作的态度对待谈判。

(2)休会策略。谈判进行中遇到某种障碍或进行到某一阶段时,双方中断谈判,休息片刻,以恢复体力,调整策略或搜集支持的信息。

(3)感情联络策略。在谈判过程中,双方互赠小礼品以表示对对方的尊重、合作的诚意,表示友好的感情,以使双方在友好的氛围中进行谈判。

(4)非正式接触策略。在谈判之余,双方一起就餐、娱乐,一起举行非正式的活动,以加深了解,融洽关系,有利于谈判中的合作。

(5)留有余地策略。即使谈判中对方提出的要求合情合理,也不要立即答应,否则容易使对方认为很容易达到目的而提出更多的要求。

(6)权力有限策略。当对方提出的要求超出己方的要求时,己方可以以超出权力范围为由加以拒绝。

二、医患沟通的应用

(一)医患沟通的特点

医疗卫生领域的沟通类型很多,其中最主要的是医患沟通。"医"指的是参与疾病诊治的全体医护人员,而"患"包括患者和所有关心患者病情的家属、朋友等。医患沟通是指医患双方围绕患者疾病的诊断和治疗问题进行的信息传递。医患沟通的效果不仅影响医患关系、医疗质量。医患沟通不畅,甚至会导致医疗纠纷的产生和激化。

医患沟通与非医疗卫生领域的沟通有许多共性,但由于沟通双方的身份和沟通所处环境的特殊性,使医患沟通有其不同于一般社会交往中沟通的特性。

1. 沟通的互动性

患者与医务人员进行沟通,往往具有明确的目的,就是获得某种特定的卫生服务,例如为了解自己的疾病,需要从医务人员那里获得有关信息。医务人员也需要通过与患者的沟通,明确患者的情况及其需要,从而为患者提供相应的信息和服务。而上述目的的实现,要求医患双方必须进行互动的沟通。

2. 信息的不平等性

相比于普通患者来说,医务人员有着多年医学教育的经历。因此,就某一特定的医疗事件而言,医务人员比患者拥有更多的信息,这就导致了医患双方信息的不对称性,会给双方的沟通造成一定程度的障碍。正视医患双方在知识体系上的不平等性,有利于促进双方在交流过程中的相互谅解。

3. 关系的复杂性

医患沟通中所涉及的面非常广,除医生与患者外,还包括医生与医生、医生与护士、护士与患者等之间的关系。例如:患者在一次就诊中就可能需要面对医生、护士、药剂师、后勤部门等各类人员,而这些人员之间又有着错综复杂的关系。这种关系的复杂,对沟通交流造成了一定难度,但也从一个侧面体现了医患沟通的重要性。

4. 场所的特殊性

医患沟通多数发生在医院这个特定的场所,在医院中,人们看到的都是来去匆匆、面带忧伤的患者,因此,在医患沟通时很难营造一种轻松愉快的氛围。这种特殊的沟通场所必然会影响到沟通的质量。

(二)医患沟通的技巧

1. 善于倾听,适当提问

倾听是医患沟通时最重要和最基本的一项技巧,但遗憾的是,常常被繁忙的医护人员所忽视。医生必须尽可能耐心、专心和关心地倾听患者的叙述,切不可唐突地打断患者的谈话。要进行适宜的提问、恰当的引导,保证患者诉说的内容与此次就诊的问题相关。倾听是发展医患间良好关系最重要的一步。错误的诊断、医疗纠纷以及病人对医嘱的不依从等,常常是医生倾听不够所致。

2. 创造和谐的沟通氛围

医患沟通时要注意沟通的情景和氛围。首先,医生要提供适宜的沟通环境,尽量避免或消除噪声的干扰。其次,在沟通过程中,医生应以"朋友"的身份,与患者进行平等、互动的沟通,可根据患者的心理状况和自觉程度,单独交谈或与家属一起交谈,鼓励患者无拘束地倾吐自己的感觉和想法,消除顾虑,营造一种和谐的沟通氛围,从而提高沟通效果。

3. 重构复述,产生共鸣

医患沟通主要是以谈话的方式进行交流。由于受到各种噪声的影响,可能会导致信息的失真,即医患双方对某一内容产生不同的理解。这时,就需要医生在不改变患者说话的意图和目的的前提下,重构并复述其内容,把病人说的话用不同的措辞和句子加以复述。这样,既可保证信息准确,也利于产生"对焦"和共鸣,从而围绕共同的主题深入讨论,有的放矢地交谈。

4. 善于使用美好语言

古代医学之父希波克拉底曾经说,医生的法宝有三样:语言、药物和手术刀。医生的语言如同他的手术刀,可以救人,也可能伤人。因此,在沟通过程中,医生一定要针对病人的心理状态和情绪,多使用安慰性、鼓励性、劝说性和积极暗示性的语言,使病人感到亲切温暖,能增强病人的信心、希望和力量。

5. 捕捉和使用非语言符号

在沟通过程中,非语言符号同样传递着重要信息,如某人进诊室时,用手按着右下腹,弯着腰,呻吟着,这些均是在传递非语言的符号信息。医生要善于捕捉这些信息,同时也应注意非语言符号的运用,如眼神和微笑等。一个微笑、自信的眼神可以增强患者战胜疾病的信心。

6. 换位思考,将心比心

患者是一个特殊的弱势群体,医生在与其沟通时应尊重其权利。首先要无条件地接受病人,不能有任何拒绝、厌恶、嫌弃的表现。其次,要设身处地为患者考虑,对诊治的必要性、安全性、合理性做出详细、全面的解释,为患者提供更多的选择,同时对患者的疑问应尽可能给予耐心、细致的答复,使患者真正感受到,医生是站在患者的健康和利益的角度去进行诊断和治疗。

7. 明确患者的权利和义务

患者在就诊过程中,依法享有特定的权力和利益,如知情权、隐私保护权等;同时也应履行相应义务,如尊重知识和医务人员的劳动等。因此,在医患沟通过程中,医务人员应该了解和尊重患者的权利,并适时引导患者履行义务,妥善处理好知情同意权与保护性医疗措施的关系,建立平等互动、沟通理解、互相信任的新型的医患关系。

(三)医务人员体态语言的运用

非语言性沟通是指通过非语言符号,如表情、目光、手势、仪表和姿势等载体来完成医患之间的信息交流和情感沟通。医患沟通时,医务人员的体态语言是配合言谈进行的,体态语言包含面部表情、眼神、手势、姿势和外表等,这些体态表现都有特定的含义。微小的体态变化都会对患者产生微妙的心理和情绪影响。因此,医生应把握好沟通时的体态语言分寸,自然而不失庄重,严谨又充满温情,愉悦但不夸张,恰到好处地传达医务人员的交谈信息和丰富的人文精神,同时注意患者的接受心理和审美感受,使交谈更富有感染力,使医患沟通更富有成效。

1. 目光语

又称为眼神,是指人们运用眼神传递信息、表达情感的体态语言,它是非语言医患沟通最重要的方式之一。在医患沟通中,医护人员明亮、专注、关心、鼓励的目光,能使病人感受到医务人员对他们的重视,觉察到医务人员在时时关注着他们的健康状况。在使用眼神时,视线的方向、注视的频率以及目光接触时间的长短都要适度。最理想的目光接触的水平是,目光应注视病人面颊的下部,而不宜一直盯着病人的眼睛看,不然将给人以高高在上的感觉并使病人不安;目光不能斜视病人,斜视表示轻视;目光不能游移,目光游移表示另有所图。

2. 面部表情

人的面部表情是最能传情达意的,可表现出极其复杂的思想感情。但要注意,医务人员的表情应与病人的感情合拍。例如:当病人讲述他的痛苦时,医生的表情应该庄重、专注,甚至眉头紧锁,以表示同情和关注;在面部表情中,最重要的就是微笑,在医患沟通过程中,医务人员使用微笑语言可以达到良好的功效。患者去医院就诊,其心理常处于紧张状态。如果医生面带微笑,态度诚恳,对患者体现出尊重和体谅,就能使患者积极配合,使疾病得到及时明确的诊治。

3. 手势语

手势可以进行思想交流,传达比较复杂的情感,在许多不便说话或无法说话的场合,如正在接受吸氧治疗的患者,医务人员可以借助于手势与之交流。因此,有学者把它称为体态语的核心。在医患沟通过程中,医务人员恰当的手势语可以使患者的视觉系统受到信息刺激,加深印象,交流思想。医务人员在使用手势语时,首先手势语应以方便患者理解为前提;其次,动作幅度要适度,频率不要太快;动作运用要自然得体,应与口头语言内容保持一致。

4. 体姿语

体姿语是指人的思想感情和文化修养的外在表现,包括姿势和步态等。医患沟通中,医务人员要特别重视体姿语的运用和捕捉。一方面,双方交谈时,应在面对面的体态基础上保持身体微微前倾。这种姿势,既可保证医务人员获取准确可靠的信息,也会给患者一种亲切感,提高沟通的效果。另一方面,患者的姿势多与所患疾病有关,因此,医务人员应善于捕捉相应的体姿语。例如,急腹症者常常捂肚子,医务人员可以根据病人的这种姿势,对其病情做出初步的诊断。

5. 适当的人际距离

在医患沟通中,不同的人际距离会产生不同的效果。因此,医务人员应根据具体情况,采用相宜的人际距离,例如,在采集病史时,和病人讨论一件涉及隐私的事情时,医生应采用的个人距离(为 0.5～0.8 米),而对于一些特殊的对象,如儿童和老年患者,如果缩短交往距离,更有利于情感沟通。

【复习与思考】

1. 什么是沟通,它有哪些作用?
2. 沟通的基本过程是怎样的?
3. 沟通有哪些方式,各种方式的具体形式有哪些?
4. 组织中有效沟通的障碍有哪些? 管理者应如何克服沟通障碍?

第十四章

激　励

本章阐述了激励的概念和作用,简述了激励的机制。激励理论大体上可分内容型激励理论、过程型激励理论和行为改造型激励理论。本章重点介绍了需要层次理论、双因素理论、ERG 理论、成就需要理论、期望理论、公平理论、强化理论和归因理论,并阐述了激励的原则和激励的方法。

第一节　激励概述

一、激励的含义

从管理学角度考虑,激励就是创造和设立满足组织成员各种需要的条件,激发组织成员积极工作的动机,使之产生有利于组织目标实现的特定行为的过程。

激励是心理学中的一个术语,它是指心理上的驱动力。激励作为管理过程中一个重要而又常用的手段,在管理活动中起着重要作用。激励是对人的一种刺激,使人有一种内在的动力,它是驱使人们朝着所期望的目标前进的心理活动和行为过程。在管理过程中,对人行为的激励,就是通过对心理因素的研究,采取各种手段,利用各种诱因,激发人们努力工作的力量。

激励的实质就是通过目标导向,使人们出现有利于组织目标的优势动机并按组织所需要的方向行动。

二、激励的作用

美国哈佛大学威廉·詹姆斯(William James)教授在实地调查中发现,按时计酬的组织成员一般情况下只发挥了 20%～30%的能力。如果能够受到充分激励,就能发挥其能力的80%～90%,也就是说,一个人平常表现的能力水平,与经过激励可能达到的能力水平之间存在着大约 60%的差距。由此可见,激励在组织管理工作中发挥着重要作用。

1. 激励可以凝聚人心

通过适当的激励,组织可以吸纳所需要的人才,既可以使组织成员自愿参加组织,也可以使组织成员愿意留在组织中,激励可以使组织成员忠于组织,从而增加组织的凝聚力与向心力。

2. 激励可以引导、规范组织成员的行为

提倡什么、反对什么,可以通过奖、惩这两种激励手段体现出来,可以引导组织成员向提倡奖励的方向努力,从而达到规范组织成员行为的目的。

3. 激励可以调动人的积极性、创造性

组织成员工作的目的是满足自己的各种需要。激励可以激发人的需求欲望,想要获得满足的强烈动机,从而激励组织成员产生积极的行为。这种动机作用到事业上就是工作积极性,激励是努力工作的"发动机"。

4. 激励可以充分发挥人的能力、挖掘人的潜能

工作效率的区别,不仅有知识经验、技巧方法和熟练程度的区别,还有谁能更有效地充分发挥自己能力的区别。一般情况下人的能力是有限的,但在特殊情况下,如战场上、手术台上、生死关头等特殊条件的激励,不仅能使人积极行动,而且能使人积极思考,发挥主动性、创造性,从而爆发出极大的能量以至创造出奇迹。很多人在研究潜意识、探索潜能,事实上,激励就是激发潜能的好方法。

5. 激励可以提高组织的绩效水平

管理是通过他人的能力来达到目标,所以管理的效益就取决于"他人"的行为。有效激励能提高组织成员的自觉性、主动性和创造性,从而提高工作绩效。激励可使组织成员积极主动而不是消极被动地向目标努力,可使组织成员采取最有效的方法去实现目标,可以克服消极怠工尤其是劳而无功甚至劳而有害的行为。这样组织的绩效水平就会有根本性的提高。

6. 激励有助于实现组织目标

激励不仅可以提高组织成员的积极性,而且可以提高组织成员的素质与能力,进而提高工作绩效。把这些用到组织目标上,则有利于组织目标的实现。

三、激励的机制

1. 需要

在心理学术语中,需要是指特定的结果具有吸引力的某种心理状态。通俗地说,需要是人们对某种目标的渴求和欲望,它既包括基本的需要,如生理需要和安全需要,也包括各种高层次的需要,如社交需要和成就需要。人们的需要多种多样,而且不同的人对需要的程度也各不相同,需要是人们产生激励行为的前提。

从图14-1可以看出,人的需要的产生受两个条件影响,一是人的内在需要和愿望,另一个是人们受外部诱导和刺激。

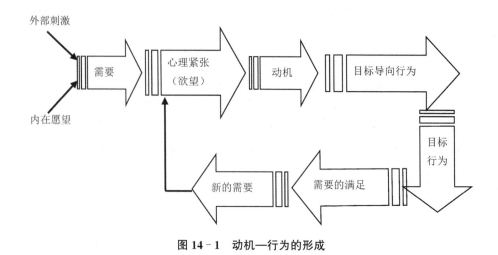

图 14-1 动机—行为的形成

2. 动机

如果需要是个性动力的源泉,那么它的具体表现形式就是动机。当一个人感觉到某种需要,且该需要处于未被满足的状态时,主体就会处于一种紧张状态,从而在身体内部产生一种内在的驱动力,也就是动机。

心理学上的动机是指直接推动个体活动以达到一定目的的内在动力和主观原因,是引发和维持个体活动的心理状态。

动机在激励中发挥着重要的作用。动机是诱发人们按照预先要求进行活动的念头。它使人们心甘情愿地付出自己最大的努力。动机的表现形式有很多种:从表现程度的差异上可分为兴趣、意图、愿望、信念和理想等;从表现的可信度差异上可分为真实动机和伪装动机;从物质性角度上可分为物质性动机和非物质性动机。工资、奖金、各种福利、养老计划、带薪假期等,都属于物质性动机。这些动机能够吸引有竞争力的组织成员,减少人员的流动,提高组织的士气和绩效。非物质性动机能够为组织成员提供个人发展和成就的机会,也被称为个人动机。研究表明,这种动机对组织成员的工作绩效能够产生显著的影响。例如,升迁的机会、工作中的挑战性和成就感等都是非物质性动机。

3. 激励的过程

激励的基本组成因素是需要、驱动、动机和目标导向的行为。心理学研究表明,人的一切行动都是由某种动机引起的,而动机又产生于人的需要。需要是人的一种主观体验,是对客观要求的必然反映。人在社会实践中形成的对某种目标的渴求和欲望,构成了人的需要的内容,并成为人们行为积极性的源泉。人的行为受需要的支配和驱使,需要一旦被意识到,它就以行为动机的形式表现出来,驱使人的行为朝着一定的方向努力,以达到自身需要的满足。需要越强烈,由它引起的行为也就越有力、越迅速。激励的过程如图 14-2 所示。

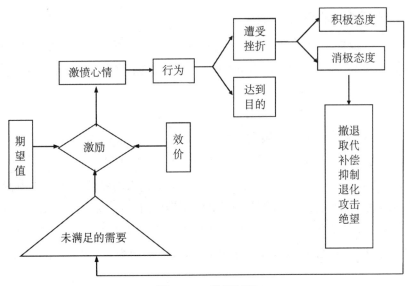

图 14-2　激励过程

从激励过程图中可以看到,未满足的需要是产生激励的起点,它对人的激励程度取决于某一行动的效价和期望值。效价是指个人对达到某种预期成果的偏爱程度,期望值则是某一具体行动可带来某种预期成果的可能性。激励力是效价和期望值共同作用的结果,效价和期望值越大,激发人产生某种行为的激励力就越大。行为的结果有两种情况:一种情况是使需要得到满足,然后又会产生对新的需要的追求,形成新的激励;另一种情况是行为的结果遭到挫折,追求的需要未得到满足,由此会产生消极或积极的行为。积极的行为是为未满足的需要而继续努力,而消极的行为是放弃努力。

第二节　激励理论

激励理论大体可分为三大类:一是内容型激励理论,着重研究激发动机的诱因。二是过程型激励理论,着重研究从动机的产生到采取具体行动的心理过程。三是行为改造型理论,着重研究激励的目的。有许多学者综合、概括了上述三类理论,提出了综合激励模式。

一、内容型激励理论

内容型激励理论着重研究激发人们行为动机的各种因素。其中主要包括马斯洛的需要层次理论、赫兹伯格(Frederick Herzberg)的双因素理论、奥尔德弗(Clayton Alderfer)的ERG 理论和麦克利兰(David McClelland)的成就需要理论。

（一）马斯洛需要层次理论

美国人本主义心理学家亚伯拉罕·马斯洛于 1943 年在其《人类动机理论》一书中提出需要层次理论（the hierarchy of needs model），它是行为科学家试图揭示需要规律的主要理论。

1. 需要层次理论的基本内容

（1）需要层次理论的三个基本假设。第一，人要生存，他的需要能够影响他的行为。只有未满足的需要能够影响行为，满足了的需要不能充当激励工具。第二，人类有生理、安全、归属、尊重、自我实现五种基本的需要，如图 14-3 所示。人的需要按重要性和层次性排成一定的次序，最低级的需要是生理需要，最高级的需要是自我实现需要。第三，人的需要是不断随着低层次需要的满足而逐步向高层次需要发展的。当人的某一级的需要得到最低限度满足后，才会追求高一级的需要，如此逐级上升，成为推动个体努力的内在动力。

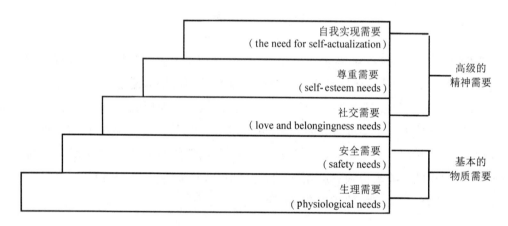

图 14-3 马斯洛的层次需要

（2）人的需要分五个层次。生理需求是人类的第一层次需要，指能满足个体生存所必需的一切需要，如食物、水、空气和住房等。安全需求是人类的第二层次需要，指能满足个体免于身体与心理危害恐惧的一切需要，如收入稳定、强大的治安力量、福利条件好、法制健全等。社交需求是人类的第三层次需要，指能满足个体与他人交往的一切需要，包括对友谊、爱情以及隶属关系的需求。尊重需求是人类的第四层次需要，指能满足他人对自己的认可及自己对自己认可的一切需要，如名誉、地位、尊严、自信、自尊、自豪等。自我实现需求是人类的第五层次需要，是个体的最高层次需要，指满足个体把各种潜能都发挥出来的一种需要，是自我价值实现的需要。

2. 需要层次理论主要观点

（1）人的需要是有层次的。五种需要又可以被分为两个大的层次。其中生理需要和安全需要是第一层次的需要，是生存层次的需要，是人类的本能需要；而社交需要、尊重需要和自我实现需要则是高一层次的需要,是发展层次的需要。

(2) 五种需要按照层次逐次递进。人们受到五种普遍需要的激励,而这五种需要是有序纵向排列的,它们依次被满足。一般来说,人们首先追求满足较低层次的需要,再进一步追求较高层次的需要。

(3) 人在特定时期存在特定的主导需要。在同一时间、地点和条件下,人存在多种需要,其中最为人渴望而又未得到的需要是主导需要,它对人的行为起着决定作用。只有满足主导需要,才能起到最大的激励作用。

(4) 任何一种需要都不会因为更高层次需要的发展而消失。高层次需要的发展和持续存在依赖于低层次需要的满足,只是人类的行为受到了需要发展程度的影响。

(5) 五种需要的等级循序并不是固定不变的,存在着等级倒置现象。一种情况是,有些人的愿望可能永远保持着较低下的状态,也就是说,有些人可能只谋求低层次的需要而不再追求高层次的需要;另一种情况是,有些人可能牺牲低层次的需要而谋求实现高层次的需要,那些具有崇高理想、人生价值观的人,即使低层次的需要尚未得到满足,仍会追求高层次需要。一般来说,人的各种需要的出现往往取决于本人的职业、年龄、性格、受教育程度、经历、社会背景等。

3. 需要层次理论与管理

了解组织成员的需要是应用需要层次理论对组织成员进行激励的一个重要前提。不同组织中、同一组织不同成员以及同一成员不同时期的需要充满差异性,而且经常变化,因此管理者应该经常性地用各种方式进行调研,弄清组织成员未得到满足的需要是什么,然后有针对性地进行激励。如表 14 - 1 就是一张需要层次理论同管理措施密切结合的参考表。

表 14 - 1 需要层次理论与管理措施相关表

需要的层次	诱因(追求的目标)	管理制度与措施
生理需要	薪水、健康的工作环境,各种福利	身体保健(医疗设备)、工作时间(休息)、住宅设施、福利设备
安全需要	职位的保障、意外的防止	雇佣保证、退休金制度、健康保险制度、意外保险制度
社交需要	友谊(良好的人际关系)、团体的接纳、与组织的一致	协谈制度、利润分配制度、团体活动制度、互助金制度、娱乐制度、教育训练制度
尊重需要	地位、名分、权力、责任、与他人薪水之相对高低	人事考核制度、晋升制度、表彰制度、奖金制度、选拔进修制度、委员会参与制度
自我实现需要	能发展个人特长的组织环境,具有挑战性的工作	决策参与制度、提案制度、研究发展计划、劳资会议

马斯洛的需要层次理论对管理者有如下启示：

（1）正确认识组织成员的需要。组织成员的需要是客观存在的，要正确对待组织成员提出的需要，按照层次需要理论，人的需求有五个层次，从低到高，逐级递升。

（2）满足人们的需要，创造管理效益。管理者要善于分析组织成员的需要层次，抓住主导需要，只有满足组织成员的主导需要，才能创造最大的激励作用。

（3）积极引导成员向更高的需要发展。管理者不仅要满足组织成员的主导需要，还应该教育和激励组织成员向更高的需要层次发展，把自我实现需要作为每个成员奋斗的目标。

（二）赫茨伯格双因素理论

双因素理论（two-factors theory）是美国的行为科学家弗雷德里克·赫茨伯格提出来的，又称激励因素—保健因素理论。

1. 双因素理论的基本内容

20世纪50年代末期，赫茨伯格和他的助手们在美国匹兹堡地区对200名工程师、会计师进行了调查访问。访问主要围绕两个问题：在工作中，哪些事项是让他们感到满意的，并估计这种积极情绪持续多长时间；哪些事项是让他们感到不满意的，并估计这种消极情绪持续多长时间。赫茨伯格针对这些问题的回答，着手去研究哪些事情使人们在工作中得到快乐和满足，哪些事情造成不愉快和不满足。结果发现，使组织成员感到满意的都是属于工作本身或工作内容方面的，使组织成员感到不满的都是属于工作环境或工作关系方面的。他把前者叫作激励因素，后者叫作保健因素。

（1）激励因素。成就、赞赏、工作本身、责任和进步等五种因素为激励因素，属于工作本身和工作内容方面的因素。这类因素具备后，可使组织成员感到满意，但组织成员感到不满时却很少是因为缺少这些因素。只有这些因素才能激发起人们在工作中的积极性、创造性，产生使组织成员满意的积极效果。

（2）保健因素。政策与管理方式、上级监督、工资、人际关系和工作条件等五种因素为保健因素，属于工作环境和工作条件方面的因素。这类因素如不具备或强度太低，就容易导致组织成员不满意。保健因素的满足对组织成员产生的效果类似于卫生保健对身体健康所起的作用。当人们认为这些因素恶化到可以接受的水平以下时，就会对工作产生不满意。但是，当人们认为这些因素很好时，它只是消除了不满意，不会产生满意，并不会促成积极的态度，这就形成了某种既不是满意又不是不满意的中性状态。

根据以上分析，赫兹伯格认为传统的"满意—不满意"观点中"满意"的对立面是"不满意"是不正确的，"满意"的对立面应该是"没有满意"，而不是"不满意"；"不满意"的对立面应该是"没有不满意"，而不是"满意"。也就是说，有了激励因素，就会产生满意；如没有激励因素，则没有满意，也没有不满意。有了保健因素，不会产生不满意，但没有满意；如没有保健因素，则会产生不满。

2. 双因素理论与需要层次理论的关系

赫茨伯格的双因素理论同马斯洛的需要层次理论有相似之处。他提出的保健因素相当于马斯洛提出的生理需要、安全需要等较低级的需要;激励因素则相当于感情需要、尊重需要、自我实现需要等较高级的需要。当然,他们的具体分析和解释是不同的。

3. 双因素理论与管理

双因素理论最重要的贡献在于要求管理者必须充分注意工作本身对组织成员的价值和激励作用。传统的激励方式往往只是注重工资、奖金和工作条件等外在因素,这些办法作用有限甚至难以见效。双因素理论将这些因素归为保健因素则对此提供了解释,强调管理者要从组织成员的工作本身想办法来对组织成员进行激励,并可采取下面的措施。

(1) 了解组织成员的兴趣爱好,安排合适的工作岗位。很多人可能都会有这样的感受,当作自己真正愿意做的事情时,往往不容易感到疲劳,而且对其他方面的要求不会那么强烈。在现代社会,随着物质生活水平的提高,人们将越来越看重工作本身对自己生活和生命的价值与意义。因此,管理者一定要了解组织成员的需要,有针对性地进行激励。

(2) 要注意满足组织成员的保健因素。具备必要的保健因素才不会使组织成员产生不满情绪,从而调动和保持组织成员的积极性。更重要的还要了解什么是激励因素。双因素理论提出的成就、责任心、发展、成长等因素应引起管理者的重视。

(3) 要使工作丰富化,满足组织成员高层次需求。双因素理论应用于管理的一项引人注目的贡献就是"工作丰富化"。分工专业化、流水线作业带来了工作成效,同时也带来了工作的单调、乏味,影响人们的工作热情。因而在对组织成员的工作设计上应尽量丰富工作的内容,增加趣味性和挑战性,减少传统工作的单调、平淡和乏味。工作丰富化能够提高工作本身的挑战性和意义,激发组织成员的积极性。

(4) 正确发放工资和奖金。发放工资和奖金,要使其能发挥激励作用,防止其变成保健因素。一方面,奖金制度必须与组织成员的绩效挂钩,如果两者没有联系,那么花钱再多,对组织成员也起不了激励作用,而一旦停发或少发,则会造成组织成员的不满,这时工资和奖金就成了保健因素。如果工资和奖金反映工人的绩效,那么它们就可以发挥激励作用,也就成了激励因素。另一方面,要使组织成员认识到自己与组织繁荣和发展的关系。要使组织成员的工资与奖金额度随组织绩效的变化而变化,自然浮动,这样,就能使奖金发挥激励的功效。

(5) 管理者要注意正确运用表扬激励。通过表扬激励创造一个竞争的环境,可以增强人们的进取心和荣誉感。组织成员的工作取得了成绩,一旦得到同事或领导的承认和正确评价,意味着得到了社会的认可,对组织成员的积极性会有较大的激励。

(三) 奥尔德弗 ERG 理论

ERG 理论是由美国组织行为学教授克莱顿·奥尔德弗通过大量的调查研究,于 20 世纪 70 年代初提出的一种需要理论。该理论对马斯洛理论进行了重组与修正,使之与实证研究的结果更为一致。该理论把人的需要归结为生存、相互关系和成长,被称为"生存、关系、成长理论",简称为 ERG 理论。

1. ERG 理论的内容

(1) 生存(existence)的需要。是指人全部的生理需要和物质需要,也是最基本的需要,如衣、食、住、行等方面。组织中的报酬、工作环境和工作条件等都与这种需要有关。

(2) 关系(relatedness)的需要。是指在工作环境中人与人之间的相互关系和交往的需要。在人的生存需要得到满足之后,自然就会要求通过与他人分享和交流感情来满足相互关系的需要。

(3) 成长(growth)的需要。是指人要求得到提高和发展的内在欲望。成长需要的满足要求充分发挥个人的潜能,有所作为和成就,并不断地创新和前进。这类需要的满足表现为个人所从事的工作能否充分发挥他的才能,以及通过工作能否培养新的才能。

2. ERG 理论与需要层次理论的关系

奥尔德弗的 ERG 理论和马斯洛的需要层次理论比较起来,既有相似之处,又有不同之处。其对应关系如图 14-4 所示。

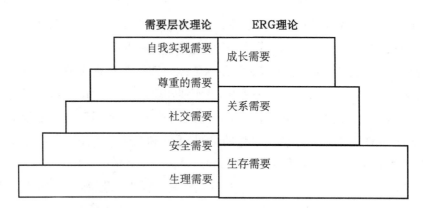

图 14-4 ERG 理论和马斯洛的需要层次理论关系

奥尔德弗的 ERG 理论与马斯洛理论的不同之处,除了用上述的三个需要概括了五种需要之外,还提出了如下观点:

(1) 马斯洛认为,人们较低层次需要得到满足后会上升到更高层次的需要,而奥尔德弗认为,与需要层次理论"满足—前进"过程并存的还有"受挫—倒退"过程(frustration-regression principle),即当较高层次的需要受到挫折时,需要的重点可能退到较低的层次。

(2) 与马斯洛的观点不同,奥尔德弗认为高层次需要的出现不一定建立在低层次需要被满足的基础上。例如,人们即使在生存需要没有满足的情况下,也会表现出舍己为人的行为,这就是一种对相互关系的需要。

(3) 马斯洛理论认为,一个人一次只会有一种主导需要,但奥尔德弗认为,同一时间可能会出现一个或多个需要被激活。因此,ERG 理论更加灵活,ERG 理论与日常观察到的个体差异更加一致。

3. ERG 理论与管理

（1）要找准组织成员的需要。组织成员在生存、关系和成长等方面的需要是不相同的。不同文化层次、不同年龄和不同职位层次的组织成员需要的重点不一样，管理者首先要找准组织成员的需要点，然后根据组织成员需要的内容，设计有针对性的激励策略，从而满足组织成员最迫切的需要，实现最佳的激励效果。

（2）要重视满足组织成员高层次的需要。ERG 理论提示管理者，满足组织成员高层次的需要将会产生持久的激励动力。尤其是在知识经济时代，组织成员素质提高后，高层次需要更迫切。管理者应尽可能地满足组织成员相互关系与成长的需要。要让组织成员多与外界接触交往，创造活泼和谐的群体气氛，允许某些非正式组织的存在，同组织成员交朋友，增强组织成员对组织的归属感。吸收组织成员参与决策，为组织成员提供进修、培训的机会，给有创造和贡献的组织成员晋职、晋级、提薪。

（3）要注意组织成员需要的转化。ERG 理论不仅认识到"满足—上升"的现象，也揭示了"挫折—倒退"的现象。组织成员的需要不仅会由低向高上升，也会逐层由高向低下降，甚至还会出现跳跃。管理者要防止需要反弹，并依据需要转化原理分析组织成员行为变化的原因，找到解决组织成员受挫折的办法，避免挫折和后退性行为的发生。

（四）麦克利兰成就需要理论

美国哈佛大学教授戴维·麦克利兰是当代研究动机的权威心理学家。他从 20 世纪 40 年代开始对人的需要和动机进行研究，在 1955 年提出了著名的成就需要理论（acquire needs theory）。

1. 成就需要理论的主要内容

成就需要激励理论主要研究在人的生理需要基本上得到满足的条件下，人还有哪些需要。麦克利兰认为，人在较高层次上还有三种需要。

（1）成就需要。成就需要是指人们渴望卓有成效地完成任务或达到目标。具有高成就需要的人希望干出一番事业，往往给自己确定有一定难度和挑战性的目标；热爱本职工作，有敬业精神；乐于接受挑战、喜欢冒风险；希望很快得到工作的反馈结果；孜孜不倦，不怕挫折；对事情的成功和胜利有强烈的要求。

（2）归属需要。归属需要就是寻求被他人喜爱和接纳的一种愿望。高归属动机的人更倾向于与他人进行交往，至少是为他人着想，这种交往会给他带来愉快。高归属需要者渴望友谊，喜欢合作而不是竞争的工作环境，希望彼此之间的沟通与理解，他们对环境中的人际关系更为敏感。有时，归属需要也表现为对失去某些亲密关系的恐惧和对人际关系冲突的回避。归属需要是保持社会交往和人际关系和谐的重要条件。

（3）权力需要。权力需要是指影响和控制别人的一种愿望或驱动力。不同人对权力的渴望程度也有所不同。权力需要较高的人喜欢支配、影响他人，喜欢对别人"发号施令"，注重争取地位和影响力。他们喜欢具有竞争性和能体现较高地位的场合或情境,他们也会追求出色的成绩,但他们这样做并不像高成就需要的人那样是为了个人的成就感,而是为了获得地位和权力或与自己已具有的权力和地位相称。权力需要是管理成功的基本要素之一。

2. 成就需要理论与管理

成就需要理论对于管理者队伍建设、人力资源开发、促使组织成员做出更大的成绩、提高组织成员的整体绩效,具有重要意义。

(1)鼓励全社会成员充分调动和激发管理者的才能。拥有高成就动机的社会,将拥有更多奋发有为的管理者,这些管理者反过来又会更快地推动经济增长。

(2)激励具有成就需要的人做出更大成就。管理者要为具有成就需要的人设置难度适中的目标,安排具有一定风险的活动和挑战性强的工作。

(3)确立追求卓越和完善的高标准。管理者要坚持行动的卓越和完善,树立高标准的业绩要求,增强组织成员的成就感,让组织成员各尽所能,并对达到标准、做出成就的人及时给予肯定、承认和奖励,使人力资源得到更为合理的安排。

二、过程型激励理论

内容型激励理论说明了如何促使管理者更好地认识激励组织成员行为的特殊因素,过程型激励理论着重研究激励的心理过程以及行为的指向和选择,说明行为怎样产生、怎样向一定方向发展,怎样保持下去以及如何结束的整个过程,主要有弗洛姆的期望理论和亚当斯的公平理论。

(一)弗洛姆期望理论

1. 期望理论主要内容

美国心理学家弗洛姆于 1964 年在他的著作《工作与激励》一书中首先提出期望理论(expectancy theory)。弗洛姆认为,一种激励因素(或目标),其激励作用的大小,受到个人从组织中取得报酬(或诱因)的价值判断以及对取得该报酬可能性的预期双重因素的影响,这种激发力量的大小等于该目标对人的效价与人对能达到该目标的主观估计(期望值)的乘积,可用下式表示。

$$M = V \times E$$

式中:M(motivational force),表示动机所激发的力量,指调动一个人的积极性,激发出人的潜力的强度。

V(valence),表示目标效价,指达到目标后对于满足个人需要价值的大小,是个体对这一成果或目标有用性的主观估计。当个人对达到某种成果或目标漠不关心时,效价值为零;当个人宁可不要出现这种结果时,效价为负值;当个人希望达到该预期结果时,效价为正值。效价值越高,动力越大。

E(expectancy),表示期望值,指个人根据以往的经验进行的主观判断,能够达到目标并能导致某种结果的概率,即个人据其经验对自己所采取的行动将会导致某种预期成果可能性的主观估计。

弗洛姆的期望理论辩证地提出了在进行激励时要处理好三个方面的关系,这些也是调动人们工作积极性的三个条件。

第一,努力与绩效的关系。人们总是希望通过一定的努力达到预期目标,如果个人主观认为达到目标的概率很高,就会有信心,并激发出很强的工作力量;反之,如果他认为目标太高,通过努力也不会有很好绩效时,就失去内在的动力,导致工作消极。

第二,绩效与奖励的关系。人总是希望取得成绩后能够得到奖励,当然这个奖励也是综合的,既包括物质上的,也包括精神上的。如果他认为取得绩效后能得到合理的奖励,就可能产生工作热情,否则就可能没有积极性。

第三,奖励与满足个人需要的关系。人总是希望自己所获得的奖励能满足某方面的需要。然而由于人们在年龄、性别、资历、社会地位和经济方面都存在着差异,他们对各种需要得到满足的程度的要求就不同。因此,对于不同的人,采用同一种奖励办法,能激发出的工作动力也不同。

2. 劳勒的期望模式

劳勒的期望模式是对弗洛姆期望理论的发展。其主要贡献在于将期望(E)更加细化了,将其分为努力导致绩效(E→P)的期望和绩效导致结果(P→O)的期望两类。也就是说,个人努力的程度正比于努力导致绩效(E→P)的期望、绩效导致结果(P→O)的期望以及个人对最终成果的效价(V)这三者的乘积。用公式表示为:

$$E = (E \rightarrow P) \sum [(P \rightarrow O) V]$$

式中:E表示个人所作的努力;P表示工作绩效(组织目标);O表示成果(个人目标);V表示成果对人的吸引力大小(效价);(E→P)表示个人对努力导致绩效的期望值;(P→O)表示个人对绩效导致成果的期望值。

3. 期望理论与管理

(1) 针对组织成员的需要设置报酬和奖励措施(提高效价V)。激励的效应在于个人对激励的评价,因此管理者应针对不同的人采用不同的"激励物"。为此,管理者首先要调查了解不同组织成员的需要偏好,根据不同的需要给不同组织成员设定报酬和奖励方案,让组织成员可以选择。

(2) 给组织成员创造良好的工作条件,增强其达到目标的信心(提高E→P)。首先,要根据组织成员的能力和外部条件,合理地设定有一定难度但经过努力可以达到的目标。其次,管理者应通过指导、组织技术培训等方式提高组织成员对绩效的期望,从而激发其工作积极性。再次,管理者应组织好组织成员培训,给予引导和支持,以帮助组织成员提高工作能力、技术和信心。最后,为组织成员创造一定的工作条件,投入需要的资源,提高组织成员的工作热情。

（3）建立报酬与个人绩效挂钩制度（提高 P→O）。除了要提高组织成员对达到组织目标的期望值外，还要提高他们对其完成组织目标后达到个人目标的期望值。只有这样，他们的积极性才会被真正地调动起来。为此，管理者必须在组织中建立有功必赏的奖罚分明制度，这样就会增强组织成员的工作热情，使他们有强力的期待。

（二）亚当斯公平理论

1. 公平理论的主要内容

公平理论（equity theory）是由美国心理学家斯戴西·亚当斯（Stacy Adams）于 1956 年提出的，又被称为社会比较理论，其目的是研究个人所做的贡献与所得报酬之间如何平衡的社会比较问题，研究报酬的公平性对人们工作积极性的影响。

公平理论认为，当一个人做出成绩并取得报酬以后，他不仅关心自己所得报酬的绝对量，而且关心自己所得报酬的相对量。也就是说，每个人都会自觉不自觉地把自己所获得的报酬与投入的比率同他人的收支比率或本人过去的收支比率相比较，如下所示：

$$(O/I)_A \longleftrightarrow (O/I)_B$$

其中，O（outcome）代表报酬，如工资、奖金、提升、赏识、受人尊敬等，包括物质方面和精神方面的所得；I（input）代表投入，如工作的数量和质量、技术水平、努力程度、能力、精力、时间等；A 代表当事人，B 代表参照对象。参照对象可以是自己的同事、同行、邻居、亲朋好友（一般是与自己状况相当的人）等，也可能是过去的自己。

我们把与他人的比较称为社会比较或横向比较，与自己的过去相比较叫作纵向比较。一般情况下，人们较多使用横向（社会）比较。横向比较的结果分三种情况。

如果 $(O/I)_A = (O/I)_B$，当事人会觉得报酬是公平的，他可能会因此而保持工作的积极性和努力程度；如果 $(O/I)_A < (O/I)_B$，这时当事人就会感到不公平，此时他可能会要求增加报酬，或自动地减少投入，以便达到心理上的平衡；如果 $(O/I)_A > (O/I)_B$，说明当事人得到了过高的报酬或投入较少。在这种情况下，一般来讲当事人不会要求减少报酬，而有可能会自觉地增加投入量。但一段时间后他就会因重新过高估计自己的投入而对高报酬心安理得，于是其投入又会恢复到原先的水平。另外一种情形，当事人开始可能心里一阵暗自高兴，但高兴之余，又会担心这种不公平可能影响工作伙伴对自己的评价，从而影响自己在正式组织或非正式组织中的人际关系，因此会在以后的工作中谨慎小心，同样不利于调动其积极性。

纵向比较的结果也分三种情况。如果 $(O/I)_A = (O/I)_B$，当事人就会认为基本公平，积极性和努力程度可能会保持不变；如果 $(O/I)_A < (O/I)_B$，当事人会感到不公平，其工作积极性会下降（减少投入），除非给他增加报酬；如果 $(O/I)_A > (O/I)_B$，一般来讲，当事人不会觉得所获报酬过高，因为他可能会认为自己的能力和经验有了进一步的提高，其工作积极性不会因此而提高多少。

最常见的减少不公平的方法有改变投入、改变产出、扭曲理解和离职等。

2. 公平理论与管理

（1）重视组织成员的公平感。公平是组织中客观存在的现象，公平理论强调公平对激励效果及人们行为的重大影响，要求组织尽可能以公平的方式对待每一个组织成员，对组织内的所有成员都应一视同仁，给予他们公正的报酬和待遇，体现按劳付酬、按贡献和业绩进行奖励和评价，让每一个组织成员心中感受到组织真正对他们公平。

（2）要建立公平的奖惩制度。组织成员的不公平感有时确实是因为组织没有合理地奖励组织成员，存在着有功者不奖、无功者受禄的不良现象。当组织中不良的现象和行为较多时，就会使组织成员产生不公平感。组织只有消除这些不合理的现象，建立赏罚分明的制度，才能让广大成员真正感到公平。

（3）要实行量化管理，增加公开性。公平感的产生很大程度上是组织成员主观猜测的结果，人们总是倾向于认为自己得到的比别人少，而付出的比别人多。因此，如果能在绩效考评和奖励制度上实行一定程度的量化管理，做到一切都可以打分计算，并提高整个工作的公开性，那么组织成员就会心服口服。

（4）综合设计，加强对组织成员的教育。在一个组织中，做到绝对公平是不可能的，但是，组织也要尽力做到相对公平。一方面要从自身最重要的战略需要出发来建立制度，另一方面要适当地采取平衡和补偿的策略。另外，管理者还要加强对组织成员的教育，加强沟通，引导组织成员正确地认识和对待公平。在组织内，公平是有效率的公平，是激发人们努力向上的公平，不是相互攀比、相互拉扯的公平，不是绝对简单的公平。管理者要在组织内形成比能力、比贡献、比绩效、比投入的积极向上的风气，把公平建立在促进组织发展上。同时，管理者要引导组织成员正确选定"参照人"，确定合理的参照标准和系数。

三、行为改造型理论

内容型激励理论和过程型激励理论都研究如何激发人的动机、调动人的积极性的问题。行为改造型理论则是说明怎样引导人们改正错误的行为，强化正确的行为。它主要包括强化理论和归因理论。

（一）斯金纳的强化理论

1. 强化理论的主要内容

强化理论（reinforcement theory）是由美国哈佛大学心理学教授斯金纳提出的。他着重研究人的行为结果对行为的反作用。他认为，人或动物为了达到某种目的，在环境的作用下会采取一定的行为，当这种行为的后果对其有利时，该行为就会在以后重复出现，行为的频率就会增加；当这种行为的后果对其不利时，该行为就减弱或消失。这种状况在心理学中被称为"强化"。人们可以用这种强化的办法来影响行为的后果，从而修正其行为，这就是强化理论，也叫作行为修正理论。

在管理中，强化理论改造行为一般有以下四种方式。

（1）正强化。这是指通过给予被强化者适当报酬的方式，借以肯定某种行为，使其重复此种行为。报酬的内容可以多种多样，如增加薪金、提升职位、对其工作成果的承认和赞赏等。

（2）负强化。这是指预先告知人们某种不符合要求的行为可能引起不良后果，以使人们采取符合要求的行为或回避不符合要求的行为，从而避免或消除不良后果。通过这种强化方式能从反面促使人们重复符合要求的行为，达到与正强化同样的目的。

（3）自然消退。这是指对某种行为取消正强化，不采取任何奖励措施，以表示对该种行为有某种程度的否定。人的操作性行为都是有目的性的，一种行为如果长期得不到正强化，个人目的实现不了，就会逐渐自然消退。

（4）惩罚。这是指以某种强制性和威胁性后果来表示对某种行为的否定，借以消除此种行为重复发生的可能性。惩罚的方式也是多种多样的，如批评、降职、降薪、解雇等。

从强化的时间安排上有以下两种方法会影响强化的效果。一是连续强化，是指行为每出现一次就给予强化。二是间断强化，是指在行为出现若干次后才给予一次强化。间断强化既可按一定时间间隔给予强化，也可在行为出现到一定数量后给予强化。

2. 强化理论与管理

（1）正确选择强化物。管理者要根据组织成员的需要和特点，正确选择正反两个方面的强化物，不能搞"一刀切"。各人的心理特点不一样，对正负强化的反应也不一样。爱面子的希望得到口头表扬，讲实惠的希望有点物质鼓励。管理者采用强化措施时，更要因人而异。正强化时，可采取的奖励措施有：绩效工资、公开表扬、组织成员对工作有更多选择权、给予组织成员更大发挥潜在能力的机会、给予组织成员更大的自主权或发言权等。在惩罚时，管理者可以采取降低工资、公开批评、降低职位等方法。

（2）正确选择强化的方式。按组织成员心理可接受的程度，这几种方式的排列顺序依次为正强化、负强化、自然消退、惩罚。他们最愿接受的方式当然是正强化，在管理中，管理者要以正面引导为主，以表扬为主。在组织中要尽量避免使用惩罚的方式，当组织有时不得不使用惩罚的方式时，一定要告知原因，让其心服口服，并告诉他们应该怎么做，还要将惩罚和正强化结合起来。当组织成员出现有所改正的表现时，管理者应及时给予正强化，使之得到肯定和巩固。

（3）正确选择强化时间。选择强化的时间段时必须注意最适合于强化。例如，很多教育培训项目往往是选择在组织中刚来新人时或组织的转变时期。这时进行强化和行为改造，组织成员心理容易接受，行为容易改变，组织所花时间和费用最少，效果最佳。惩罚的最好时机一般是：错误事实已搞清楚；领导的过激情绪已经消失，如果领导在气头上，就容易干出非理智的事来。另外，管理者要注意强化不能太频繁。正强化宜采用间断强化，而负强化则要采取连续强化的方式进行。

（4）设立一个目标体系。分步实现目标，不断强化行为。组织不仅要设立一个合理的总目标,而且要将总目标分成若干分目标。这是因为对于总目标来讲,不是一次性强化就能完成的,在实现目标过程中组织成员不能经常得到成功结果的反馈和强化,积极性会逐渐消退。相反,管理者应把总目标分成若干阶段性目标,通过许多分目标的完成而逐渐完成总目标。对每一分目标取得的成功结果,管理者都应予以及时强化,以长期保持关于实现总目标的积极性,而且通过不断地激励来增强组织成员的信心。

(5) 及时反馈、及时强化。所谓及时反馈、及时强化就是人们通过某种途径或形式,及时了解自己行为的结果。反馈,就是知道结果,无论结果好与坏,对行为都具有强化的作用,好的结果能鼓舞信心,使之继续努力,坏的结果能促使其分析原因,及时纠正。因此,及时反馈也是影响和改变行为的重要环节。

(6) 要实事求是地进行强化。正负强化都必须注意准确性。表扬、批评都必须在调查的基础上,做到实事求是、力求准确。在表扬时,不能添枝加叶,凭空拔高,为了突出某个人,把他人的功劳也贴到他身上,或者为了说明某个人的变化,就把他过去说得一无是处,这都起不到强化的作用。

(二)海德的归因理论

1. 归因理论的主要内容

美国心理学家海德(Fritz Heider)在 1958 年最早提出了归因问题,经过不断发展,形成归因理论(attribution theory),主要研究在管理工作中管理者应用该理论来改变人的认识,从而达到改变人行为的目的。

归因理论主要研究三个方面的问题。一是对人们心理活动的归因,即人们心理活动的产生应归结为什么原因。二是对人们行为的归因,即根据人们外在行为和表现对其内在心理活动的推论,这是社会知觉归因的主要内容。三是对人们未来行为的预测,即根据人们过去的行为表现预测他们以后在有关情境中将会产生什么行为。

归因理论在管理领域中主要研究人们某一行为究竟归结为外因还是内因,研究人们对获得成功或遭到失败的归因倾向。心理学家韦纳(Bernard Weiner)认为,人们对自己的成功和失败主要归结于四个方面的因素:努力、能力、任务难度和机遇。这四种因素又可按内外因、稳定性和可控性进一步分类。从内外因方面来看,努力和能力属于内因,而任务难度和机遇则属于外因;从稳定性来看,能力和任务难度属于稳定因素,努力与机遇则属于不稳定因素;从可控性来看,努力是可以控制的因素,而任务难度和机遇则超出个人控制范围。人们把成功和失败归因于何种因素,对以后的工作态度和积极性有很大影响。例如,把成功归于内部原因,会使人感到满意和自豪;归于外部原因,会使人感到幸运和感激。把失败归于稳定因素,会降低以后工作的积极性;归于不稳定因素,可能提高以后的积极性等。总之,运用归因理论来增强人们的积极性对取得成就行为有一定的作用,特别是对科研人员的作用更明显。这说明通过改变人的思想认识可以达到改变人行为的目的。

2. 归因理论与管理

归因理论提出了人们在对他人的行为进行判断和解释过程中所遵循的一些规律,在管理过程中,管理者和组织成员对行为的归因也不可避免地受到这些规律的影响。首先,管理者要认识到组织成员是根据他们对事物的主观知觉而不仅仅是客观现实做出反应的。组织成员对于薪水、上级的评价、工作满意度、自己在组织中的位置和成就等方面的知觉与归因正确与否,对于其潜力的发挥和组织的良好运作是有重要影响的。其次,管理者在对组织成员的行为进行判断和解释时也应该尽量避免归因中的偏见和误差。最后,在管理工作中,管理者尽量帮助组织成员做出正确的归因,即将成败归之于自己的努力,这对增强积极性、对取得成就行为有一定的作用。

四、综合激励模式

许多学者对以上激励理论进行研究,提出了综合激励模型,其中波特和劳勒的激励模式比较全面地说明了各种激励理论的内容。如图 14-5 所示,可以归纳出该模式的五个基本关系。

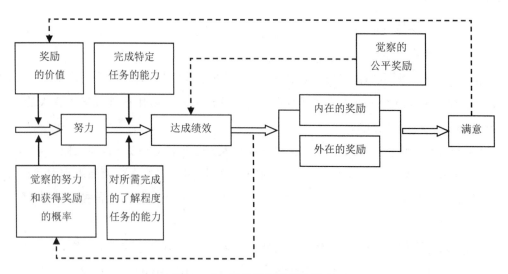

图 14-5 波特和劳勒激励模式

1. 个人努力与奖励概率的关系

个人努力的程度不仅取决于奖励的价值,还受到个人觉察出来的努力和受到奖励概率的影响,即个人付出努力之后得到奖励可能性的预测。过去的经验、实际绩效及奖励的价值将对此产生影响。如果个人有较确切的把握完成任务或曾经完成过并获得相当价值的奖励,那么他将乐意付出相当程度的努力。

2. 达到绩效与个人努力的关系

个人实际能达到的绩效不仅取决于其努力的程度,还受到个人能力大小以及对任务了解和理解程度的影响。特别是对于比较复杂的任务如高难技术工作或管理工作,个人能力以及对此任务的理解较其付出的努力对所能达到绩效的影响更大。

3. 个人努力与获得奖励的关系

个人应得到的奖励应当以其实际达到的工作绩效为价值标准,尽量剔除主观评估因素。要使个人看到,只有完成了组织任务时,才会受到精神和物质奖励。不应先有奖励,后有努力和成果,而应当先有努力的结果,再给予相应的奖励。

4. 获得奖励与公平感的关系

个人对受到的奖励是否满意以及满意的程度如何,取决于受激励者对所获报酬公平性的感觉。如果受激励者感到了不公平,就会导致不满意。

5. 满意程度与努力程度的关系

个人是否满意以及满意的程度将会反馈到其完成下一个任务的努力过程中。满意会产生进一步的努力,不满意会导致努力程度的降低甚至离开工作岗位。

综上所述,波特和劳勒的激励模式告诉我们,激励和绩效之间并不是简单的因果关系。要使激励能产生预期的效果,就必须考虑到奖励内容、奖励制度、组织分工、目标设置、公平考核等一系列综合性因素,并注意个人满意程度在努力中的反馈。

第三节　激励理论的应用

激励的最终目的是最大限度地发挥组织成员的能动性来实现组织目标。只有掌握正确的激励原则,运用适当的激励方法与手段,才能有效地发挥激励作用、达到最佳的激励效果。

一、激励原则

(一) 按需激励原则

激励组织成员的起点是满足其需要,而组织成员的需要存在个体差异和动态性,管理者的任务就在于找准组织成员的需要,采取相应的激励措施,满足组织成员各种不同的需要,以调动他们的积极性,有效地实现组织目标。为此,要做到以下三点:

1. 开发测试组织成员需要的有效方法

测试方法包括问卷测试、投射法测试等。组织要定期对组织成员的需要进行调查,并就组织成员的年龄、性别、职务、地位、受教育程度等找出各类人员需要的特点。

2. 灵活运用不同需要的方法

针对不同层次的需要都要有具体应对措施。对同一层次的需要,要有不同的选项,使组织成员可以根据需要有所选择。

3. 满足不同人的需要

每个组织成员的需要层次顺序与主导性需要并不是千篇一律的。组织应根据成员不同时期需要的特点,采取相应的组织措施,调动他们工作的积极性。

满足组织成员的需要,只限于满足他们正当的、合理的需要。对那些不正当、不合理的需要,不仅不能满足,而且还要通过细致的工作尽快消除。

(二)组织目标与个人目标相结合原则

在组织行为学中,激励所采用的手段都是从组织成员自身的目标和需要出发的,而组织成员之所以能从组织中得到其需要,是因为组织目标的实现。所以,组织目标和个人目标是相互依存的。管理者在制定制度时,应该让所有的组织成员都看到组织目标实现了,自身的目标也就达到了,这一点对人的激励作用将是巨大的、长远的。

贯彻组织目标与个人目标相结合的原则,除了要建立组织目标和个人目标正相关关系外,还要建立赏罚分明的制度,建立量化考核制度,提高奖励制度的公开性、透明度,就能使组织成员抛弃各种顾虑,将所有精力和能量集中在工作上,有利于组织目标和个人目标的实现。

(三)奖惩相结合原则

奖励是指组织通过认可、赞赏、增加工资、提升或创造一种令人满足的环境来表示对组织成员行为的奖励和肯定。惩罚是指组织对组织成员的不良行为或业绩采取诸如批评、扣发或少发工资、降级、处分等来表示对组织成员的惩罚和批评。

在实际管理工作中,管理者应该将奖惩结合起来,对组织成员好的工作成绩和行为及时表扬和激励,对组织成员不利于组织发展的行为必须严格管理,按组织的制度进行查处,以避免其再次发生。奖惩结合从正反两个角度同时对组织成员的工作和行为进行评价与反馈,可以调动他们的积极性,促使他们不断提高自己,从而有利于实现组织目标。

(四)物质激励与精神激励相结合原则

物质激励是指根据工作表现和贡献大小,适当满足组织成员正当的物质需要,以调动其积极性的方法。物质激励是提高组织成员积极性很重要的一个方面。所谓精神激励是指根据工作表现和贡献大小,适当满足组织成员正当的精神需要,以调动其积极性的方法。

在实际管理工作中,物质激励和精神激励是组织激励不可分割的两个方面,要将物质激励与精神激励有机地结合起来。没有适当的物质激励,精神激励就没有基础,组织成员的积极性就难以长期保持;没有精神激励,就不能使物质激励得到升华和发展,就不可能真正调动组织成员的积极性。因此,组织激励必须把物质激励与精神激励有机结合起来,使它们相互补充、相互渗透。

(五)内在激励与外在激励相结合

传统的激励办法是以各种物质刺激和精神刺激为手段,是对组织成员付出劳动的补偿,因而被称为外在激励,它对人的激励作用是有限的。人们"对工作本身的兴趣以及从中得到的快乐"才对人具有根本性的激励作用,这就是内在激励的概念。它包括人们对工作本身的兴趣,工作对人的挑战性,工作中体会到的责任感和成就感,人从工作本身体会到的价值和意义等,这些对人更直接的激励,可以激发人们内在的积极性,因而被称为内在激励。组织应该最大限度地进行内在激励,从而取得最大的激励效果。

（六）严格管理与思想工作相结合原则

严格管理包括两个方面的含义。第一,是指组织对于成员的工作方法(如各种操作规程)、工作标准(如成本、质量、效率)以及其他工作制度等方面实行严格控制,完全按规定办事,对任何人一视同仁。第二,在评价组织成员的工作绩效和行为,对组织成员实施奖励、惩罚或提升时,一切照章办事,赏罚分明。思想工作也包括两个方面。一方面,是指组织在制订各种严格管理标准并据此对组织成员进行考核时,要通过双向沟通使组织成员理解组织行为的缘由及其对组织和个人的价值,使组织成员从心理上接受这些严格的管理方法。另一方面,思想工作强调在对组织成员进行评价、管理、奖惩和提升的过程中,要考虑组织成员的心理需要。加强沟通,倾听组织成员的所思所想,关心组织成员的切身利益,采用各种形式使组织成员保持良好的情绪。

在实际管理工作中,管理者必须贯彻严格管理与思想工作相结合的原则,这样才能有利于组织目标的实现。

二、激励的方法

根据激励的原则,工作中有很多激励方法和手段,如薪酬激励、目标设定、恰当授权以及为组织成员提供终身学习的机会等方法。下面我们从工作激励、成果激励和培训教育激励三个方面做简单介绍。

（一）工作激励

工作激励是指通过分配恰当的工作,满足组织成员自我实现和尊重的需要,从而激发组织成员内在的工作热情的方法。

1. 分配工作要考虑组织成员的特长和爱好

每个人都有自己的特长和爱好,都希望在组织中最大限度地发挥自己的聪明才智,而组织任务的完成往往也需要具有不同专业特长、不同能力的人来承担。管理者应根据工作要求和组织成员的个人特长,把工作与人的能力有机结合起来。

2. 要使工作具有挑战性

要使工作的要求和目标富有一定的挑战性,才能真正激起组织成员奋发向上的精神。管理者在分配工作时,对工作能力的要求应略高于执行者的实际能力。如果组织成员的工作能力远低于工作的要求,一方面会造成工作任务无法完成,给组织带来损失,另一方面由于组织成员工作能力差,无法完成工作任务,会对自己失去信心。如果组织成员的工作能力远高于工作的要求,虽然工作任务能保证完成,但组织成员会感到自己的潜能没有得到发挥,可能对工作越来越不感兴趣,最终也会影响工作质量和工作积极性。

3. 要让组织成员参与管理

管理者要在不同程度上让组织成员参与组织决策及各级管理工作的研究和讨论。管理者要尊重他们、信任他们,让组织成员在不同层次和不同深度上参与决策,虚心采纳他们的正确意见和建议。组织成员通过参与管理,能够进一步满足其尊重和自我实现的需要,形成组织成员的归属感和认同感,从而焕发出强烈的工作积极性。

（二）成果激励

成果激励就是管理者对组织成员取得的工作成果进行奖励,对不符合组织目标的事件进行惩罚,以激发组织成员积极性的方法。

1. 对工作成果进行正确的评价

评价的正确与否,不仅影响到组织成员获得奖励大小,还影响到组织成员的积极性。因此,管理者应通过民主的方法建立尽可能量化的指标体系,并让全体组织成员都知道,这样不仅使组织成员明确了努力的方向,而且还明确了努力的结果。

2. 奖励要合理

要使组织成员保持较高的工作热情,须使工作奖励公平合理。管理者必须贯彻按劳分配的原则,把组织成员的劳动报酬和劳动成果挂起钩来。不同的劳动成果应采用不同的评价标准和不同的报酬形式,相同的劳动成果采用相同的评价标准和相同的报酬形式。针对成果激励的方式是多种多样的,管理者可根据人们取得的成绩和他们对不同需要的追求程度而定。物质奖励要与精神奖励结合起来,要与思想政治工作结合起来。物质奖励是基础,精神奖励是根本,在两者结合的基础上,逐步过渡到以精神激励为主,这样才能发挥长久的激励效果。

3. 惩罚要合情

惩罚的目的是"惩前毖后",使组织成员不再犯类似错误。管理者应用烫火炉原理进行惩罚,即时处理、事先警告、人人平等、对事不对人。

批评是管理者最常用的武器,批评前必须了解要批评的事实,明确批评的目的,注意批评方法,如对事不对人、选择适当的用语和适当的场合、注意适当的批评时间等。最后,管理者还要注意批评的效果,以避免重犯类似的错误。

（三）培训教育激励

培训教育激励是指通过思想、文化教育和技术知识培训,通过提高组织成员的素质来增强其进取精神,从而激发其工作热情的方法。组织成员的素质主要包括思想素质和业务技能两个方面。

1. 通过思想政治工作调动组织成员积极性

对组织成员进行科学的世界观教育,使他们树立正确的人生观、价值观和道德观,形成崇高的理想和抱负,从而在工作中富于进取精神,积极努力,表现出高昂的工作热情。为了保证思想政治教育收到预期的效果,管理者在进行这方面的工作时,要注意遵循下述基本原则:要理论联系实际,防止空谈理论、空洞说教;要平等对待组织成员,坚持民主原则,防止以教育者或"教训者"自居;要注意批评与表扬相结合,以表扬为主。

2. 通过专业知识和技术能力的培训,培养和启动自我激励机制

为了促进组织成员素质的提高,增强进取精神,领导者应根据组织目标和组织成员个人的特点,有计划、有重点、有组织、有针对性地进行培训工作。比如,对于管理人员,既要注意通过理论学习,使他们掌握现代化管理的新知识和新方法,也要注意实践中的培养,增强他们解决和处理实际管理问题的能力;对于基层作业人员,既要注意文化知识教育,也要结合本职工作,进行基本技能训练,提高业务技能。

【复习与思考】

1. 什么是激励,如何理解激励的含义?
2. 简述激励的过程。
3. 马斯洛需要层次理论的主要内容是什么,对管理者有哪些启示?
4. 双因素理论的主要内容是什么,如何应用双因素理论?
5. 简述过程型和行为改造型激励理论的主要内容。
6. 有效激励应遵循哪些原则?

第十五章

时间管理

哲学家说,时间是物质运动的顺序性和持续性,是一种特殊的资源。时间似乎是用之不竭的,但对个人来讲,时间又是一个常数。本章主要介绍时间管理的概念、特点,阐述时间管理的几个误区及时间管理的主要方法,包括连续分段时间管理法、六点优先工作制、番茄时间管理法、碎片化时间管理等。

第一节　时间管理概述

一、时间管理的概念

时间管理是通过事先规划和运用一定的技巧、方法与工具实现对时间的灵活有效运用,从而实现个人、组织的既定目标的过程。做任何事情都需要占用时间,现代管理均将时间管理能力作为对管理者的基本要求。管理者要科学地组织管理工作,合理授权,腾出时间做自己该做的事情。高效合理利用时间是最有效领导者最重要的特点之一,领导者必须善于安排自己的有限时间,把它用在最主要的工作上。领导者能否合理地利用时间,对整个组织成败关系极大。

二、时间管理的特性

1. 供给毫无弹性

时间的供给量是固定不变的。它的供给量在任何情况下都不会增加,但也不会减少。因此,管理者无法针对时间进行开源。

2. 无法蓄积

时间不像人力、财力、物力和技术那样可以被积蓄储藏。不论管理者愿意或不愿意,管理者都被迫按一定的速率消费时间,因此,管理者无法针对时间进行节流。

3. 无法取代

任何一种活动都有赖于时间的积累,这就是说,时间是任何活动所不可缺少的基本资源,因此,时间是无法取代的。

4. 无法失而复得

时间不能像遗失物那样失而复得,它一旦逝去,则会永远丧失。

时间的特性决定了我们无法对时间进行管理,只能面对时间进行自我管理,探索在完成目标的过程中如何减少时间浪费,在有限时间内如何实现组织目标。

三、时间管理的误区

1. 目标缺失

目标是管理活动的起点和终点,任何个人和组织都必须先制订目标,然后才有工作的方向。工作中如果没有明确的目标,就不知道具体要做什么,无法对工作流程和工作时间进行计划,就无法科学规划自己的时间。管理者要确立可以直接执行的目标,在一定时限内完成。

2. 没有计划

计划是管理的首要职能,是一切工作的开始。如果没有工作计划或工作计划不完善,会导致大量时间的浪费,使时间管理陷入混乱状态。管理者要制订完整的计划,要提前拟定计划并安排优先次序。

3. 拖延症

拖延症(procrastination)是指以推迟的方式逃避执行任务或做决定的一种特质与行为倾向。虽然人们对拖延症研究的时间不长,但它的危害性却是巨大的,不仅影响人们的生活,更影响人们的前途和发展。很多人以加班之名行拖延之实,不停延迟交工的时间。心理学家认为:一个人对任务难易的评估和对自身能力的评估,会影响他是否尽快行动,如果改变任务的难度或增强信心,就会有效改善害怕失败这类拖延症者的拖延状况。对于其他因素造成的拖延,要用有效方式应对。

第二节　时间管理方法

一、连续分段时间管理法

连续分段时间管理法也叫莫法特休息法。《圣经·新约》的翻译者詹姆斯·莫法特(James Moffat)的书房里有三张桌子:第一张摆着他正在翻译的《圣经》译稿;第二张摆的是他的一篇论文的原稿;第三张摆的是他正在写的一篇侦探小说。莫法特的休息方法就是从一张书桌搬到另一张书桌,继续工作。

这种方法与农业上的"间作套种"非常相似,间作套种是农业上常用的一种科学种田的方法。人们在实践中发现,连续几季都种相同的作物,土壤的肥力就会下降,长此以往,地力就会枯竭。人的脑力和体力也是这样,如果每隔一段时间就变换不同的工作内容,就会产生新的优势兴奋灶,这样人的脑力和体力就可以得到有效的调剂和放松。

连续分段时间管理法根据人的大脑左右半球有不同的功能,把工作时间分为连续和分段两种。大脑左半球负责人的语言表达、逻辑性和序列性等思维活动;大脑右半球负责人的非语言性、非逻辑性思维,知觉、直觉感情等形象思维方面的整体活动,我们长时间思考、写作、制订计划是在用左脑;可分段进行的工作如抄写、统计、记账等是用右脑。如果把一天必须完成的工作分成这样两类交替进行,就可以使左右大脑轮流获得休息,消除疲劳,提高工作效率。

二、六点优先工作制

该方法是效率大师艾维利在向美国一家钢铁公司提供咨询时提出的。该方法使这家公司用了 5 年的时间,从濒临破产一跃成为当时全美最大的私营钢铁企业,艾维利因此获得了 2.5 万美元咨询费,故管理界将该方法喻为"价值 2.5 万美元的时间管理方法"。

这一方法要求把每天所要做的事情按重要性排序,分别从"1"到"6"标出 6 件最重要的事情。每天一开始,先全力以赴做好标号为"1"的事情,直到它被完成或被完全准备好,然后再全力以赴地做标号为"2"的事,依此类推……艾维利认为,一般情况下,如果一个人每天都能全力以赴地完成 6 件最重要的大事,那么他一定是一位高效率人士。人们把这种方法提炼为"六点优先工作制",其内容为:

（1）前一天将第二天的目标、任务会议等事件分别按照优先级别排序。

（2）化整为零,把大的、艰难的分解成小的、容易的事情。

（3）从优先级最高的事务着手,标出 6 件最重要的事情。

（4）和拖延做斗争,全力以赴做标号为"1"的事情,直到把它做完。

三、番茄时间管理法

番茄时间管理法的英文表述为 pomodoro technique,pomodoro 是意大利语里的"番茄"。番茄时间管理法的发明人弗朗西斯科·西里洛(Francesco Cirillo),使用的就是一个形状像番茄的定时钟。

弗朗西斯科在大学期间,自律性很差,每天对于自己的无所事事深感懊恼,有一天回到家,看到妈妈厨房里用的番茄钟,他决定给自己定一个 25 分钟的学习时间,直到闹钟响起。当他完成了 25 分钟的学习时,他深深爱上了这种时间管理方法,并不遗余力地将其推广。

1. 番茄时间管理法的内容

首先确定你想要做什么,比如翻译一篇文章、撰写论文等,然后定一个 25 分钟的定时器,全心全意地工作,直到定时器响起,这是一个番茄钟,休息 5 分钟,继续下一个番茄钟,每四个番茄钟来一个较长时间的休息。番茄时间管理法的原则是:番茄钟不可分割;不能暂停,如中途被打扰则番茄钟作废,但作废不等于失败,因为它不是用来衡量工作能力,只是记录连续工作时间;番茄钟不用于假期和休息时间。

2. 番茄时间管理法为什么有效

首先它能排除外在和内在的干扰,尤其是内在的干扰,比如喝水、上厕所、看微博;其次它能把时间分成小的模块,让抽象的时间变得具体,时间在人们的生活、工作中一直是抽象的形式,人们习惯被动地追赶。而番茄时间管理法把时间变得具体、连续可控制,不论计划多么复杂,都可以通过一个个番茄钟来完成,一天完成了多少个番茄钟,就代表一天有多少完整的工作时间。

四、碎片化时间管理

随着生活和工作时间的加快,人们容易处于周期性混乱和秩序中,每个人每天都有大量碎片化时间,事实上,时间没有所谓零碎和整块的概念,但在生活和工作中,很多事情把时间分割得支离破碎。如果能充分利用,就可以成为时间管理的高手。

首先要将每一个碎片化时间单元赋予3~5种用途,比如3分钟能完成什么事情,10分钟能完成哪些工作。这样在任何场合,当你意识到你有几分钟的碎片化时间,就会马上安排完成一些小工作,而你的碎片化时间用途越多,时间支配自由度就越高,就越能自由组合时间碎片完成不同的工作。

第三节　时间管理建议

一、时间记录调整法

为了有效利用时间,人们经过研究提出了一个简单有效的方法,可供管理者参考。第一步:记录时间。连续几天或几周记录自己每天的时间消耗情况,以每10分钟或30分钟为一个单位。第二步:分析时间。根据记录找出不必做的事,可以请人代办的事,以及浪费别人时间的事,并停止再做这些事,还要找出由于缺乏合理的计划、制度或缺乏预见性而造成时间浪费的因素和因为组织不健全而造成时间浪费的因素,并着手加以改变。第三步:合理安排时间。在分析了时间利用情况,消除了各种浪费时间的做法与因素后,找到自己可以自由利用的时间,并加以合理安排,把它们用于解决真正重要的问题。

二、时间管理的"四象限"法

"四象限"法是美国的管理学家柯维(Stephen Covey)和塞维特(Lothar Seiwert)提出的一个时间管理理论。把工作按照重要程度和紧急程度两个不同的维度划分为四个"象限"。

第一象限是重要又急迫的事。如抢险、救火、应付医疗纠纷等必须马上处理的事,不然会对组织产生重大不良影响。该象限的过于繁忙表示管理工作缺乏有效的计划。第二象限是重要但不紧急的事。如组织的发展方向、战略调整等事项。能否处理好该象限事务,是传统低效管理者与高效卓越管理者的重要区别标志,管理者要把80%的精力投入该象限的工作中,要尽可能降低本象限事情朝紧迫方向发展的可能性。第三象限是紧急但不重要的事。如电话、会议、突来访客都属于这一类。表面看似第一象限,因为迫切的呼声会产生"这件事很重要"的错觉,其实不过是在满足别人的期望与标准。本象限的事情要尽量授权委托、用最少的时间去处理。第四象限属于不紧急也不重要的事,如无原则地争论、办公室聊天等。"四象限"法如图15-1所示。

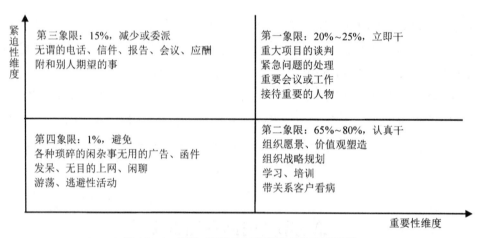

图15-1 柯维、塞维特时间管理的"四象限"法

在四个时间象限中,最有价值的象限就是第二象限,也就是那些不紧急但重要的事情,而这些事情往往被人们忽视。第一和第三象限的事情有时不易区分,急迫的事很容易被误认为重要的事。其实两者的区别就在于这件事是否有助于某种重要目标的实现。如果答案是否定的,便应归入第三象限。管理者往往在第一与第三象限来回奔走,忙得焦头烂额,身心疲惫,不得不到第四象限去疗养一番再出发。而往往荒疏了重要的第二象限工作,或者迫不得已把第二象限工作变成第一象限,影响了组织的效能。管理者在各象限理想的时间分配如图15-1中的百分比。

各级管理者在处理事务时应先考虑事情的"轻重",然后再考虑事情的"缓急"。而正确的处理顺序是:先是既紧急又重要的,接着是重要但不紧急的,再到紧急但不重要的,最后才是既不紧急也不重要的事情。

三、时间管理的"20/80"定律

按事情的"重要程度"编排行事优先次序的准则是建立在"重要的少数与琐碎的多数"原

理的基础上的。在任何特定组织中,重要的因子通常只占少数,而不重要的因子则占多数,因此只要能控制具有重要性的少数因子即能控制全局。这就是管理学界所熟知的"20/80"定律,即80%的价值是来自20%的因子,其余的20%的价值则来自80%的因子。"20/80"定律对管理者的重要启示便是:避免将时间花在琐碎的多数问题上,因为就算你花了80%的时间,你也只能取得20%的成效。管理者应该将时间花于重要的少数问题上,因为掌握了这些重要的少数问题,虽然只花20%的时间,即可取得80%的成效。常用的ABC时间管理方法与"20/80"时间管理定律类似。

四、用好黄金时间

每个人都有自己的黄金时间,在该时间段,工作、学习效率最高,虽然黄金时间因人而异,但大部分人的上午时间工作效率最高,因此在找到自己的黄金时间段后,把该时间段作为整块时间加以利用,要将重要的事情安排在该时间段,集中精力突破或静下心来系统分析总结,避免该黄金时间段被人为击碎。

【复习与思考】

1. 什么是时间管理?
2. 时间管理的方法有哪些?
3. 时间管理"四象限"法对你的工作学习有哪些启示?
4. 在平时生活中如何利用碎片化时间?

参考文献

[1] 安德鲁·J. 杜伯林:《管理学精要(第7版)》,胡左浩、郑黎超译,北京:电子工业出版社,2007。

[2] 彼得·德鲁克:《管理的实践》,齐若兰译,北京:机械工业出版社,2019。

[3] 彼得·圣吉:《第五项修炼》,郭进隆译,上海:上海三联书店,1998。

[4] 车洪波、郑俊田:《领导科学》,北京:对外经济贸易出版社,2011。

[5] F. W. 泰罗:《科学管理原理》,胡隆昶、冼子恩、曹丽顺译,北京:中国社会科学出版社,1984。

[6] 冯友兰:《中国哲学简史》,北京:北京大学出版社,2013。

[7] 弗雷德里克·泰勒:《科学管理原理(珍藏版)》,马凤才译,北京:机械工业出版社,2013。

[8] H. 法约尔:《工业管理与一般管理》,周安华等译,北京:中国社会科学出版社,1982。

[9] 哈罗德·孔茨,海因茨·韦里克:《管理学(第10版)》,张晓君等译,北京:经济科学出版社,1998。

[10] 赫伯特·A. 西蒙:《管理决策新科学》,李桂流、汤俊澄等译,北京:中国社会科学出版社,1982。

[11] 亨利·法约尔:《工业管理与一般管理(珍藏版)》,迟力耕、张璇译,北京:机械工业出版社,2013。

[12] 胡运权:《运筹学教程(第2版)》,北京:清华大学出版社,2003。

[13] 马克思:《资本论》(第一卷),北京:人民出版社,2004。

[14] 加雷恩·琼斯、珍妮弗·乔治:《当代管理学(第3版)》,郑风田、赵淑芳译,北京:人民邮电出版社,2005。

[15] 姜合作:《平衡计分卡在医院管理中的应用》,北京:军事医学科学出版社,2007。

[16] 课思课程中心:《时间整理》,北京:中国劳动社会保障出版社,2015。

[17] 李桂艳:《现代管理专题》,北京:中央广播电视大学出版社,2007。

[18] 李兴山、刘潮:《西方管理理论的产生于发展》,北京:现代出版社,2006。

[19] 李雪峰:《中国管理学》,北京:中国人民大学出版社,2005。

[20] 理查德·L. 达夫特:《管理学(第5版)》,韩经纶、韦福祥译,北京:清华大学出版社,2006。

[21] 刘富书、李善之:《孔子〈论语〉中的管理思想及其当代意义》,《浙江万里学院学报》2004年第6期,第5-9页。

[22] 刘红军:《信息管理概论》,北京:科学出版社,2008。

[23] 迈克尔·波特:《竞争战略》,陈小悦译,北京:华夏出版社,1997。

[24] 彭向刚、袁明旭:《领导科学概论》,北京:高等教育出版社,2007。

[25] 芮明杰:《管理学:现代的观点(第2版)》,上海:上海人民出版社,2005。

[26] 斯蒂芬·罗宾斯、玛丽·库尔特:《管理学(第13版)》,刘刚、程熙镕、梁晗译,北京:中国人民大学出版社,2017。

[27] 王林雪：《管理学：原理、方法与技能》，西安：西安电子科技大学出版社，2007。

[28] 王思渔：《不再拖延》，北京：北京理工大学出版社，2014。

[29] 王向东：《医院持续发展》，上海：上海科学技术出版社，2006。

[30] 吴雁鸣：《管理学》，上海：第二军医大学出版社，2006。

[31] 余白：《霍桑实验——管理科学发展的里程碑》，《高师函授学刊》1994年第2期，第35-38页。

[32] 周健临：《管理学教程（第2版）》，上海：上海财经大学出版社，2007。

[33] 周三多：《管理学（第5版）》，北京：高等教育出版社，2018。

[34] 周三多、陈传明、刘子馨：《管理学：原理与方法（第7版）》，上海：复旦大学出版社，2018。

[35] 组织行为学编写组：《新编组织行为学》，北京：中央广播电视大学出版社，2006。